Zu diesem Buch

Mit den drei tragikomischen Einaktern «Audienz», «Vernissage» und «Protest» schrieb Václav Havel drei von eigenem Erleben geprägte aktuelle Beiträge für das Theater unserer Zeit. Seit der Uraufführung der Stücke («Audienz» und «Vernissage» am 9. Oktober 1976, Burgtheater, Wien; «Protest» am 17. November 1979, Burgtheater, Wien) sind diese autobiographisch geprägten Kurzdramen von zahlreichen Theatern, Rundfunk- und Fernsehanstalten vieler Länder angenommen worden, u. a. in Amerika, Dänemark, England, Finnland, Holland, Italien, Jugoslawien, Norwegen, Österreich, Polen, Portugal, Schweden, der Schweiz und Ungarn.

Mit seinem Schauspiel «Versuchung», uraufgeführt am 23. Mai 1986 vom Burgtheater, Wien, hat Václav Havel eine moderne Paraphrase des Faust-Themas geschrieben; das Stück wurde u. a. auch in Amerika, England, Jugoslawien, Norwegen und Polen inszeniert.

Václav Havels bislang neuestes Stück ist «Sanierung». Die Uraufführung bringt das Zürcher Schauspielhaus im Herbst 1989 heraus. In «Sanierung» zeigt Havel, wie sich Menschen unter verordneten Anmaßungen anonymer Institutionen verhalten – anpaßlerisch, empört, gehorsam und unterwürfig.

Václav Havel wurde am 5. Oktober 1936 in Prag geboren. Nach dem Militärdienst war er beim Prager «Theater am Geländer» als Bühnenarbeiter, Beleuchter, Sekretär, Regieassistent, Lektor, Dramaturg und Hausautor tätig. Mit seinen beiden ersten Theaterstücken «Das Gartenfest» (1963), einer Satire über die Mechanisierung des Menschen in einer total verwalteten Welt, und «Benachrichtigung» (1965), einer absurden Komödie über Bürokratie und Entpersönlichung durch anonyme Mächte, gelang ihm der Durchbruch zum international anerkannten Dramatiker. Weitere Bühnenwerke: «Erschwerte Möglichkeit der Konzentration», «Die Gauneroper», «Das Berghotel», «Largo Desolato», «Die Versuchung». Insgesamt erlebten Havels Stücke bisher über 250 Inszenierungen in achtzehn Ländern sowie etwa 150 Rundfunk- und Fernsehsendungen.

Seit dem Ende des sogenannten Prager Frühlings 1968 wurde Havel mit einem Publikations- und Aufführungsverbot in der ČSSR belegt. Als Mitbegründer und langjähriger Sprecher der «Charta 77» erlitt

Havel mehrere Festnahmen, Prozesse und Haftstrafen. 1978 wurde er zu vierzehn Monaten ohne Bewährung verurteilt, wegen schwerer Erkrankung einige Monate vor Ablauf dieser Haftstrafe entlassen. Eine neue Verurteilung am 21. Februar 1989 zu neun Monaten Haft unter verschärften Bedingungen löste weltweite Proteste – auch in Ländern des Ostblocks – aus. Am 17. Mai 1989 wurde Václav Havel auf Bewährung vorzeitig aus der Haft entlassen.

Havel erhielt 1968 den amerikanischen OBIE-Bühnenpreis, 1980 den Österreichischen Staatspreis für europäische Literatur und 1986 den holländischen Erasmus-Preis sowie den Jan-Palach-Preis zur Unterstützung der «Charta 77». Die Universitäten in Toulouse und in York (Kanada) verliehen ihm die Ehrendoktorwürde. Die P.E.N.-Clubs in Frankreich, Schweden, der Bundesrepublik und der Schweiz sowie die Freie Akademie der Künste in Hamburg ernannten ihn zum Ehrenmitglied. Im Oktober 1989 wird Václav Havel den diesjährigen Friedenspreis des Deutschen Buchhandels erhalten.

Im Rowohlt Taschenbuch Verlag sind erschienen:

Largo Desolato (1985, rororo 5666)
Das Gartenfest/Die Benachrichtigung (1989, rororo 12736)
Audienz/Vernissage/Die Benachrichtigung/Offener Brief an
Gustáv Husák (1977, vergriffen)
Briefe an Olga (1989, rororo aktuell-Essay 12732)
Versuch, in der Wahrheit zu leben (1989, rororo aktuell-Essay 12622)
Vaněk-Trilogie: Audienz/Vernissage/Protest und Versuchung, Sanierung (1989, rororo 12737)

Im Rowohlt Verlag erschien

Fernverhör (1987)

Václav Havel

Vaněk-Trilogie

Audienz – Vernissage – Protest
und
Versuchung
Sanierung

Theaterstücke

Mit einem Vorwort von
Marketa Goetz-Stankiewicz

Rowohlt

«Audience» © 1976 by Václav Havel
«Audienz» © 1976 by Rowohlt Verlag GmbH, Reinbek bei Hamburg
Deutsch von Gabriel Laub
«Vernisâẑ» © 1976 by Václav Havel
«Vernissage» © 1976 by Rowohlt Verlag GmbH, Reinbek bei Hamburg
Deutsch von Gabriel Laub
«Protest» © 1979 by Václav Havel
«Protest» © 1979 by Rowohlt Verlag GmbH, Reinbek bei Hamburg
Deutsch von Gabriel Laub
«Pokouseni» © 1985 by Václav Havel
«Versuchung» © 1986 by Rowohlt Verlag GmbH, Reinbek bei Hamburg
Deutsch von Joachim Bruss
«Asanace» © 1988 by Václav Havel
«Sanierung» © 1989 by Rowohlt Verlag GmbH, Reinbek bei Hamburg
Deutsch von Joachim Bruss
Umschlagentwurf Walter Hellmann

Originalausgabe
Veröffentlicht im Rowohlt Taschenbuch Verlag GmbH,
Reinbek bei Hamburg, September 1989
© 1989 by Rowohlt Taschenbuch Verlag GmbH, Reinbek bei Hamburg
Die Rechte der Bühnenaufführung, der Übertragung durch
Rundfunk und Fernsehen sowie des öffentlichen Vortrags liegen
beim Rowohlt Theater Verlag, Reinbek bei Hamburg
Satz Sabon (Linotron 202)
Gesamtherstellung Clausen & Bosse, Leck
Printed in Germany
1280-ISBN 3 499 12737 7

Inhalt

Vorwort

Václav Havel als politischer Dramatiker

In seinem Aufsatz ‹Existiert Mitteleuropa?› nennt der britische Journalist Timothy Garton-Ash Václav Havel «einen Dramatiker, den die Umstände und die Stimme seines Gewissens in die Rolle des Dissidenten gestürzt haben, obzwar er von Natur aus alles andere als ein politischer Aktivist ist»[1]. Havel selbst machte sich schon oft Gedanken über den Begriff «Dissident», das, von den Massenmedien gern und etwas nachlässig benutzt, den Blick auf die Wirklichkeit verstellt und sie verzerrt. «Die Bezeichnung ‹Dissident›», schreibt Havel, «erweckt zwangsläufig den Eindruck, als ob es sich hier um einen besonderen Beruf handle... als ob der Dissident nicht einfach ein Physiker, Soziologe, Arbeiter oder Dichter wäre, der nur so handelt, wie er zu handeln müssen glaubt, und den nur die innere Logik seines Denkens, seines Verhaltens und seiner Arbeit... ohne daß er sich darum irgendwie zielbewußt bemüht hätte... zu der offenen Auseinandersetzung mit der Macht brachte.»[2] Was Havel hier andeutet, scheint tatsächlich geschehen zu sein und ist im Grunde verständlich. Wo sein Name genannt wird, fällt bald auch das Wort «Dissident».

In der heutigen Welt der Massenmedien werden täglich «Images» geschaffen. Und ein solches Image ist offensichtlich leichter

1 Timothy Garton-Ash: Does Central Europe Exist?, New York Review, 9. Oktober 1986
2 Václav Havel: Versuch, in der Wahrheit zu leben – von der Macht der Ohnmächtigen. Aus dem Tschechischen von Gabriel Laub. Reinbek 1980, S. 48–49

herzustellen als abzubauen. Man kann, wie Siegfried Lenz es in
seiner Einführung zu Havels ‹*Largo desolato*› ausdrückt, von
der «Zählebigkeit von Legenden»[1] sprechen. Ob nun, wie Max
Frisch meint, «Images» immer bedauerliche, wenn nicht tragische Folgen haben, bleibe dahingestellt. Im Zusammenhang mit
Václav Havel ist die Sache doppelbödig. Die Tatsache, daß Havel «Dissident» ist, hat der Rezeption seiner Stücke im Westen
offenbar geholfen. Wenn er während seiner Haftzeit zwischen
1979 und 1983 nicht schwer erkrankt wäre, wenn seine ‹*Briefe
an Olga*› nicht erschienen wären, wenn seine ständige Überwachung und Bedrohung durch die Polizei nicht internationale
Schlagzeilen gemacht hätte, so wüßte man, trotz der zahlreichen
Aufführungen seiner Stücke in der westlichen Welt, wahrscheinlich erheblich weniger über ihn. Ist also sein politisches «Image»
seinem Ruf als Schriftsteller zugute gekommen? Ja und nein.
Wenn Havel des öfteren die Befürchtung ausspricht, «im Bewußtsein der Öffentlichkeit... zu so etwas wie einem Berufsre-
volutionär oder Berufsdissidenten zu werden»[2], so scheint er die
negativen Konsequenzen eines solchen «Images» für die Reso-
nanz auf seine künstlerische Arbeit klar ins Auge zu fassen. Ob
und wieweit diese Konsequenzen zur Wirklichkeit geworden
sind, ist zur Zeit schwer zu ermessen. Der Havel jetzt zugespro-
chene «Friedenspreis des Deutschen Buchhandels» dürfte den
Weg zu einer sachgerechteren Einschätzung seines Werkes eb-
nen.

Um der faszinierenden und kritisch noch längst nicht genügend gewürdigten Gestalt Havels näherzukommen, betrachten
wir ihn am besten von drei Gesichtspunkten. Erstens, Václav

1 Siegfried Lenz: Vorwort zu «Largo Desolato». In: Václav Havel, Largo
   Desolato. Reinbek 1987, S. 7
2 Jiří Dienstbier: Über das Briefeschreiben. Nachwort zu Václav Havel,
   Briefe an Olga. Aus dem Tschechischen von Joachim Bruss. Reinbek
   1984, S. 322. In: Václav Havel, Fernverhör – ein Gespräch mit Karel
   Hvížd'ala. Aus dem Tschechischen von Joachim Bruss. Reinbek 1987,
   S. 84

Havel, der private Mensch, ist bescheiden bis ins Ungeschickte, ein notorischer Selbstzweifler, höflichkeitsbesessen, irgendwie anachronistisch ein «Gentleman» der alten Schule, der sich aber als unglaublich zäh, widerstandsfähig, ja unzerbrechlich erweist, wenn es darauf ankommt. Das hat er des öfteren bewiesen.

Zweitens, Havel, der Verfasser politisch-philosophischer Essays: ein ruhiger, fast ausgeglichener, doch unerbittlicher Zeuge seiner Zeit und Gesellschaft, der den für einen Außenstehenden nicht nur unmerklichen, sondern auch unvorstellbaren Druck eines totalitären Regimes auf den einzelnen mit fast juristisch durchargumentierter Konsequenz einerseits und weit ausholender sowie durchgreifender Synthese andererseits beschreibt.

Drittens, Havel, der Dramatiker, Autor von acht abendfüllenden Stücken und vier Einaktern (wenn man von einigen Jugendwerken absieht). Es ist dieser dritte Havel, mit dem wir uns hier etwas eingehender befassen wollen.

An einem Sommertag des Jahres 1975 hatte Václav Havel wie schon oft vorher einige seiner Freunde in sein Landhaus auf ein «literarisches» Wochenende eingeladen. Dabei lasen seine Kollegen – Schriftsteller, Schauspieler, Publizisten, verbannt im eigenen Land, unaufgeführt und ungedruckt – aus ihren neuen Werken. Havel berichtet, daß er sein erstes Vaněk-Stück ‹Audienz› zwei Tage vor diesem Wochenende geschrieben hatte, um etwas zum Vorlesen zu haben. Es war ihm nicht eingefallen, meinte er später, daß das Stück anderen Leuten, die ihn und seine Situation gar nicht kannten, etwas hätte bedeuten können. Die beiden Einakter ‹Audienz› und ‹Vernissage› (kurz darauf entstanden) wurden Havels meistgespielten Stücke. Vier Jahre später, 1979, kaum einen Monat nachdem Havel in dem berüchtigten Prager Prozeß zu viereinhalb Jahren Gefängnis verurteilt worden war, wurde der dritte Einakter ‹Protest› (zusammen mit Pavel Kohouts ‹Attest›) im Wiener Akademietheater uraufgeführt.

Die drei als «Vaněk-Stücke» bekannten Einakter wurzeln offensichtlich im Biographischen. Sie reflektieren drei Grunderlebnisse Havels während der siebziger Jahre: Seine Stelle als Hilfsarbeiter in einer Brauerei; seine Beziehungen zu Bekannten, die keine Probleme mit dem Regime haben; seine Tätigkeit als privater Verteidiger der Menschenrechte, der Unterschriften sammelt, um ungerecht Verfolgten zu helfen. Der eventuelle Verdacht, daß es hier um die Rechtfertigung eines politisch Verfolgten gehen könnte, ist unangebracht. Die Stücke sind frei von jeglicher Märtyrer- oder Befreierpose. Es sind spannende, unterhaltende Miniaturstücke, geistesverwandt mit Kafka und Beckett, die einladen zum Lachen und Umdenken. Wobei aber kein Umdenken im Sinne Brechts gemeint ist, mit festgesetztem Ziel, sondern hier geht es um ein Ausfächern von weiteren Fragestellungen. Die Texte bilden seismographische Studien einer Gesellschaft, die weniger von einem Unterdrückungsregime als von allgemeinen strategischen Überlegungen, nicht hinterfragten Anpassungsmanövern und festgelegten Denkmustern beherrscht wird.

Die Vaněk-Texte sind also Stücke über eine Gesellschaft, die sich von dem, was wir eine offene demokratische Gesellschaft nennen, grundlegend unterscheiden.

Ferdinand Vaněk stößt in jedem der Stücke mit den unterschiedlich eingestuften Anpassungsmodellen seiner Mitbürger zusammen. Es sind dies jeweils Gestalten, denen die «Anpassung» zur Norm geworden ist. In ‹Audienz› hält der Braumeister, Vaněks Chef, es für natürlich, daß Vaněk, ein «gelernter» Schriftsteller, beim Verfassen von offiziellen Berichten über sein eigenes «subversives» Benehmen mithilft. Der Braumeister wollte diese, das Leben beider vereinfachende Zusammenarbeit ja gar nicht umsonst. Er hätte sich erkenntlich gezeigt. Aber mit Vaněk ist nichts zu machen! – Das elegante und erfolgreiche Mode-Paar aus ‹Vernissage› will dem Freund Vaněk nicht nur seine Einrichtung, sondern auch andere seiner großartigen Errungenschaften zeigen (die er, so wird ihm immer wieder vorgehalten, ja auch genießen könnte, wenn er nur nicht so starrköpfig wäre). Alles stimmt in diesem Musterhaushalt dieser braven Jasager: die kulinarischen Leckerbissen passen zu den Geschäftsreisen ins Ausland; die elegant-antiquarische Einrichtung paßt zur Eheerotik; das, Gott sei Dank, schlafende Wunderkind zum charismatischen Gastgeberstil und den neuesten Schallplatten. – In ‹Protest›, dem anspruchsvollsten, die Sprach- und Denkmuster einer geschlossenen Gesellschaft auf besondere Weise aufrollenden dritten Einakter, setzt der «normalisierte» Schriftsteller Staněk seinem nicht «normalisierten» Kollegen Vaněk in einem ausgetüftelten Argument leutselig auseinander, warum er das von Vaněk verfaßte, Menschenrechte betreffende Gesuch *nicht* unterschreiben könne, ohne Vaněks Anliegen damit zu schaden.

Wer ist er nun, dieser Ferdinand Vaněk, die unaufdringliche Hauptfigur der drei Einakter? Er handelt kaum, er spricht kaum. Es ist seine Umgebung, die spricht, die er zu provozieren scheint, mit seiner stillen Anwesenheit. Alles dreht sich um Vaněk, doch er dreht sich nicht mit.

Die Tatsache, daß Havel bald nach der Uraufführung von ‹Protest› seine mehrjährige Gefängnisstrafe antreten mußte, stellte die Vaněk-Stücke in ein besonderes Licht. Ein halbes Jahrzehnt lang wirkten sie sozusagen als neueste Texte des inhaftierten Havel, wurden als solche oft und auf internationalen Bühnen inszeniert und verfestigten so sein «Image» als «schreibender Dissident». Dies zu jener Zeit nicht zu unrecht, denn, wie Havel selbst sagt; «immer stoßen wir uns – ohne Rücksicht darauf, wohin wir eigentlich fliegen wollen – von dem Boden ab, den wir kennen».

Der Boden, von dem sich Havel während seiner «Dissidentenerfahrung» in der zweiten Hälfte der siebziger Jahre abstieß, war ein anderer als der der sechziger Jahre, der Entstehungszeit seiner früheren Stücke. Er unterscheidet sich aber auch von seinen neuesten Errungenschaften aus den achtziger Jahren. Doch ‹Largo desolato›, geschrieben nach Havels Entlassung aus der Haft und 1985 im Wiener Akademietheater uraufgeführt, gehört noch in die Sphäre der Vaněk-Stücke. Endlich kommt der freundlich-wortarme Vaněk etwas mehr zu Wort. Endlich werden die emotionalen und intellektuellen Stacheln nach außen gekehrt und er wird zum Leopold Kopriva (ein tschechisches Wort, das im Deutschen Brennessel bedeutet). Es scheint, daß Havel sich mit dieser Gestalt noch einmal auseinandersetzen mußte. Er mußte ihn zum Pillenschlucker, Türlauscher, nervösen Schlafrockliebhaber erniedrigen. Wie Havel selbst sagt, war das Stück ‹Largo desolato› «von meinen eigenen Erfahrungen unmittelbarer inspiriert als andere[1]», obzwar er gleich hinzusetzt, daß es sich keineswegs um ein autobiographisches Stück handelt. Doch steht dieser Text noch im Bann einer geistigen Periode, die sich (wieder Havels Ausdruck) mit der «Personifikation des Trotzens»[2] sowie seiner Verflüchtigung beschäftigte. Es darf aber auch die starke Bindung an die früheren Texte nicht übersehen werden. Kopriva, der sich, wenn unter Stress, leicht und unbedacht in Frauenarme flüchtet, wo er sich dann aber auch nicht wohl fühlt (es sind ihrer zu viele), ist ein geistiger Verwandter von Eduard Huml, dem gehetzten Soziologen aus ‹Erschwerte Möglichkeit der Konzentration› (1969). Die für Kopriva nur teils verständliche, scheinbar harmlose, doch geheimnisvoll drohende Berufssprache verschiedener Besucher erinnert an die im neuen «wissenschaftlichen» gänzlich unverständlichen Kauderwelsch «Ptydepe» plaudernden Bürokraten aus der ‹Benachrichtigung› (1965).

Havels bewußter Entschluß, sich, wie er sagt, von «Dissidentenerfahrungen» abzuwenden und «wieder über ‹Strukturen› zu schreiben» und so in die Atmosphäre seiner alten Stücke zurückzukehren, kam im Herbst 1986, hatte aber «seine eigenen tieferen Wurzeln»[3]. Schon im Jahre 1977, als er zum erstenmal im Gefängnis saß, kam ihm das Faust-Thema in verschiedenen Variationen in den Sinn. Die Tatsache, daß man ihm plötzlich Goethes ‹Faust› und Thomas Manns ‹Doktor Faustus› als Lektüre gab, führte ihn zu der Einsicht, «daß die Wahrheit nicht nur das

1 Havel, Fernverhör, a. a. O., S. 83
2 Ebd., S. 84
3 Havel, Fernverhör, a. a. O., S. 85

ist, was sich der Mensch denkt, sondern auch unter welchen Umständen, wem, warum und wie er es sagt»[1]. Die Erkenntnis der relativen Natur der Wahrheit führte Havel zur ‹Versuchung›, die er jetzt teils als «Anfang einer neuen Etappe», teils als «eine Art persönliches Revival in der Gestalt eines Resümees dessen, was war»[2] betrachtet.

In diesem in zehn Tagen entstandenen Werk entsteht ein eigentümlicher Tanz von Sprache und Verhaltensformen, dessen Rhythmus das Geschehen immer stärker bestimmt. Erst am Ende löst sich diese künstliche, fast musikalische Ordnung in einen wilden, sich zum Orgiastischen steigernden Walpurgisnachtstanz auf.

Doch wo bleibt das Faust-Problem, wo die Versuchung? Sie ist da, überall anwesend, aber nie greifbar. In drei großartig angelegten Dialogszenen diskutieren Faustka und Fistula die Grundprobleme geteilter Loyalitäten. Anfangs ist Fistula der führende Geist, später übernimmt Faustka unmerklich die Führung, sich rechtfertigend mit ständig wachsender Rednergabe. Wenn er erklärt, daß er eine Form des Wissens nur studiere, um einer anderen Form des Wissens zu dienen, überzeugt er: die anderen, seine Zuschauer/Leser – vielleicht sogar sich selbst? Die Versuchung besteht aus dem Halten des Gleichgewichts zwischen Wahrheit und Vortäuschung, bis die beiden nicht mehr auseinandergehalten werden können. Faustka wird durch Sprache versucht: erst durch die an ihm angewandte, später durch die, die er an anderen anwendet. Dürfte eine derartige Problematik einem seiner westlichen Zuschauer oder Leser gänzlich fremd sein? Ist das nicht ein Faust für unser Zeitalter? Und nicht nur für Havels eigenes kleines Land, das die großen Konflikte der Welt irgendwie in Miniatur mitmacht?

Faustkas Versuchung ging unter dem Leitmotiv Wissenschaft/Magie vor sich. Das Leitmotiv von Havels neuestem Stück ‹Sa-

1 Ebd., S. 86
2 Ebd., S. 87

nierung› ist der mit der Zerstörung des Althergebrachten verbundene Neubau. Blieb der Begriff der «Wissenschaft» in der ‹*Versuchung*› abstrakt und wurde er nie genauer erklärt, so geht es in der ‹*Sanierung*› scheinbar konkret um Wiederaufbau im wahrsten architektonischen Sinn des Wortes: Ein malerisches, aber der modernen, hygienischen Zivilisation nicht entsprechendes Wohnviertel soll zerstört und neu erbaut werden. Romantische enge Gäßchen mit Ziehbrunnen sollen Betonbauten mit Zentralheizung und geregelter Müllabfuhr weichen. Die mit der Planung eines derartigen Umbaus betreuten Architekten bilden eine typische Havelsche Kanzleigruppe, die man bei allem anderen, nur nicht bei ihrer beruflichen Tätigkeit beobachten kann. Sie essen, trinken Kaffee, veranstalten Feiern, verwickeln sich erotisch und bevölkern Havels geometrisch angelegten Bühnenraum mit genau vorgeschriebenen Auf- und Abtritten. Schauplatz der Handlung ist ein mittelalterliches Schloß, wo die Architekten, unter Überwachung, die neuen Wohnpläne für das das Schloß umgebende Wohnviertel entwerfen sollen. Die geplante Modernisierung stößt jedoch auf Widerstand: die Bewohner des historischen alten Viertels wollen lieber ohne hygienische Einrichtungen beim Althergebrachten bleiben. Sie lieben ihre Wohnplätze, so wie sie sind.

Wie immer bei Havel zeigen sich auch hier die Schichten der Machtstruktur: Die Architekten erweisen sich nur als die Ausführenden von Aufträgen aus einem höheren Bereich. Dieser wird von zwei Inspektoren repräsentiert, deren irreführendes Auftreten, teils anonym autoritär, teils leutselig, das Sanierungsproblem extrem darstellt: es wird saniert werden (Akt I), es wird nicht saniert werden (Akt III), es wird doch saniert werden (Akt IV). Bei den Architekten führt dieses «offizielle» Hin und Her zu abrupten Verhaltensschwankungen.

Menschliches Zusammenleben ist bei Havel, wie wir wissen, von mechanistischen Strukturen bestimmt. Es spiegelt sich in der Konstellation der Figuren wieder. Die weiblichen Figuren in ‹*Sanierung*› sind uns aus Havels anderen Stücken bekannt: die kluge, erfahrene Frau (Luise); das junge liebende Mädchen (Renate); die eifrig servile Bürokraft, geeignetes Material für jedes Berufssystem (Frau Macourka). Auch die männliche Konstellation enthält Figuren, die typisch für Havel sind: der Pragmatiker, immer auf die jeweilige Situation eingestimmt (Ulč); der emsige Systemroboter (der Sekretär).

In Bergman, dem fünfzigjährigen Chef der Planungsgruppe und der widersprüchlichsten Figur des Stücks, finden wir eine jener Gestalten Havels, die dem eigentlichen Kern seiner Werke am nächsten zu sein scheinen. Nervös und überfordert (wie Kopriva in ‹Largo Desolato› oder Huml in ‹Erschwerte Möglichkeit der Konzentration›, eingepfercht in das System, dem er – und das vergißt er nie – seine Position verdankt (wie Gross in der ‹Benachrichtigung› oder Staněk in ‹Protest›), scheint er an der Welt zu leiden. Doch wenn es darauf ankommt, ist er sprachlich jeder Situation gewachsen (wie Machaeth in der ‹Gauneroper› oder Faustka in der ‹Versuchung›). Als ihm seine Freundin Luise am Ende des Stücks das Kunststoffmodell der Neubausiedlung mit dem Schloß auf den Kopf stülpt, steht Bergman, nicht nur wort-, sondern auch gesichtlos auf der Bühne. Hier wird dem Publikum der von Havel immer wieder betonte Identitätsverlust des modernen Menschen – im Osten wie im Westen – bildlich vor Augen geführt.

Es muß hier abschließend betont werden, daß Havels Stücke ihr intellektuelles Gewicht unmerklich und mit Leichtigkeit tragen. Sie sind unterhaltend, spannend und beweisen immer wieder Havels unerschöpflichen Sinn für das Theatralische.

Zusammenfassend sei hier folgendes zur Diskussion gestellt: Erstens, obwohl Václav Havel gern betont, daß er kein politischer Denker sei, sondern «ein Schriftsteller, der beobachtet und Eindrücke über die ihn umgebende Welt sammelt[1]», ist er

---

[1] «Doing without Utopias: an interview with Václav Havel conducted by Erica Blair», trans. from the Czech by A. G. Brain; aus dem Englischen von M. G.-S. Times Literary Supplement, 23. Januar 1987

im wahrsten und ältesten Sinne des Wortes ein «politischer» Dramatiker. Er hinterfragt gesellschaftliche Strukturen und Mechanismen, nicht nur um aufzuzeigen, daß sie den modernen Menschen bis in die intimen Privatsphären bestimmen und definieren. Vielmehr sind diese Strukturen – und dies ist noch beunruhigender – verinnerlicht worden. Die überstrapazierte Gegenüberstellung von «Individuum und Macht» zeigt nicht den Weg, auf dem man an die Substanz von Havels Werken herankommt. Eher bringt uns Norbert Elias' Argument über die herangebildeten Selbstzwänge, die «die Form automatisch funktionierender Gewohnheiten»[1] annehmen, einem tieferen Verständnis von Havel näher. Daß in der «posttotalitären Gesellschaft»[2], wie Havel die Gesellschaft, in der er lebt, bezeichnet, derartige Strukturen kraß und in definierbaren Formen existieren, dürfte klar sein. Was klarer erkannt werden sollte ist nicht nur, daß Havel uns diese Dinge in einer einzigartigen Weise bewußt macht, sondern auch, daß sie in anderen, weniger leicht erkennbaren – und, zugegeben, die menschliche Psyche nicht so tiefgreifend beschädigend – Varianten und politischen Verhältnissen bestimmend wirken.

Zweitens durchleuchtet Havel die von erstarrten Denkstrukturen beherrschte kollektive Sprache. Er tut dies seit seinem dramatischen Erstling, dem ‹Gartenfest› (1963), wo er uns heiter zeigt, wie sein Held Karriere macht, weil er den gängigen bürokratischen Jargon beherrschen gelernt hat. Festgelegte Phrasen mit eingebautem, verabsolutiertem Werturteil, Klischees, mit denen man fast alles beweisen kann, eine wirklichkeitsfremde Sprache, die verhüllt, wo sie zu erklären scheint, dies ist das Baumaterial von Havels Theaterstücken. Dahinter wittert man ein beunruhigendes Geheimnis: das, was man seine ergreifendsten Passagen nennen könnte (zum Beispiel Faustkas Versuch, die

---

1 Norbert Elias: Über den Prozeß der Zivilisation. Band II. Frankfurt a. M. 1976, S. 331
2 Siehe z. B. Hans Peter Riese: Die Macht der Ohnmächtigen – Ein Portrait. In: Die Zeit, 11. Februar 1983, S. 43

Grundfragen des menschlichen Seins in Worte zu fassen), bleibt im Fraglichen hängen. War das nun «wahr» gesprochen oder nicht? Hätten diese schönen Worte nicht von Havel selbst in einem Interview gesprochen werden können? Sie sind ja, wie er selbst meint, «fast identisch mit dem, was ich selbst denke... und, völlig dahinterstehend, anderswo sage». Ist Sprache also die unzuverlässige, ja gefährliche Brücke zwischen «Wahrheit» und «Lüge»? Ist es so erschreckend leicht, Wahrheiten, zu denen man «zweifelsohne auf völlig ehrenhafte Weise gekommen ist[1], kaum merklich zu mißbrauchen? Hören wir hier die Stimme Orwells oder Derridas? Oder vielleicht die Stimme Jean-François Revels, der sich über die Gefahren einer «totalitären Versuchung» und einer «Weigerung zu analysieren»[2] Gedanken macht? Hier haben wir den totalitären Staat offensichtlich verlassen und stehen auf anderem, gar nicht so sicherem Grund und Boden.

Vielleicht werden wir uns erst jetzt wirklich der Treffsicherheit bewußt, mit der Heinrich Böll uns 1984 vor einer übereilten Bewertung Havels warnte: «Vorsicht, ihr raschen Zugreifer! Hier spricht ein Rebell, einer von der ganz gefährlichen, von der sanften und höflichen Sorte.»[3] Havel selbst sagt dazu nur still: «Ich glaube, ein Kunstwerk soll immer irgendwie klüger sein als sein Autor.»

Marketa Goetz-Stankiewicz[4]   Vancouver, Canada
Juni 1989

1   Havel, Fernverhör, a. a. O., S. 237
2   Siehe Jean-François Revel: La Tentation totalitaire. Editions Robert Laffont, 1976
3   Heinrich Böll: Höflichkeit gegenüber Gott (über «Briefe an Olga»). In: Die Zeit, Nr. 37, 7. September 1984, S. 46; auch «Courtesy towards God». Aus dem Deutschen von J. R. Littelboy. In: Václav Havel or Living in Truth. Hg. Jan Vladislav, Faber & Faber, 1987, S. 212
4   Marketa Goetz-Stankiewicz, geboren in der ČSSR, ist Professorin für Germanistik und vergleichende Literaturwissenschaften an der University of British Columbia/Vancouver.

Audienz

Einakter

Personen

BRAUMEISTER, *Direktor der Brauerei*
VANĚK

Ort der Handlung

Büro des Braumeisters

Das Büro des Braumeisters. Links eine Tür, über der an der Wand irgendein eingerahmtes Diplom hängt, rechts ein Schrank und ein Karteischrank, auf denen eine ganze Sammlung von Bierflaschen mit verschiedenen Etiketten steht; direkt auf die hintere Wand gemalt ist ein kunstloses Bild, das den Schwejk und den Gastwirt Palivec darstellt. Darunter in Schmuckschrift der Spruch: «Der Gerstensaft gibt Männern Kraft.»
In der Mitte der Bühne ein Bürotisch und drei Stühle, auf dem Tisch ein Haufen verschiedener Papiere, einige leere Bierflaschen und -gläser. Neben dem Tisch steht auf dem Boden ein Kasten Bier. An den Wänden und vor allem in den Ecken des Raums eine Menge von schwer definierbarem Krimskrams wie ausrangierte Ventile, ein uraltes Radio, ein zerbrochener Hutständer, ein Berg alter Zeichnungen, Stiefel und ähnliches. Beim Aufgehen des Vorhangs sitzt der Braumeister in einem Arbeitskittel am Tisch, auf den er den Kopf gelegt hat, und schnarcht laut. Nach einer Weile hört man ein Klopfen an der Tür. Der Braumeister wacht sofort auf.

BRAUMEISTER: Herein –
   Vaněk tritt ein in einem wattierten Arbeitsanzug und in Stiefeln.
VANĚK: Guten Tag!
BRAUMEISTER: Ah, Herr Vaněk, kommen Sie näher! Setzen Sie sich.
   Vaněk setzt sich schüchtern.
   Möchten Sie ein Bier?
VANĚK: Nein, danke.
BRAUMEISTER: Warum nicht? Nehmen Sie doch. *Der Braumeister nimmt eine Flasche aus dem Kasten, öffnet sie und schenkt zwei Gläser ein, schiebt das eine vor den Vaněk, das zweite leert er in einem Zug.*

VANĚK: Danke —
Der Braumeister schenkt sich noch ein Glas ein. Pause.
BRAUMEISTER: Na, wie geht's, Vaněk?
VANĚK: Danke, gut.
BRAUMEISTER: Es muß gehen, ne?
VANĚK: Mhm.
  Pause.
BRAUMEISTER: Was machen Sie heute? Rollen Sie weg?
VANĚK: Ich rolle ran.
BRAUMEISTER: Ranrollen ist besser als Wegrollen, nicht wahr?
VANĚK: Ja.
  Pause.
BRAUMEISTER: Wer rollt heute weg?
VANĚK: Der Scherkesi.
BRAUMEISTER: Ist er gekommen?
VANĚK: Ja, vor paar Minuten.
BRAUMEISTER: Ist er besoffen?
VANĚK: Ein bißchen —
  Pause.
BRAUMEISTER: Trinken Sie, warum trinken Sie nicht?
VANĚK: Danke, ich bin an Bier nicht gewöhnt.
BRAUMEISTER: Na — so was? Wir werden Ihnen das Biertrinken
  schon beibringen! Hier werden Sie sich daran gewöhnen! Wir
  trinken hier alle Bier, das ist schon Tradition.
VANĚK: Ich weiß.
  Pause.
BRAUMEISTER: Seien Sie nicht traurig.
VANĚK: Ich bin nicht traurig.
  Pause.
BRAUMEISTER: Was gibt's sonst?
VANĚK: Sonst?
BRAUMEISTER: So, im allgemeinen —
VANĚK: Danke schön, es geht.
  Pause.
BRAUMEISTER: Wie gefällt's Ihnen hier?

VANĚK: Gut.

BRAUMEISTER: Es könnte schlimmer sein, was?

VANĚK: Ja.

Der Braumeister öffnet die nächste Flasche und schenkt sich ein.

BRAUMEISTER: Der Mensch gewöhnt sich an alles, nicht wahr?

VANĚK: Ja –

Pause.

BRAUMEISTER: Trinken Sie's doch aus –

Vaněk trinkt das Glas leer, der Braumeister schenkt ihm wieder ein.

VANĚK: Kein Bier mehr, bitte.

BRAUMEISTER: Aber was, Sie haben doch noch nichts getrunken. *Pause.* Und wie ist das mit den Leuten? Wie kommen Sie mit ihnen zurecht?

VANĚK: Danke, gut.

BRAUMEISTER: Wenn ich Ihnen einen guten Rat geben darf, verbrüdern Sie sich mit niemandem hier allzusehr – ich traue hier keinem! Wissen Sie, die Menschen sind große Schweine! Sehr große. Das können Sie mir glauben. Tun Sie Ihre Arbeit und unterhalten Sie sich lieber mit niemandem – ehrlich, das hat keinen Sinn –, besonders in Ihrem Fall.

VANĚK: Ich verstehe –

Pause.

BRAUMEISTER: Was haben Sie eigentlich geschrieben, wenn man fragen darf?

VANĚK: Theaterstücke.

BRAUMEISTER: Theaterstücke – und die wurden irgendwo am Theater gespielt?

VANĚK: Ja.

BRAUMEISTER: Mhm, na ja, na ja – also Theaterstücke sagen Sie –, hören Sie, Sie müssen etwas über unsere Brauerei schreiben! Zum Beispiel über diesen Buresch. Kennen Sie ihn?

VANĚK: Ja.

BRAUMEISTER: Das ist eine Type, was –

VANĚK: Ja – *Pause*.

BRAUMEISTER: Und seien Sie nicht traurig –

VANĚK: Ich bin nicht traurig.

Pause.

BRAUMEISTER: Aber sagen Sie, das haben Sie sich nie gedacht, was?

VANĚK: Was soll ich mir nie gedacht haben?

BRAUMEISTER: Daß Sie mal in einer Brauerei Fässer rollen werden.

VANĚK: Hmhm –

BRAUMEISTER: Das ist vielleicht paradox, was?

VANĚK: Hm –

BRAUMEISTER: Na, das kann man wohl behaupten. *Pause*. Sagten Sie, daß Sie heute ranrollen?

VANĚK: Ja.

BRAUMEISTER: Aber gestern haben Sie weggerollt – ich hab Sie gesehen –

VANĚK: Gestern war der Scherkesi nicht da –

BRAUMEISTER: Na ja, eigentlich – *Pause*. Einen Schriftsteller hatten wir hier noch nicht – und wir hatten hier schon verschiedene komische Existenzen – na, zum Beispiel dieser Buresch, wissen Sie, was er ursprünglich war? Leichengräber. Dort hat er das Saufen gelernt und deshalb ist er zu uns gekommen. – Der erzählt Geschichten, da staunt man nur!

VANĚK: Ich weiß.

BRAUMEISTER: Worüber haben Sie Theaterstücke geschrieben?

VANĚK: Hauptsächlich über Beamte.

BRAUMEISTER: Über Beamte? Wirklich, hm. *Pause*. Hatten Sie schon Frühstückspause?

VANĚK: Noch nicht –

BRAUMEISTER: Sie können später gehen, dem Pförtner werden Sie sagen, daß Sie bei mir waren.

VANĚK: Danke.

BRAUMEISTER: Und danken Sie nicht dauernd. *Pause*. Aber ich bewundere Sie trotzdem!

VANĚK: Mich? Warum!?

BRAUMEISTER: Das muß doch für Sie sehr ungewöhnlich sein –
man sitzt das Leben lang zu Hause – im warmen Zimmer –,
morgens kann man so lange schlafen, wie man will – und jetzt
plötzlich dies da. Nein, ehrlich, ich weiß es zu schätzen.
Pause. Verzeihung.

*Der Braumeister steht auf und geht aus dem Zimmer. Vaněk
gießt schnell den Rest seines Biers in das Glas des Braumeisters. Nach einer Weile kommt der Braumeister zurück,
knöpft sich den Schlitz zu und setzt sich auf seinen Stuhl.*

Und kannten Sie auch all die Schauspielerinnen, als Sie für das
Theater geschrieben haben?

VANĚK: Selbstverständlich.

BRAUMEISTER: Auch die Bohdalová?

VANĚK: Ja.

BRAUMEISTER: Persönlich?

VANĚK: Ja.

BRAUMEISTER: Na, da könnten Sie sie mal zu einem Bierchen
einladen – wir sollten noch den Buresch dazu nehmen –, das
könnte ganz lustig werden, was meinen Sie?

VANĚK: Hm –

Pause.

BRAUMEISTER: Und seien Sie nicht traurig.

VANĚK: Ich bin nicht traurig.

*Der Braumeister öffnet die nächste Flasche und schenkt sich
ein. Pause.*

BRAUMEISTER: Der junge Mann im Füllhaus – wissen Sie welcher?

VANĚK: Der Mlynarik?

BRAUMEISTER: Vor dem nehmen Sie sich in acht. *Pause.* Und
den Karel Gott kennen Sie auch?

VANĚK: Den auch.

Pause.

BRAUMEISTER: Schade, daß Sie nicht schon vor fünf Jahren hier
waren. Da hätten Sie eine Clique kennengelernt – heute, ach

was – das ist nicht mehr dasselbe! Da ging es lustig zu! Wir saßen immer in der Mälzerei – ich, ein gewisser Kodl Marschanek, der ist nicht mehr bei uns, der Hansi Peterka, die Bienen von der Flaschenfüllung – wie oft ging es bis zum Morgen –, und sehen Sie, am Ende haben wir die Arbeit immer geschafft! Fragen Sie doch den Hansi Peterka – Sie werden sehen, was er Ihnen sagt.

VANĚK: Der hat es mir schon erzählt.

Pause.

BRAUMEISTER: Was hat das eingebracht, diese Theaterstücke?

VANĚK: Das war unterschiedlich.

BRAUMEISTER: So fünf Riesen doch sicher, was?

VANĚK: Das kommt darauf an, wie oft die Theater das spielen. Manchmal kriegt man viel Geld, manchmal überhaupt nichts.

BRAUMEISTER: Den ganzen Monat nichts?

VANĚK: Manchmal auch mehrere Monate.

BRAUMEISTER: Das hat also auch so seine Mücken – wie alles in der Welt, nicht wahr?

VANĚK: Ja.

BRAUMEISTER: Aber trotzdem, das ist schon paradox, was?

VANĚK: Hm –

BRAUMEISTER: Na, das kann man wohl sagen! *Pause.* Aber ehrlich, Sie trinken gar nichts –

VANĚK: Ich trinke doch.

Der Braumeister öffnet die nächste Flasche, schenkt Vaněk und sich ein. Pause.

BRAUMEISTER: Hören Sie mal zu, ich werde Ihnen was sagen, aber ganz unter uns: Würde an meiner Stelle jemand anderer sitzen, würden Sie nicht bei uns arbeiten, das garantiere ich Ihnen.

VANĚK: Gab es Schwierigkeiten damit?

BRAUMEISTER: Und ob.

VANĚK: Ich bin Ihnen sehr dankbar.

BRAUMEISTER: Wissen Sie, ich will mich nicht irgendwie loben – aber wenn ich sehe, daß ich jemandem helfen kann, warum

soll ich ihm nicht helfen? Das ist einfach so meine Mentalität
– auch heute! Die Leute sollen sich gegenseitig helfen, das ist
meine Meinung – einmal helfe ich ihnen, dann wieder sie mir
– ist es nicht so?

VANĚK: Ja.

Pause.

BRAUMEISTER: Hatten Sie schon Frühstückspause?

VANĚK: Noch nicht.

BRAUMEISTER: Sie können später gehen, dem Pförtner werden
Sie sagen, daß Sie bei mir waren.

VANĚK: Danke.

BRAUMEISTER: Und danken Sie nicht dauernd. *Pause.* Na ja,
mein Lieber, heute will sich keiner die Finger verbrennen.

VANĚK: Ich weiß.

Pause.

BRAUMEISTER: Wichtig ist, daß wir alle – wie man so sagt – an
einem Strang ziehen.

VANĚK: Ja.

BRAUMEISTER: Wissen Sie, ich weiß nicht, was Sie sich so denken, aber ich sage immer, eine gute Clique, das ist das A und
O.

VANĚK: Das meine ich auch.

BRAUMEISTER: Warum trinken Sie nicht – Ihnen wär ein Wein-
chen lieber, was?

VANĚK: Hm.

BRAUMEISTER: Hier werden Sie sich ans Bier gewöhnen, wir
trinken hier alle Bier, das ist schon Tradition.

VANĚK: Ich weiß.

Pause.

BRAUMEISTER: Aber dem Karel Gott, dem geht's doch jetzt ganz
gut, nicht wahr?

VANĚK: Vielleicht – ja.

Pause.

BRAUMEISTER: Sind Sie verheiratet?

VANĚK: Ja.

BRAUMEISTER: Und haben Sie Kinder?

VANĚK: Nein.

Pause.

BRAUMEISTER: Und trotzdem schätze ich Sie sehr.

VANĚK: Aber ich bitte Sie.

BRAUMEISTER: Ehrlich! Das muß doch sehr ungewöhnlich sein!
Pause. Verzeihung.

*Der Braumeister steht auf und geht aus dem Zimmer. Vaněk
gießt schnell den Rest seines Biers in des Braumeisters Glas.
Nach einer Weile kommt der Braumeister zurück, knöpft sich
den Schlitz zu und setzt sich auf seinen Stuhl.*

Wie alt ist sie eigentlich?

VANĚK: Wer?

BRAUMEISTER: Die Bohdalová?

VANĚK: So etwa dreiundvierzig.

BRAUMEISTER: Das sieht man ihr nicht an, ehrlich! *Pause.* Nein,
wirklich: es wird alles gut sein – wenn wir uns nur gegenseitig
entgegenkommen, wenn wir nur – wie man so sagt – an einem
Strang ziehen – ganz einfach –, wie ich es immer sage: Eine
gute Clique ist das A und O. *Der Braumeister öffnet die nächste Flasche und schenkt sich ein.* Schade, daß Sie nicht schon
vor fünf Jahren hier waren! Da hätten Sie sehen können, was
eine Clique ist! Aber heute! Heute traue ich hier niemandem.
Pause. Wer ist das eigentlich, dieser Kohout?

VANĚK: Welcher Kohout?

BRAUMEISTER: Angeblich hat Sie ein gewisser Kohout besucht.

VANĚK: Das ist ein Kollege von mir.

BRAUMEISTER: Auch ein Schriftsteller?

VANĚK: Ja, warum?

BRAUMEISTER: Nur so. *Pause.* Glauben Sie mir, Vaněk, ich habe
auch Schwierigkeiten genug.

VANĚK: Ja?

BRAUMEISTER: Warum, denken Sie, sitze ich in diesem Kaff?
Aber das interessiert Sie wohl nicht!

VANĚK: Das interessiert mich, Herr Braumeister.

BRAUMEISTER: Wissen Sie, was für einen Posten ich kriegen sollte?

VANĚK: Was für einen?

BRAUMEISTER: Als Braumeister in Pardubitz.

VANĚK: Ehrlich?

BRAUMEISTER: Na, sehen Sie – und ich sitze hier! Das ist paradox, was?

VANĚK: Und warum sind Sie nicht dort hingegangen?

BRAUMEISTER: Lassen wir's lieber. *Pause*. Sind Sie verheiratet?

VANĚK: Ja.

BRAUMEISTER: Und haben Sie Kinder?

VANĚK: Nein.

Pause.

BRAUMEISTER: Schauen Sie mal, mich geht das nichts an, aber Sie hätten diesem Holub sagen sollen, er soll Sie nicht mehr besuchen.

VANĚK: Meinen Sie den Kollegen Kohout?

BRAUMEISTER: Und was habe ich gesagt?

VANĚK: Holub.

BRAUMEISTER: Schauen Sie, es geht mich nichts an – ich kenne diesen Menschen gar nicht – ich weiß überhaupt nicht, was für einer er ist –, ich sage es Ihnen nur in Ihrem eigenen Interesse.

VANĚK: Seien Sie mir nicht böse, Herr Braumeister, aber ich –

BRAUMEISTER: Mensch, Sie nippen daran wie an irgendeinem Cognac.

VANĚK: Ich habe doch gesagt, daß ich daran nicht gewöhnt bin.

BRAUMEISTER: Erzählen Sie doch nichts!

VANĚK: Ehrlich.

BRAUMEISTER: Oder bin ich für Sie keine Gesellschaft?

VANĚK: Aber Herr Braumeister!

BRAUMEISTER: Na ja, ich bin halt kein Karel Gott! Ich bin ein einfacher Brauereitölpel.

VANĚK: Sie sind in Ihrem Beruf ein Profi, wie Karel Gott in seinem. Warum sind Sie also nicht nach Pardubitz gegangen?

BRAUMEISTER: Lassen wir das lieber. *Der Braumeister öffnet eine neue Flasche und schenkt sich ein. Pause.* Alles wird gut sein, Vaněk, Sie müssen keine Angst haben – ich lasse Sie nicht im Stich! Sie sind ein ruhiger, arbeitsamer Mensch, kommen jeden Tag zur Arbeit, Sie nörgeln nicht an allem so blöd herum wie die anderen Arbeiter, mit dem Lohn sind Sie zufrieden – und bei diesem Mangel an Arbeitskräften, nicht wahr?

VANĚK: Ich bin Ihnen sehr dankbar.

BRAUMEISTER: Und dazu sind Sie ein anständiger Mensch. Das erkenne ich gleich, dafür habe ich einen Riecher. Wenn jemand ein krummer Hund ist, das erkenne ich schon von weitem. Diesen Mlynarik von der Füllung – wissen Sie, wen ich meine?

VANĚK: Ja.

BRAUMEISTER: Den habe ich gleich durchschaut, kaum daß er hier war. Nehmen Sie sich vor dem in acht!
Pause.

VANĚK: Warum sind Sie nicht nach Pardubitz gegangen?

BRAUMEISTER: Lassen wir das lieber! *Pause.* Kurzum, Vaněk, auf mich können Sie sich verlassen! Ich lasse Sie nicht im Stich.

VANĚK: Danke.

BRAUMEISTER: Ich muß nur sichergehen, daß ich mich auf Sie auch verlassen kann – daß Sie mir keinen Knüppel zwischen die Beine werfen –, daß ich mich ganz und gar auf Sie stützen kann.

VANĚK: Ich werde alles tun, was in meinen Kräften steht, damit Sie mit meiner Arbeit zufrieden sind.

BRAUMEISTER: Ich hätte es Ihnen nicht zu sagen brauchen – eigentlich hätte ich es Ihnen gar nicht sagen dürfen! Jeder andere an meiner Stelle –

VANĚK: Verzeihung – aber was hätten Sie mir nicht sagen dürfen?

BRAUMEISTER: Na, von diesem Holub.

VANĚK: Kohout, meinen Sie.

BRAUMEISTER: Schauen Sie mal, ich weiß nicht, was für eine Type das ist und es interessiert mich auch gar nicht – um ihn geht es mir nicht –, der kann mir gestohlen bleiben – es geht mir aber um Sie, nicht wahr –, schließlich haben Sie es hier nicht so schlecht – Sie rollen leere Fässer heran –, man läßt Sie in Ruhe – zum Teufel –, dieser Kohout wird Ihnen doch keine Stellung geben, wenn ich Sie hier nicht halten kann, nicht wahr? Oder doch?

VANĚK: Das wohl kaum.

BRAUMEISTER: Na also. Seien Sie doch vernünftig, Mensch!
Pause

VANĚK: Herr Braumeister –

BRAUMEISTER: Was ist?

VANĚK: Seien Sie mir nicht böse, aber ich –

BRAUMEISTER: Was Sie?

VANĚK: Ich kann doch –

BRAUMEISTER: Was können Sie?

VANĚK: Seien Sie mir nicht böse – aber ich kann doch verkehren, mit wem ich will.

BRAUMEISTER: Sag ich denn etwas anderes? Verkehren Sie, mit wem Sie wollen! Das ist Ihr volles Recht. Da kann Ihnen keiner reinreden! Das dürfen Sie sich nicht nehmen lassen! Sie sind doch ein Mann und keine Flasche! Das ist eine prinzipielle Frage!

VANĚK: Na, sehen Sie.

BRAUMEISTER: Und der wird sicher auch dafür Verständnis haben, dieser Kohout, daß Sie verkehren, mit wem Sie wollen, oder nicht? *Der Braumeister öffnet eine neue Flasche und schenkt sich ein. Pause.*

VANĚK: Herr Braumeister –

BRAUMEISTER: Was ist?

VANĚK: Ich muß gehen.

BRAUMEISTER: Wohin wollen Sie gehen?

VANĚK: Man wird mich im Keller vermissen.

BRAUMEISTER: Die werden sich schon nicht bescheißen! Der

Scherkesi ist doch da! Bleiben Sie hier und trinken Sie. *Pause.*
Sie interessiert es nicht, warum ich nicht nach Pardubitz gegangen bin?

VANĚK: Es interessiert mich.

BRAUMEISTER: Wirklich?

VANĚK: Wirklich. Warum sind Sie nicht dorthin gegangen?

BRAUMEISTER: Wissen Sie, was die mit mir getan haben? Die
haben mich beschuldigt, daß ich angeblich zusammen mit
einem Gastwirt 500 Hektoliter Pils verhökert habe, die wir
hier an Überschuß hatten! Schön, was? Natürlich war es ganz
anders – aber diese Ratte – dieser Mlynarik von der Füllung –
wissen Sie, wer das ist?

VANĚK: Ja.

BRAUMEISTER: Nur damit Sie sehen, was für Leute wir hier haben! Ach wo, ich glaube hier niemandem! Wissen Sie, Menschen sind große Schweine! Sehr große! Das können Sie mir
glauben! Tun Sie Ihre Arbeit und unterhalten Sie sich lieber
mit niemandem – ehrlich, das hat keinen Sinn – besonders in
Ihrem Fall.

VANĚK: Ich verstehe.

BRAUMEISTER: Hatten Sie schon Frühstückspause?

VANĚK: Noch nicht.

BRAUMEISTER: Sie können später gehen, dem Pförtner werden
Sie sagen, daß Sie bei mir waren.

VANĚK: Danke.

BRAUMEISTER: Und danken Sie nicht dauernd. *Pause.* Verzeihung –

*Der Braumeister steht auf und geht aus dem Zimmer. Vaněk
gießt schnell den Rest seines Biers in des Braumeisters Glas.
Nach einer Weile kommt der Braumeister zurück, knöpft sich
den Schlitz zu und setzt sich auf seinen Stuhl.*

Also wann werden Sie sie hierher holen?

VANĚK: Wen?

BRAUMEISTER: Na, die Bohdalová –

VANĚK: Ich werde sie gelegentlich fragen.

BRAUMEISTER: Wie wäre es mit Sonnabend?

VANĚK: Dieser Sonnabend?

BRAUMEISTER: Warum nicht?

VANĚK: Ich weiß nicht, ob sie Zeit hat.

BRAUMEISTER: Für Sie wird sie sich doch Zeit nehmen!

VANĚK: Schauspieler haben viele Verpflichtungen – alles ist lange im voraus geplant – das läßt sich nicht so leicht ändern.

BRAUMEISTER: Wenn Sie aber meinen, daß wir keine gute Gesellschaft für die Bohdalová sind, dann müssen Sie sie natürlich nicht einladen.

VANĚK: Das meine ich nicht.

BRAUMEISTER: Ich will Sie zu nichts zwingen – ich dachte mir nur – es könnte lustig werden.

VANĚK: Hm –

Pause.

BRAUMEISTER: Und seien Sie nicht traurig.

VANĚK: Ich bin nicht traurig.

Pause.

VANĚK: Hören Sie mal, Ferdinand – Sie heißen doch Ferdinand, nicht wahr?

VANĚK: Ja.

BRAUMEISTER: Hören Sie mal, Ferdinand, ich wollte nur mit Ihnen sprechen –

VANĚK: Ich weiß, Herr Braumeister.

Pause.

BRAUMEISTER: Warum trinken Sie nichts?

VANĚK: Ich habe Ihnen doch gesagt, daß ich kein Biertrinker bin.

BRAUMEISTER: Hier ist jeder ein Biertrinker.

VANĚK: Ich weiß.

Pause.

BRAUMEISTER: Hören Sie mal, Ferdinand – ich darf Sie doch so nennen, ja?

VANĚK: Natürlich –

BRAUMEISTER: Was würden Sie dazu sagen, wenn ich Ihnen den Posten des Lagerverwalters anbiete? Das wäre doch nicht

schlecht, was? Sie sind schließlich ein intelligenter Mensch,
ehrlich sind Sie auch, warum also nicht? Sie wollen doch nicht
dauernd zusammen mit den Zigeunern Fässer rollen! Sie
könnten im warmen Raum sitzen – in der Mittagszeit das Lager abschließen –, so tun, als ob Sie dort Ordnung machten –
und könnten sich da in Ruhe irgendwelche Witze für Ihre
Theaterstücke ausdenken –, und wenn Sie wollen, könnten
Sie sich da auch ruhig ein bißchen ausschlafen – was sagen Sie
dazu?

VANĚK: Meinen Sie, daß das möglich wäre?

BRAUMEISTER: Warum soll es nicht möglich sein?

VANĚK: Ich befinde mich natürlich nicht in einer Situation, in
der ich wählen könnte, aber wenn es eine solche Möglichkeit
tatsächlich gäbe, würde ich das natürlich für ausgezeichnet
halten – einen Sinn für Ordnung glaube ich zu haben –, ich
kann auch Maschineschreiben – kenne sogar ein bißchen
fremde Sprachen –, und, wissen Sie, in dem Keller ist es doch
sehr kalt – vor allem, wenn einer nicht daran gewöhnt ist.

BRAUMEISTER: Na eben. Verstehen Sie was von Buchhaltung?

VANĚK: Ich werde es sicher begreifen – ich habe vier Semester
Ökonomie studiert.

BRAUMEISTER: Ja? – Verstehen Sie also was von Buchhaltung?

VANĚK: Ich werde es sicher begreifen.

BRAUMEISTER: Sie könnten im warmen Raum sitzen – in der
Mittagszeit das Lager abschließen –, Sie wollen doch nicht
dauernd mit den Zigeunern Fässer rollen!

VANĚK: Wenn es so eine Möglichkeit gäbe –
    Pause.

BRAUMEISTER: Nein, nein, Vaněk, wenn jemand ein krummer
Hund ist, das erkenne ich schon von weitem! Sie sind ein ehrlicher Mann. Ich bin auch ehrlich – also warum sollen wir uns
nicht zusammentun, was sagen Sie dazu!?

VANĚK: Ja – sicher –

BRAUMEISTER: Sind sie also dafür?

VANĚK: Selbstverständlich.

BRAUMEISTER: Wenn Sie es nicht wollen, dann sagen Sie es nur! Vielleicht wollen Sie sich nicht mit mir zusammentun. Vielleicht haben Sie Einwände gegen mich. Vielleicht haben Sie andere Pläne.

VANĚK: Ich habe keine Einwände gegen Sie. – Im Gegenteil – Sie haben viel für mich getan –, ich bin Ihnen sehr verbunden – besonders wenn die Sache mit dem Lager klappen würde. – Ich will natürlich alles tun, damit Sie mit mir und mit meiner Arbeit zufrieden sind.

Der Braumeister öffnet eine neue Flasche und schenkt Vaněk und sich ein.

BRAUMEISTER: Dann können wir darauf trinken.

VANĚK: Ja.

Beide trinken.

BRAUMEISTER: Ex –

Vaněk leert mit Mühe das Glas, der Braumeister schenkt ihm sofort wieder ein. Pause.

Und seien Sie nicht traurig.

VANĚK: Ich bin nicht traurig.

Pause.

BRAUMEISTER: Du, Ferdinand!

VANĚK: Ja?

BRAUMEISTER: Wir sind doch Freunde, was?

VANĚK: Ja.

BRAUMEISTER: Sagst du das nicht nur so?

VANĚK: Nein.

BRAUMEISTER: Hast du also zu mir Vertrauen?

VANĚK: Natürlich habe ich zu Ihnen Vertrauen.

BRAUMEISTER: Warte mal, sage es aufrichtig: vertraust du mir?

VANĚK: Ich vertraue Ihnen.

BRAUMEISTER: Also hör mal – ich werde dir was sagen – aber das bleibt unter uns, klar?

VANĚK: Klar.

BRAUMEISTER: Kann ich mich darauf verlassen?

VANĚK: Das können Sie.

BRAUMEISTER: Also hör mal. *Der Braumeister senkt die Stimme.* Die kommen hierher und fragen nach dir.

VANĚK: Wer?

BRAUMEISTER: Na die doch.

VANĚK: Wirklich?

BRAUMEISTER: Klar.

VANĚK: Und haben Sie den Eindruck, daß – was meine Arbeit hier in der Brauerei betrifft – daß das irgendwie gefährdet ist? *Pause.* Bestehen sie nicht darauf, daß man mich entläßt? *Pause.* Machen sie Ihnen keine Vorwürfe, daß Sie mich angestellt haben?
Pause.

BRAUMEISTER: Also hör mal – ich sage dir etwas – aber es bleibt unter uns – klar?

VANĚK: Klar.

BRAUMEISTER: Kann ich mich darauf verlassen?

VANĚK: Das können Sie.

BRAUMEISTER: Also hör mal – würde hier jemand anderer sitzen und nicht ich, würdest du bei uns nicht arbeiten – das kann ich dir also garantieren! Reicht's dir?

VANĚK: Ja, sicher – ich bin Ihnen sehr dankbar.

BRAUMEISTER: Ich sage das nicht, damit du mir dankst.

VANĚK: Ich weiß, daß Sie es nicht deshalb sagen.

BRAUMEISTER: Ich sage dir das nur, damit du weißt, wie die Lage ist.

VANĚK: Ich danke Ihnen.
Pause.

BRAUMEISTER: Verzeihung –
Der Braumeister steht schwer auf und geht torkelnd aus dem Raum. Vaněk gießt schnell den Rest seines Biers in des Braumeisters Glas. Nach einer Weile kommt der Braumeister zurück, knöpft sich den Schlitz zu und setzt sich auf seinen Stuhl. Hattest du mit ihr was?

VANĚK: Mit wem?

BRAUMEISTER: Na, mit der Bohdalová, natürlich!

VANĚK: Ich? Nein.

BRAUMEISTER: Ehrlich nicht?

VANĚK: Nein.

BRAUMEISTER: Dann bist du für mich ein Stümper!
Pause.

VANĚK: Herr Braumeister –

BRAUMEISTER: Was ist?

VANĚK: Ich muß jetzt gehen.

BRAUMEISTER: Wohin willst du gehen?

VANĚK: Man wird mich im Keller vermissen.

BRAUMEISTER: Die werden sich schon nicht bescheißen! Der Scherkesi ist doch da! Bleib hier und trink. *Pause.* Hör mal, Ferdinand – du bist doch Ferdinand, nicht?

VANĚK: Ja.

BRAUMEISTER: Hör mal, Ferdinand – ich kann dich so nennen, ja?

VANĚK: Aber sicher.

BRAUMEISTER: Weißt du, ich frag dich lieber, damit du nicht vielleicht beleidigt bist, nicht wahr?

VANĚK: Warum sollte ich beleidigt sein?

BRAUMEISTER: Bei dir weiß man nie, woran man ist. – Du schweigst, denkst dir weiß Gott was – sagst nur «Ja, Herr Braumeister», «Danke, Herr Braumeister».

VANĚK: Ich bin so erzogen worden.

BRAUMEISTER: Und ich bin ein unerzogener Tölpel aus der Brauerei – so meinst du das, nicht wahr? Sag nicht, daß du es nicht so meinst.

VANĚK: Ich meine es nicht so.

BRAUMEISTER: Na, sag es offen, damit ich weiß, woran ich bin.

VANĚK: Ich denke von Ihnen nichts Schlechtes, wirklich, im Gegenteil.

BRAUMEISTER: Wir sind also Freunde.

VANĚK: Ja.

BRAUMEISTER: Du vertraust mir also.

VANĚK: Ich vertraue Ihnen.

BRAUMEISTER: Also hör mal, einen von denen, die deinetwegen herkommen, kenne ich – noch aus der Schule – weißt du –, es ist ein guter Bekannter von mir – ein gewisser Anton Maschek –, ein ganz solider Bursche, zumindest kommt er mir entgegen.

VANĚK: Das ist doch gut für Sie.

BRAUMEISTER: Na ja, einen besonders großen Einfluß hat er da nicht, das nicht – aber zweimal hat er mir schon geholfen –, und ich weiß nicht, wann ich ihn wieder brauchen werde. Außerdem ist er – wie gesagt – ein solider Bursche. Also, ich kann ihm einfach – na, kurzum – nicht nein sagen, verstehst du?

VANĚK: Ich verstehe.

Pause.

BRAUMEISTER: Na, was glotzt du so?

VANĚK: Ich glotze nicht.

BRAUMEISTER: Sag nur, was du denkst! Sag es ruhig.

VANĚK: Ich denke mir nichts.

BRAUMEISTER: Erzähl nur nichts – ich weiß genau, was du dir denkst! Aber du weißt wahrscheinlich nicht, daß sie sich auch einen anderen suchen, wenn ich es ihnen nicht verspreche, und das wäre schlimmer, denn das wäre garantiert keiner, der so fair ist wie ich! Ich bin nämlich ein gerader Mensch – im Unterschied zu anderen. Ich habe nun einmal so eine Mentalität, auch heute noch! Und das ist dein einziges Glück, wenn du es wissen möchtest. Die Menschen sind nämlich große Schweine! Sehr große. Oder denkst du vielleicht, daß man hier einen anderen Hornochsen findet, der dir die ganze Geschichte so auf den Tisch legt? Du stellst dir das vor, wie der kleine Moritz! Weißt du eigentlich, wo du lebst?

VANĚK: Ich schätze natürlich Ihre Aufrichtigkeit –

BRAUMEISTER: Weißt du überhaupt, was ich dadurch riskiere, daß ich dir gegenüber so fair bin? Was kann ich tun, wenn du damit zu denen läufst? Ich liefere mich dir voll aus!

VANĚK: Ich werde niemandem etwas sagen.

BRAUMEISTER: Dann schreibst du es eben irgendwo! Du steckst

das in irgendein Theaterstück, die werden es dir wegnehmen –
und ich bin verloren.

VANĚK: Sie können sich darauf verlassen, daß ich es für mich
behalte.

BRAUMEISTER: Ehrlich?

VANĚK: Ehrlich.

*Der Braumeister öffnet eine weitere Flasche und schenkt sich
ein. Pause.*

Herr Braumeister –

BRAUMEISTER: Hm.

VANĚK: Wenn es klappen sollte – ich meine mit dem Lager –,
was wird dann mit dem alten Schumann?

BRAUMEISTER: Was soll mit ihm werden? *Pause.* Na ja, alles ist
paradox, was?

VANĚK: Hm –

BRAUMEISTER: Das kann ich dir sagen.

Pause.

VANĚK: Herr Braumeister –

BRAUMEISTER: Hm –

VANĚK: Noch mal zu diesem Lager – meinen Sie, die werden es
erlauben? Die wissen doch, daß ich da in einem warmen
Raum sein würde.

BRAUMEISTER: Einen Scheiß wissen die. *Pause.* Bist du verheiratet?

VANĚK: Ja.

BRAUMEISTER: Und hast du Kinder?

VANĚK: Nein.

BRAUMEISTER: Ich habe drei. Damit du es weißt.

Pause.

VANĚK: Sie könnten eventuell damit argumentieren, daß ich
dort mehr von den Leuten isoliert bin.

BRAUMEISTER: Du, Ferdinand –

VANĚK: Es geht denen doch darum, daß ich keinen Kontakt mit
Menschen habe, nicht wahr?

BRAUMEISTER: Du, Ferdinand –

VANĚK: Das könnte doch auf die überzeugend wirken, nicht wahr?

BRAUMEISTER: Du, Ferdinand –

VANĚK: Ja?

BRAUMEISTER: Spielst du «Marriage»?

VANĚK: Nein.

BRAUMEISTER: Ich ja – wir hatten hier so eine prima Clique – jeden Donnerstag, weißt du –, und was denkst du – ich mußte es sein lassen wegen eines gewissen Alois Hlavatý!

VANĚK: Hm.

BRAUMEISTER: Nur damit du weißt, daß wir es alle nicht leicht haben. *Pause.* Du, Ferdinand –

VANĚK: Ja.

BRAUMEISTER: Kennst du meine Alte?

VANĚK: Nein. *Pause.*

BRAUMEISTER: Du, Ferdinand –

VANĚK: Ja?

BRAUMEISTER: Es ist alles Scheiße!

VANĚK: Ich weiß.

BRAUMEISTER: Einen Scheiß weißt du! Du hast es gut! Du schreibst deine Stücke – rollst Fässer – und alle können dir gestohlen bleiben! Was fehlt dir eigentlich? Mensch, die haben doch Angst vor dir!

VANĚK: Das wohl nicht.

BRAUMEISTER: Aber doch! Und was ist mit mir? Um mich kümmert sich keiner. Über mich werden keine Meldungen gemacht! Mit mir können sie umspringen, wie sie wollen! Mich haben sie in der Hand. Mich werden sie zertreten wie einen Wurm – wann immer sie Lust dazu haben! Wie einen Wurm! Ja, du – du hast es gut! *Pause.* Du, Ferdinand –

VANĚK: Ja?

BRAUMEISTER: Aber diese Bohdalová wirst du herholen, das tust du doch, nicht wahr?

VANĚK: Sie können sich darauf verlassen – ich werde sie noch heute anrufen und ihr alles erklären.

BRAUMEISTER: Denkst du, daß sie kommt?

VANĚK: Ich werde alles tun, was in meinen Kräften steht.

BRAUMEISTER: Ihr seid doch Freunde, nicht wahr?

VANĚK: Das sind wir.

BRAUMEISTER: Na warte mal – du sagtest – ihr seid Freunde –

VANĚK: Das sind wir auch.

BRAUMEISTER: Na warte mal – seid ihr Freunde oder nicht?

VANĚK: Aber ja.

BRAUMEISTER: Wo liegt dann die Schwierigkeit? *Pause*. Herrgott, sie kann doch verkehren, mit wem sie will!

VANĚK: Das kann sie sicher.

BRAUMEISTER: Herrgott, das ist doch ihr absolutes Recht.

VANĚK: Bestimmt.

BRAUMEISTER: Das ist doch eine prinzipielle Frage, Herrgott! *Pause*. Und überhaupt – es muß doch keiner wissen, wer sie hierher geholt hat! Es wird einfach ein Treffen mit den Werktätigen sein! Das ist doch absolut harmlos.

VANĚK: Das denke ich auch.

BRAUMEISTER: Wirst du sie also holen?

VANĚK: Ich werde in dieser Sache alles tun, was in meinen Kräften steht – ich werde sie noch heute anrufen –, wir sind ja Freunde – das ist doch absolut harmlos!
Pause.

BRAUMEISTER: Du, Ferdinand –

VANĚK: Ja?

BRAUMEISTER: Wenn du wüßtest, wie mich das alles ankotzt!

VANĚK: Das verstehe ich.

BRAUMEISTER: Einen Dreck verstehst du! Du denkst nur: Der ist blöd, laß ihn reden!

VANĚK: Das denke ich nicht.

BRAUMEISTER: Warum trinkst du nicht?

VANĚK: Ich trinke.

BRAUMEISTER: Hattest du schon Frühstückspause?

VANĚK: Noch nicht.

BRAUMEISTER: Pfeife auf die Frühstückspause.

VANĚK: Ich habe sowieso keinen Hunger.

BRAUMEISTER: Vielleicht bin ich auch blöd, aber ich bin fair.

VANĚK: Das sind Sie.

BRAUMEISTER: Ich möchte mit dir sprechen.

VANĚK: Ich weiß.

BRAUMEISTER: Die Menschen sind große Schweine! Sehr große. Warum trinkst du nicht?

VANĚK: Ich trinke doch.

BRAUMEISTER: Hattest du schon Frühstückspause?

VANĚK: Noch nicht.

BRAUMEISTER: Du – du hast es gut.

VANĚK: Ich bin Ihnen sehr verbunden.

BRAUMEISTER: Es ist alles Scheiße. *Der Braumeister öffnet eine neue Flasche und schenkt sich ein. Pause.* Hör mal!

VANĚK: Ja?

BRAUMEISTER: Stört's dich nicht, daß ich dich duze?

VANĚK: Nein.

BRAUMEISTER: Wenn es dich stört, sage es.

VANĚK: Es stört mich nicht.

BRAUMEISTER: Na, wenn es dich nicht stört, ist gut.

VANĚK: Im Gegenteil, ich freue mich, daß wir uns nähergekommen sind.

BRAUMEISTER: «Ich freue mich, daß wir uns nähergekommen sind» – «Ich schätze Ihre Aufrichtigkeit» – warum sprichst du eigentlich so, na so –

VANĚK: Wie ein Buch?

BRAUMEISTER: Ja.

VANĚK: Wenn es Sie irritiert, dann –

BRAUMEISTER: Mich irritiert nichts – ich schätze es, daß wir uns nähergekommen sind – Scheiß.

VANĚK: Wie bitte?

BRAUMEISTER: Scheiß!
  Pause.

VANĚK: Herr Braumeister –

BRAUMEISTER: Was ist?

Vaněk: Ich muß jetzt gehen.

Braumeister: Wohin willst du gehen?

Vaněk: Die werden mich im Keller vermissen.

Braumeister: Die werden sich schon nicht bescheißen! Der Scherkesi ist doch da. Bleib hier und trink.

Vaněk: Aber die werden sich wirklich ärgern.

Braumeister: Aha, ich fall dir auf den Wecker, was? Na ja, klar, mit dem Gott und der Bohdalová habt ihr andere Feten gefeiert.

Vaněk: Ich fühle mich hier wohl mit Ihnen. Ich will nur nicht ins Gerede kommen. – Das hätte keinen Sinn – besonders jetzt, wenn sich eine Aussicht auf Arbeit im Lager ergibt.

Braumeister: Fühlst du dich hier wirklich wohl?

Vaněk: Ehrlich.

Braumeister: Sagst du das nicht nur so?

Vaněk: Nein.

Der Braumeister öffnet die nächste Flasche und schenkt sich ein. Pause.

Braumeister: Ferdinand!

Vaněk: Ja?

Braumeister: Weißt du, was das Schlimmste an der Sache ist?

Vaněk: Was?

Braumeister: Daß ich beim besten Willen nicht weiß, was ich ihnen jede Woche sagen soll – ich weiß doch von dir fast gar nichts –, wir haben kaum Kontakt miteinander – und diese paar Kleinigkeiten, die ich mitbekomme –, daß du ab und zu ins Labor gehst, um dich auszuruhen – daß man dich ein paarmal in der Stadt mit der Maruschka von der Flaschenfüllung gesehen hat –, daß die Monteure dir zu Hause etwas an der Heizung gemacht haben – was soll ich damit? Na, sag mir – was soll ich denen dauernd erzählen – na, was?

Vaněk: Seien Sie mir nicht böse, aber da kann ich Ihnen schwer helfen.

Braumeister: Doch, du kannst! Wenn du nur willst.

Vaněk: Ich? Wieso?

BRAUMEISTER: Du bist doch ein intelligenter Mensch, nicht wahr? Du hast doch einen politischen Überblick, nicht wahr? Du schreibst doch, nicht wahr? Wer kann es besser wissen, was die eigentlich wissen wollen, als du!?

VANĚK: Entschuldigen Sie bitte, aber das ist wohl –

BRAUMEISTER: Schau mal, im Lager würdest du eine Menge Zeit haben – was macht es dir schon aus, wenn du es einmal in der Woche zu Papier bringst? Das bin ich dir doch wohl wert, ne? Ich werde meine schützende Hand über dich halten! Du wirst dort leben wie Gott in Frankreich, sogar Bier kannst du dir dorthin mitnehmen, soviel du willst. Für dich muß es doch ein Kinderspiel sein. Du bist doch, zum Teufel, ein Schriftsteller! Dieser Anton Maschek ist wirklich ein guter Bursche, und er braucht es, ehrlich – wir können ihn doch nicht im Stich lassen! Oder haben wir, zum Teufel noch mal, nicht gesagt, daß wir an einem Strang ziehen werden? Daß wir uns helfen werden, daß wir – kurzum – eine gute Clique sein werden, haben wir denn nicht darauf angestoßen? Na sag mal, haben wir darauf angestoßen oder nicht?

VANĚK: Na gut – aber –

BRAUMEISTER: Ferdinand, jetzt hängt alles von dir ab. Wenn du uns ein bißchen hilfst, wird alles gut sein. Du hilfst mir, ich helfe ihm, er wiederum mir und ich dir. Also keiner wird dabei zu kurz kommen. Wir werden uns doch nicht das Leben zur Hölle machen! *Pause.* Na, was glotzt du so?

VANĚK: Ich glotze nicht.

Pause.

BRAUMEISTER: Du würdest einen unmittelbaren Einfluß darauf haben, was die von dir wissen – das ist doch auch was wert.

VANĚK: Ich weiß.

Pause.

BRAUMEISTER: Und in dem Lager wird es doch auch schön sein, nicht wahr? Warm – eine Menge Zeit –

VANĚK: Es wäre ausgezeichnet.

Pause.

BRAUMEISTER: Na – dann ist doch alles in Butter.
Pause.
VANĚK: Herr Braumeister –
BRAUMEISTER: Was ist?
VANĚK: Ich bin Ihnen tatsächlich sehr dankbar für alles, was
Sie für mich getan haben – ich weiß es zu schätzen, weil ich
selbst am besten beurteilen kann, wie selten eine solche Ein-
stellung heute ist. Sie haben mir sozusagen aus der Klemme
geholfen. Ich weiß wirklich nicht, was ich ohne Ihre Hilfe getan hätte – dieser Posten im Lager würde für mich eine größere Erleichterung bedeuten, als Sie sich vielleicht denken –
nur ich kann doch nicht – seien Sie mir nicht böse – mich
selbst denunzieren.
BRAUMEISTER: Wieso denunzieren? Wer spricht hier von denunzieren?
VANĚK: Um mich geht es nicht, mir kann es nicht mehr schaden
– aber es geht doch um das Prinzip! Aus Prinzip kann ich mich
doch nicht daran beteiligen...
BRAUMEISTER: Woran? Sag es nur? Woran kannst du dich nicht
beteiligen?
VANĚK: An einer Praxis, mit der ich nicht einverstanden bin.
Eine kurze Pause voller Spannung.
BRAUMEISTER: Hm – du kannst also nicht, du kannst nicht –
ausgezeichnet! Jetzt hast du dich also entpuppt! Jetzt hast du
gezeigt, was für einer du bist! *Der Braumeister steht auf und
geht aufgeregt auf und ab.* Und was ist mit mir? Mich läßt
du drin stecken? Auf mich pfeifst du! Ich kann ein Schwein
sein! Ich kann mich in diesem Sumpf wälzen, um mich geht
es gar nicht. Ich bin nur ein einfacher Tölpel aus der Brauerei
– aber der Herr, der kann sich nicht beteiligen! Ich kann
mich schmutzig machen – wenn nur der Herr sauber bleibt!
Dem Herrn geht es ums Prinzip! Und was mit den anderen
ist, daran denkt er nicht mehr! Hauptsache, er bleibt schön
sauber! Das Prinzip ist ihm lieber als der Mensch! Das ist typisch für euch.

VANĚK: Für wen?

BRAUMEISTER: Für euch! Die Intelligenzler, die Herren! Das
sind alles schöne Reden, aber ihr könnt sie euch erlauben, weil
euch nichts passieren kann, für euch interessiert man sich immer, ihr könnt es euch immer einrichten, ihr seid oben, auch
wenn ihr unten seid. Ein einfacher Mensch dagegen rackert
sich hier ab, hat einen Scheiß davon, und findet nirgendwo
Gehör. Jeder scheißt auf ihn, jeder macht mit ihm, was er will,
jeder kann ihn anschreien, er hat überhaupt kein Leben, und
am Ende werden die Herren noch von ihm sagen, daß er keine
Prinzipien hat!

Einen Posten mit einem warmen Unterschlupf würdest du von
mir nehmen – aber mir auch ein bißchen von diesem Saumist,
in dem ich jeden Tag bis zu den Knien stecken muß, abzuneh-
men, dazu hast du schon keine Lust! Ihr seid alle sehr schlau,
ihr habt das sehr gut kalkuliert, ihr könnt sehr gut für euch
sorgen! Prinzipien! Prinzipien! Klar, daß ihr eure Prinzipien
hütet! – Ihr verwertet sie nämlich ausgezeichnet! Ihr werdet
sie ausgezeichnet verkaufen! Ihr werdet an ihnen sehr gut verdienen, diese Prinzipien ernähren euch nämlich – und was ist
mit mir? Ich kann für sie nur Prügel beziehen! Ihr habt immer
eine Chance – und welche Chance habe ich? Um mich wird
sich keiner kümmern, vor mir hat keiner Angst, über mich
wird keiner schreiben, mir wird keiner helfen. Für mich interessiert sich keiner, ich bin nur dazu gut, Mist zu machen, auf
dem eure Prinzipien wachsen, gut beheizte Räume für euer
Heldentum zu suchen und für das alles am Ende nur Hohn zu
ernten! Du wirst später mal zu deinen Schauspielerinnen zurückkehren – wirst vor denen prahlen, daß du Fässer gerollt
hast –, du wirst ein Held sein – und was ist mit mir? Wohin
kann ich zurückkehren? Wer wird mir Aufmerksamkeit
schenken? Wer wird meine Taten anerkennen? Was habe ich
vom Leben, was erwartet mich, na, was? *Der Braumeister
sinkt auf dem Stuhl zusammen, legt seinen Kopf auf Vaněks
Brust und fängt an, laut zu schluchzen. Nach einer Weile*

beruhigt er sich, schaut den Vaněk an und sagt leise: Ferdinand –
VANĚK: Hm –
BRAUMEISTER: Bist du mein Freund?
VANĚK: Ja.
BRAUMEISTER: Ich bitte dich, geh und hol sie – jetzt gleich – ich
bitte dich darum. *Pause.* Geh und sag ihr «Liebe Jirina – ich
hab dort einen Freund – so ein Tölpel aus der Brauerei ist das,
aber ein fairer Mann» – *Pause.* Ich werde für dich diesen Job
im Lager durchboxen – ich werde keine Meldungen von dir
verlangen –, nur das mit der Jirina mußt du schaffen, ich bitte
dich darum. *Pause.* Wirst du das für mich tun? Du wirst es
doch für mich tun, ja? Für einen einzigen Abend – dann wird
es mir schon gutgehen –, dann wird alles anders sein – dann
werde ich wissen, daß ich nicht umsonst gelebt habe –, daß
mein beschissenes Leben nicht so total beschissen war – wirst
du sie holen? *Pause. Dann packt der Braumeister den Vaněk
an den Kleidern und schreit verzweifelt in sein Gesicht:* Wenn
du sie nicht holst – ich – ich weiß nicht – ich werde vielleicht –
ich werde vielleicht – ich werde vielleicht –
*Der Braumeister weint leise und legt wieder seinen Kopf an
Vaněks Brust. Pause. Nach einer Weile verwandelt sich das
Schluchzen des Braumeisters langsam in lautes Schnarchen.
Vaněk wartet noch eine Weile, dann legt er vorsichtig den
Kopf des Braumeisters auf den Tisch, steht leise auf und geht
zur Tür. Da bleibt er stehen, dreht sich um, zögert eine Weile
und sagt zu dem schlafenden Braumeister –*
VANĚK: Seien Sie nicht traurig!
*Vaněk geht weg. Kurz danach hört man ein Klopfen an der
Tür. Der Braumeister wacht sofort auf. Er ist nach dem kur-
zen Schlaf wieder ganz nüchtern und benimmt sich genauso
wie am Anfang des Stücks; er hat offenbar alles Vorangegan-
gene vergessen.*
BRAUMEISTER: Herein.
In den Raum kommt Vaněk, er knöpft sich den Schlitz zu.

Ah, Herr Vaněk! Kommen Sie näher! Setzen Sie sich.
Vaněk setzt sich.
Möchten Sie ein Bier?
Vaněk nickt zustimmend; der Braumeister nimmt eine Fla-
sche aus dem Kasten, öffnet sie, schenkt in zwei Gläser ein
und schiebt das eine Glas dem Vaněk zu. Vaněk trinkt sofort
aus.
Na, wie geht's?
VANĚK: Alles Scheiße.

Vorhang fällt.

Ende

Vernissage

Einakter

Personen

VERA
MICHAEL
FERDINAND

Ort der Handlung

Vera und Michaels großes Wohnzimmer

Vera und Michaels großes Wohnzimmer hat eine erhöhte kleine Eßecke hinten, die durch eine Durchreiche mit der Küche hinter der Bühne verbunden ist. Links eine Tür zur Diele; rechts ein großer Kamin; in der Mitte des Zimmers ein kleiner antiker Tisch mit modernen Polstersesseln. Das Zimmer ist voll von Antiquitäten und Kuriositäten – zum Beispiel ein Firmenschild im Jugendstil, eine chinesische Vase, ein barockes Sandstein-Engelchen, eine Truhe mit Intarsien, ein folkloristisches Unterglasbild, eine russische Ikone, alte Mörser, Kaffeemühlen usw. In einer Wandnische steht eine gotische Madonna aus Holz; auf dem Kamin eine Rokoko-Spieluhr, über dieser ein türkischer Säbel; die Eßecke ist als «Bauernstube» eingerichtet, mit einem Wagenrad an der Wand; auf dem Boden liegt ein hoher, zottiger Teppich; darauf einige Perserbrücken, am Kamin ein Bärenfell mit Kopf; vorn links ein geschnitzter Beichtstuhl. Eine Stereoanlage darf auch nicht fehlen; neben der Sitzgruppe steht ein Servierwagen mit verschiedenen Flaschen, Gläsern, Eis und einer Schüssel. In der Schüssel sind große Muscheln mit gratinierten Groombles. Beim Aufgehen des Vorhangs steht Ferdinand in der Tür; offenbar ist er eben gekommen. Ihm gegenüber stehen Vera und Michael. Ferdinand hält einen Blumenstrauß hinter dem Rücken.

VERA: Wir freuen uns sehr, daß du gekommen bist –
MICHAEL: Wir hatten schon Angst, du kommst nicht mehr –
VERA: Wir haben uns sehr auf dich gefreut –
MICHAEL: Was trinkst du? Whisky –
FERDINAND: Egal –
  Michael geht zum Servierwagen und schenkt drei Gläser mit Whisky ein; Ferdinand zögert etwas, dann reicht er Vera den Strauß.
VERA: Ach, sind die schön! Nimmt den Strauß und schaut ihn

an. Du vergißt nie – *riecht an den Blumen* – und wie sie duf-
ten! Danke, Ferdinand –
Vera geht nach hinten und steckt die Blumen in eine Vase;
Ferdinand schaut sich neugierig um – eine kurze Pause.
FERDINAND: Hier hat es sich irgendwie verändert –
VERA: Ja, Michael hat auch lange daran geschuftet! Du kennst
ihn doch – wenn er was anfängt, läßt er nicht locker, bis es
alles so ist, wie er es sich vorgenommen hat.
MICHAEL: Vorgestern wurde ich fertig. Es war noch niemand
hier, also ist heute unsere kleine Vernissage. Mit Eis?
FERDINAND: Egal...
Vera kommt zurück; Ferdinand schaut sich immer noch über-
rascht um.
Wo hast du das alles aufgetrieben?
MICHAEL: Na, du kannst dir vorstellen, daß das nicht ganz
leicht war. Ein paar Beziehungen hatte ich zu Antiquaren,
Sammlern und so, andere mußte ich mir verschaffen... und
Hauptsache – man darf nie aufgeben, wenn man etwas nicht
gleich findet.
VERA: Aber es ist ihm gelungen, was?
FERDINAND: Hm –
VERA: Ehrlich gesagt, ich hab es selbst nicht geglaubt, daß er es
so gut hinkriegt! Wenn man nämlich der Wohnung ein Ge-
sicht geben will, reicht es nicht, daß man alte Sachen gern hat
– man muß sie auch beschaffen können, und man muß schon
ein feines Gefühl dafür haben, wie man es in der Wohnung am
besten präsentiert und mit der modernen Einrichtung kombi-
niert. – Na, und es stellte sich heraus, daß Michael das alles
ausgezeichnet versteht. Deshalb wirst du hier keinen einzigen
Stilbruch finden –
Michael gibt Vera und Ferdinand die Gläser, dann hebt er sein
Glas und wendet sich an Ferdinand.
MICHAEL: Also, herzlich willkommen bei uns, Ferdinand!
VERA: Wir hatten schon Sehnsucht nach dir.
MICHAEL: Als ich das hier eingerichtet habe, habe ich oft an

dich gedacht ... was sagt er wohl dazu, wenn er das alles sieht —

FERDINAND: Also Prost!

Alle trinken — eine kurze Pause.

MICHAEL: Es wäre nie so gut geworden, wenn mich Vera nicht
so tatkräftig unterstützt hätte. Übrigens war es nicht nur eine
Frage der Unterstützung und des Verständnisses, sondern
auch der unmittelbaren Hilfe! Zum Beispiel dieser türkische
Säbel — wie gefällt er dir?

FERDINAND: Hübsch —

MICHAEL: Und wie paßt er hier hinein?

FERDINAND: Gut —

MICHAEL: Na, siehst du — und den hat Vera aus eigener Initia-
tive aufgetrieben und ihn sogar selbst dort aufgehängt. — Dabei wußte sie gar nicht, daß ich genauso etwas für die Wand
über dem Kamin gesucht hatte! Ist es nicht fabelhaft!

FERDINAND: Prima —

Eine kurze verlegene Pause.

VERA: Nimm doch Platz —

FERDINAND: Danke —

*Alle setzen sich in die Sessel. Eine kurze Pause; Ferdinand
schaut sich wieder um; Vera und Michael beobachten ihn zufrieden; Ferdinand hat den Beichtstuhl bemerkt.*

Was ist das?

MICHAEL: Du siehst doch — ein Beichtstuhl —

FERDINAND: Wo hast du den her?

MICHAEL: Stell dir vor, was für ein Schwein ich hatte: ich hörte,
daß eine Kirche liquidiert wird, bin sofort hingefahren, na,
und das ist das Ergebnis. Es gelang mir, diesen Stuhl vom Kü-
ster zu bekommen; für drei Hunderter.

FERDINAND: So billig?

MICHAEL: Das geht doch, was? Reines Barock, Menschenskind!

FERDINAND: Und was wollt ihr damit?

MICHAEL: Was soll das heißen — was wollt ihr damit? Gefällt er
dir nicht?

FERDINAND: Aber ja –

MICHAEL: Es ist wirklich ein phantastisches Objekt – und wir freuen uns sehr darüber – nicht wahr, Vera?

VERA: Tatsächlich eine herrliche Arbeit. Ich glaube, Michael ist wieder einmal ein guter Fang gelungen – *Kurze Pause.* Was sagst du zum Eßzimmer?

FERDINAND *dreht sich um*: Gemütlich –

VERA: Ist das nicht eine gute Idee – es ganz einfach rustikal einzurichten?

FERDINAND: Mhm –

Kurze Pause.

MICHAEL: Weißt du, was mir die größte Freude gemacht hat?

FERDINAND: Was?

MICHAEL: Diese gotische Madonna! Ich brauchte nämlich eine, die genau in diese Nische paßt. Und überall gab es nur entweder größere oder kleinere – es war wie verhext.

FERDINAND: Ließ sich die Nische nicht vergrößern –?

MICHAEL: Das wollte ich eben nicht – ich bin überzeugt, daß sie nur so die richtige Dimension hat.

VERA: Siehst du, das ist typisch Michael! Statt die Nische zu vergrößern, läuft er sich lieber die Hacken ab!

Pause.

MICHAEL: Und wie ist es mit euch? Wann fangt ihr an?

FERDINAND: Womit?

MICHAEL: Na, mit der Einrichtung der Wohnung –

FERDINAND: Ich weiß nicht.

MICHAEL: Ihr solltet endlich was tun – wollt ihr etwa dauernd in diesem schrecklichen Provisorium wohnen bleiben?

FERDINAND: Es kommt mir schon gar nicht mehr so vor –

MICHAEL: Wenn du keine Lust dazu hast, warum macht es Eva nicht? Sie hat doch Zeit genug.

VERA: Ich glaube, daß Eva so eine Arbeitstherapie ausgesprochen nötig hat – das könnte ihr sehr helfen.

MICHAEL: Wir werden sie ja nicht im Stich lassen, wenn sie mal nicht mehr weiter weiß.

VERA: Michael hat jetzt viel Erfahrung. Er könnte sie beraten, was sie zu tun hat – wie sie es anfangen muß – was zu beschaffen ist.

MICHAEL: Ich sage ihr, wo es was gibt – an wen sie sich wenden muß –

VERA: Wirklich wahr, Ferdinand – warum sollst du das eigentlich nicht der Eva überlassen?

FERDINAND: Eva hat dafür nicht viel übrig.

VERA: Das wissen wir – aber wenn du es irgendwie schaffst, ihr Interesse zu wecken…

MICHAEL: Irgendwas mußt du mit deiner Wohnung machen, zum Teufel!

VERA: Weißt du, wir – Michael und ich – wir denken, daß der Mensch so lebt wie er wohnt. Wenn du das hast, was wir eine «Wohnung mit Gesicht» nennen, dann bekommt dein Leben plötzlich – ob du es willst oder nicht – auch ein bestimmtes Gesicht. – Irgendwie eine neue Dimension – einen anderen Rhythmus, einen anderen Inhalt – eine andere Ordnung. – Hab ich nicht recht, Michael?

MICHAEL: Wirklich, Ferdinand! So wie es dem Menschen nicht egal sein sollte, was er ißt, so sollte es ihm auch nicht egal sein, womit und wovon er ißt, womit er sich abtrocknet, wie er sich kleidet, wo er sich wäscht, wo er schläft. Und sobald du mit dem einen anfängst, wirst du nach kurzer Zeit feststellen, daß du auch das andere machen mußt, und das führt dich wiederum weiter – so entsteht eine ganze Kette –, und wenn du diesen Weg einmal begonnen hast, dann bedeutet das nichts anderes, als daß du dein Leben irgendwie auf irgendeine höhere Kulturebene erhebst – und daß du damit praktisch dich selbst zu irgendeiner höheren, inneren Harmonie erhebst –, und somit schließlich auch deine zwischenmenschlichen Beziehungen! Sag, Vera, ist es so, oder nicht?

VERA: Tatsächlich, Ferdinand! Wenn ihr anfangt, euch ein bißchen mehr darum zu kümmern, wie ihr lebt, wird es auch bestimmt zwischen euch beiden besser klappen –

FERDINAND: Bei uns klappt es aber doch –

VERA: Ferdinand!

FERDINAND: Nein – wirklich!

VERA: Ich weiß, daß du nicht gern darüber redest, aber versteh doch, Michael und ich, wir haben in der letzten Zeit über euch beide sehr viel gesprochen, wir haben sehr an euch gedacht – uns ist es wirklich nicht egal, wie ihr lebt!

MICHAEL: Wir meinen's gut mit dir, Ferdinand –

VERA: Du bist unser bester Freund – wir haben dich sehr gern –, du weißt überhaupt nicht, wie sehr wir dir wünschen, daß bei dir endlich alles ins reine kommt.

FERDINAND: Was soll bei mir ins reine kommen?

VERA: Lassen wir es lieber. – Soll ich nicht im Kamin Feuer machen?

FERDINAND: Meinetwegen muß es nicht sein.

MICHAEL: Dann machen wir ein bißchen Musik, ja?

VERA: Michael hat nämlich eine Menge neuer Platten aus der Schweiz mitgebracht –

FERDINAND: Vielleicht später, ja?

Pause. Plötzlich fängt die Spieluhr an, eine Rokokomelodie zu spielen – nach einer Weile hört sie auf. Pause.

VERA: Erzähl mal, wie geht es dir?

FERDINAND: Du weißt doch – unverändert –

VERA: Ist das wahr, daß du in einer Brauerei arbeitest?

FERDINAND: Ja –

VERA: Wie schrecklich, diese Degradierung.

Pause. Vera macht Michael ein Zeichen, daß er etwas vom Servierwagen holen soll.

Michael, bitte –

MICHAEL: Ach ja. *Michael nimmt die Schüssel mit Muscheln vom Servierwagen und stellt sie vor Ferdinand.*

VERA: Bitte, bedien dich –

FERDINAND: Was ist das?

MICHAEL: Veras Spezialität – gratinierte Groombles –

FERDINAND: Groombles? – Kenn ich nicht –

VERA: Das ist jetzt unser Lieblingsgericht. Michael hat aus der Schweiz einen ganzen Karton mitgebracht –

MICHAEL: Vera kann sie phantastisch zubereiten –

VERA: Man darf nur den Moment nicht verpassen, in dem sie aufhören, sich aufzublasen, aber noch nicht zu schrumpfen anfangen.

MICHAEL: Probier mal!

Ferdinand nimmt eine Muschel und löffelt fleißig; Vera und Michael beobachten ihn gespannt.

Na?

FERDINAND: Gut –

MICHAEL: Nicht wahr?

FERDINAND: Hast du dir die ganze Mühe meinetwegen gemacht?

VERA: Wir haben heute doch unsere Vernissage!

FERDINAND: Es schmeckt ein wenig nach Brombeeren –

VERA: Das kommt vielleicht davon, daß ich ein paar Tropfen Woodpeak dazu gebe, nur für den Geschmack.

FERDINAND: Was?

MICHAEL: Woodpeak –

VERA: Das war meine eigene Idee –

FERDINAND: Wirklich?

MICHAEL: Eine ausgezeichnete Idee, nicht wahr? Man kann sagen, was man will, aber Vera ist ein ausgesprochenes Kochtalent. Es vergeht nicht eine Woche, in der sie nicht irgendwas Neues auf den Tisch bringt – und immer steckt darin ein Stück ihrer eigenen Phantasie. Am Samstag zum Beispiel – was war das noch? – Ach so, Leber mit Nüssen! Das war ein Genuß! Na, sag selbst, würde es dir einfallen, Groombles mit Woodpeak zu verfeinern?

FERDINAND: Nein.

MICHAEL: Na, siehst du!

Ferdinand legt die leere Muschel weg und wischt sich den Mund mit der Serviette ab.

VERA: Es ist aber auch ein Vergnügen, für Michael zu kochen! Er

weiß selbst den bescheidensten Einfall zu würdigen und zu
loben, und wenn mir etwas gelingt, freut er sich aufrichtig.
Würde er das Essen nur so mechanisch herunterschlingen,
ohne genau zu wissen, was er ißt, dann würde mir wahrscheinlich das Kochen auch keinen Spaß machen.

FERDINAND: Verständlich.

MICHAEL: Das hat aber noch andere Aspekte: wenn man weiß,
daß zu Hause auf einen ein ausgefallenes Abendbrot wartet,
irgendeine kleine gastronomische Überraschung, dann freut
man sich natürlich um so mehr, nach Hause zu kommen. Und
man hat weniger Gründe, mit Freunden durch die Kneipen zu
ziehen. Vielleicht kommt es dir unwichtig vor, ich denke aber,
daß auch diese Dinge eine Art Kitt sind, der die Familie zu-
sammenhält und einem das gute Gefühl gibt, zu Hause eine
richtige Basis und Stütze zu haben. Meinst du nicht?

FERDINAND: Ja, sicher.

Pause.

VERA: Na, und wie ist es mit Eva? Hat sie schon ein bißchen
kochen gelernt?

FERDINAND: Sie hat doch immer gekocht –

VERA: Na ja, aber wie!

FERDINAND: Mir schmeckt es, im großen und ganzen…

VERA: Weil du dich schon daran gewöhnt hast. Sei mir nicht
böse, aber zum Beispiel diese Koteletts, die wir bei euch damals vor Weihnachten gegessen haben – es war doch vor
Weihnachten, nicht wahr?

FERDINAND: Ja –

VERA: Sei mir nicht böse, aber die waren doch schrecklich! Erinnerst du dich, Michael?

MICHAEL: Und ob!

FERDINAND: Eva war damals ein bißchen nervös.

VERA: Entschuldige, aber so was kann einer guten Köchin einfach nicht passieren! Was kocht sie dir denn so?

FERDINAND: Abends essen wir meistens kalt.

VERA: Auch am Samstag?

FERDINAND: Manchmal gibt es auch Warmes – zum Beispiel panierte Schnitzel –

MICHAEL: Hör mal, Ferdinand, ich will dir da nicht reinreden, aber warum schickst du Eva nicht zu irgendeinem Kursus? Zeit hat sie doch genug.

VERA: Eva? – Aber ich bitte dich. Glaubst du, Eva geht zu einem Kursus?

MICHAEL: Na ja, eigentlich –

VERA: Wenn sie kochen lernt, würde sich ihr Selbstbewußtsein sofort steigern. – Aber kann sie das begreifen? Sie ist mit dem Kopf irgendwo in den Wolken.

FERDINAND: Ich bin damit zufrieden, wie sie das macht…

MICHAEL: Ferdinand!

FEDINAND: Ja, wirklich!

MICHAEL: Ich weiß, daß du nicht gern darüber sprichst. Versteh doch, Vera und ich, wir haben in der letzten Zeit sehr viel über euch beide gesprochen. Wir haben sehr an euch gedacht – und uns ist es wirklich nicht egal, wie ihr lebt!

VERA: Wir meinen es gut mit dir, Ferdinand!

MICHAEL: Du bist unser bester Freund – wir haben dich sehr gern – du weißt gar nicht, wie sehr wir es dir wünschen, daß sich bei dir endlich alles klärt.

FERDINAND: Was ist denn bei mir unklar?

MICHAEL: Lassen wir das. Soll ich nicht Feuer im Kamin machen?

FERDINAND: Meinetwegen muß es nicht sein.

VERA: Wollen wir ein bißchen Musik machen? Michael hat nämlich aus der Schweiz eine Menge neuer Schallplatten mitgebracht.

FERDINAND: Vielleicht später, ja?

Pause. Plötzlich fängt die Uhr auf dem Kamin an, eine Rokokomelodie zu spielen. Ferdinand erschrickt. Nach einer Weile hört die Melodie auf. Pause.

MICHAEL: Was machst du da eigentlich in der Brauerei?

FERDINAND: Ich fülle Bier ab –

MICHAEL: In Fässer?

FERDINAND: Ja.

MICHAEL: Das muß für einen Intelligenzler eine schöne Schinderei sein, was?

FERDINAND: Halb so schlimm.

Pause.

MICHAEL *zu Vera*: Wollen wir Ferdinand nicht unseren kleinen Peter zeigen?

VERA: Ein bißchen später, Michael, jetzt könnte er noch aufwachen.

FERDINAND: Wie geht es dem Kleinen?

MICHAEL: Er ist phantastisch! Ich war ja nur zehn Tage in der Schweiz, und als ich zurückkam, konnte ich ihn fast nicht wiedererkennen. Solche Fortschritte hat er inzwischen gemacht!

VERA: Er ist sehr wißbegierig –

MICHAEL: Klug –

VERA: Gelehrig –

MICHAEL: Er hat ein ausgezeichnetes Gedächtnis.

VERA: Und dabei ist es ein so schönes Kind!

MICHAEL: Na, was soll ich dir sagen, weißt du, was er mich heute morgen gefragt hat? *Zu Vera:* Das habe ich dir ja noch gar nicht erzählt! Mir nichts, dir nichts kommt er zu mir und fragt: Papi, kann ein Frosch ertrinken? Na, was sagst du dazu, ist das nicht fabelhaft?

VERA: Das hat er wirklich gefragt? Ob ein Frosch ertrinken kann?

MICHAEL: Stell dir das vor! Kommt und fragt: «Papi, kann ein Frosch ertrinken?»

VERA: Ausgezeichnet! So was fällt einem ja selbst nicht mal ein – ob ein Frosch ertrinken kann! – Ausgezeichnet! Ausgezeichnet!

MICHAEL: Weißt du, Ferdinand, manchmal sag ich mir, das ist eigentlich das einzige, was im Leben einen Sinn hat: ein Kind zu haben und es zu erziehen. Das ist so eine fabelhafte Konfrontation mit dem Geheimnis des Lebens – so eine Schule der

Achtung vor dem Leben! Wer das nicht erlebt hat, kann es nie verstehen.

VERA: Wirklich, Ferdinand, das ist eine ganz besondere und herrliche Erfahrung: eines Tages ist plötzlich so ein kleines Wesen da, und du weißt, daß es deins ist – daß es ohne dich nicht wäre –, daß du es gemacht hast – und es ist jetzt da –, und es lebt sein eigenes Leben und wächst vor deinen Augen auf – fängt an zu gehen – zu babbeln – und zu überlegen – und zu fragen –, nun sag mal – ist das kein Wunder?

FERDINAND: Na sicher!

MICHAEL: Weißt du, ein Kind verändert den Menschen sehr – plötzlich fängst du an, das Leben – die Natur – die Menschen ganz anders neu und tiefer zu verstehen –, das Leben bekommt plötzlich – ob du es willst oder nicht – irgendwie eine neue Dimension – einen anderen Rhythmus, anderen Inhalt, andere Ordnung – habe ich recht, Vera?

VERA: Genauso ist es! Wenn du nur an die Verantwortung denkst, die du plötzlich hast: von dir hängt es ab, was für ein Mensch es sein wird – wie er fühlen – denken – leben wird.

MICHAEL: Und nicht nur das: weil du es warst, der dieses Kind in diese Welt gesetzt hat, der sie ihm zur Benutzung anbot und der ihm beibringt, wie er sich in ihr orientieren soll, fängst du plötzlich an, eine viel größere Verantwortung auch für diese Welt, die dieses Kind umgibt, zu empfinden. – Verstehst du das?

FERDINAND: Mhm –

MICHAEL: Ich hätte es früher nicht geglaubt, aber jetzt sehe ich, daß das Kind einem eine ganz neue Perspektive gibt, eine ganz neue Wertskala – man begreift plötzlich, daß es nichts Wichtigeres gibt als das, was man für das Kind tut, was für ein Zuhause man ihm schafft, welchen Start man ihm gibt, welche Möglichkeiten man ihm sichert – und im Licht dieser großen Verantwortung kommt einem plötzlich fast alles ganz unbedeutend vor, was man früher für Gott weiß wie weltbewegend hielt.

VERA: Wie hat er gefragt? Ob ein Frosch ertrinken kann? Na, siehst du, was in diesem kleinen Köpfchen vor sich geht – ist das nicht phantastisch?

FERDINAND: Mhm...

Pause.

MICHAEL: Nun, und wie ist es mit euch?

FERDINAND: Mit uns?

MICHAEL: Warum habt ihr eigentlich noch kein Kind?

FERDINAND: Ich weiß nicht –

VERA: Eva will wohl nicht?

FERDINAND: Doch – sie will schon –

VERA: Ich verstehe dieses Mädchen sowieso nicht! Hat sie wirklich so viel Angst vor den Sorgen, die man damit hat? Wenn sie wirklich ein Kind wollte, dann hättet ihr es auch schon längst!

MICHAEL: Ihr seid eure eigenen Feinde, wenn ihr nichts in dieser Richtung unternehmt. Gerade für euch wäre ein Kind die beste Lösung! Dir würde es helfen, viele Dinge vernünftiger, reeller und weiser zu sehen.

VERA: Es würde eure Beziehung wieder festigen, weil euer Leben einen gemeinsamen Sinn bekommt.

MICHAEL: Und wie günstig wird es sich auf Eva auswirken!

VERA: Du würdest sehen, wie sie sich verändert.

MICHAEL: Wie plötzlich wieder das Weib in ihr wach wird.

VERA: Wie sie lernt, sich um den Haushalt zu kümmern.

MICHAEL: Um Sauberkeit –

VERA: Um Ordnung –

MICHAEL: Um dich –

VERA: Um sich selbst –

MICHAEL: Wirklich, Ferdinand, ihr solltet ein Kind haben. Glaub es uns.

VERA: Du weißt gar nicht, wie wir es euch gönnen.

MICHAEL: Tatsächlich, Ferdinand –

FERDINAND: Ich glaube es euch.

Pause.

VERA: Es gibt natürlich Weiber, auf die nicht einmal das wirkt – dann tun mir aber die Kinder leid.

MICHAEL: Es wäre natürlich auch nicht richtig, sich darauf zu verlassen, daß ein Kind eine Art Allheilmittel ist, das alles für euch lösen kann – gewisse Voraussetzungen müssen schon da sein.

VERA: Da hat er recht! Michael zum Beispiel ist ein geradezu idealer Vater: im Betrieb schuftet er, daß er mir manchmal ausgesprochen leid tut, nur um ein bißchen Geld nach Hause zu bringen. Und fast die ganze Freizeit widmet er der Familie und dem Zuhause! Schau dir nur die Wohnung an: er kam aus dem Büro, und statt sich ein bißchen auszuruhen, schuftete er weiter – nur damit der Junge schon von Kindheit an in einer schönen Umgebung aufwachsen kann und schöne Dinge zu lieben lernt! Und bei alldem hat er es noch geschafft, sich Zeit für den Jungen zu nehmen.

MICHAEL: Vera ist aber auch fabelhaft: weißt du, was das heißt – einkaufen, sich um den Jungen zu kümmern, kochen, saubermachen, Wäsche waschen – und dazu noch in einer Wohnung, die dauernd wie eine Baustelle aussah? Und bei alldem noch so fabelhaft auszusehen, wie sie aussieht? Das ist ja keine Kleinigkeit! Ich muß dir sagen, daß ich sie immer mehr bewundere.

VERA: Eine große Rolle spielt natürlich die Tatsache, daß unsere Ehe so gut klappt.

MICHAEL: Bestimmt. Wir verstehen uns nämlich ausgezeichnet. Ich kann mich gar nicht erinnern, daß wir uns irgendwann in der letzten Zeit ernsthaft gestritten hätten.

VERA: Wir interessieren uns füreinander, ohne uns gegenseitig allzusehr zu binden.

MICHAEL: Wir sind nett und aufmerksam zueinander, ohne daß wir uns durch übertriebene Fürsorge gegenseitig auf die Nerven gehen.

VERA: Und wir haben uns immer etwas zu sagen, weil wir glücklicherweise genau die gleiche Art von Humor besitzen.

MICHAEL: Die gleiche Vorstellung vom Glück.

VERA: Die gleichen Hobbies.

MICHAEL: Den gleichen Geschmack.

VERA: Die gleichen Ansichten über die Familie.

MICHAEL: Und was enorm wichtig ist: Wir verstehen uns auch körperlich perfekt.

VERA: Richtig! Das ist wirklich enorm wichtig! Michael ist nämlich in dieser Hinsicht fabelhaft. – Er kann wild und sanft sein – gesund egoistisch und ungeheuer aufmerksam und hingebungsvoll – er zeigt eine leidenschaftliche Unmittelbarkeit und phantasievolle Raffinesse.

MICHAEL: Das ist natürlich vor allem Veras Verdienst, weil sie es immer wieder schafft, mich zu erregen und anzuziehen.

VERA: Du würdest dich wundern, Ferdinand, wenn du wüßtest, wie oft wir's machen. Das ist nur deshalb möglich, weil wir es immer so gestalten, als ob es zum erstenmal wäre. Es ist also für uns immer irgendwie anders, einmalig, unvergeßlich, kurzum, wir setzen uns jedesmal voll und ganz ein, und deshalb wird es für uns nie stereotyp oder langweilig, nie Routine.

MICHAEL: Eine gute Ehefrau zu sein bedeutet für Vera nämlich nicht nur, daß sie eine gute Hausfrau oder eine gute Mutter ist – nein, sie fühlt sehr gut, daß es vor allem bedeutet, eine gute Geliebte zu sein! Deshalb pflegt sie sich unheimlich gut und hat Sex-Appeal sogar bei der größten Arbeitsbelastung, dabei besonders.

VERA: Erinnerst du dich, Michael, vorgestern, als ich den Boden geschrubbt habe und du unerwartet früher gekommen bist?

MICHAEL: Das war wunderschön, nicht wahr?

VERA: Was glaubst du wohl, warum sich Michael nicht zu anderen Mädchen hingezogen fühlt? Weil er weiß, daß er zu Hause kein Aschenputtel hat, sondern ein richtiges Weib, das nehmen und geben kann.

MICHAEL: Vera ist aber auch immer noch so schön, wie sie früher – ich möchte behaupten, nach dem Kind ist sie sogar noch

irgendwie reifer geworden –, sie hat jetzt so einen herrlich fri-
schen und jungen Körper – na, schau mal selbst – *Michael
enthüllt Veras Busen.* Gut, was?

FERDINAND: Prima –

MICHAEL: Weißt du, was ich zum Beispiel mache?

FERDINAND: Das weiß ich nicht...

MICHAEL: Ich küsse sie abwechselnd aufs Ohr und auf den
Nacken – das mag sie sehr gern und mir gefällt's auch – schau
mal, so!

*Michael fängt an, Vera abwechselnd aufs Ohr und auf den
Nacken zu küssen. Vera seufzt erregt.*

VERA: Nein – Liebling, nein – ich bitte dich – warte doch...
später – bitte, Liebling.

Michael hört auf, Vera zu küssen.

MICHAEL: Wir wollen uns jetzt noch ein bißchen unterhalten,
aber dann zeigen wir dir mehr, damit du siehst, wie raffiniert
wir es miteinander machen.

FERDINAND: Wird euch meine Anwesenheit dabei nicht nervös
machen?

VERA: Ach, sei doch nicht dumm! Du bist doch unser bester
Freund.

MICHAEL: Und wir sind froh, wenn wir dir zeigen können, was
man alles auf diesem Gebiet tun kann.

Pause.

VERA: Und wie ist es mit euch? Wie geht's bei euch?

FERDINAND: Wie meinst du das?

VERA: Schlaft ihr überhaupt noch miteinander?

FERDINAND: Aber ja – ab und zu...

VERA: Selten, was?

FERDINAND: Je nach dem –

VERA: Und wie ist es?

FERDINAND: Wie soll es sein – normal –

MICHAEL: Ihr macht es sicher nur so là là – oberflächlich –, nur
um es loszuwerden –

FERDINAND: Wir machen's, wie wir's können.

VERA: Ich verstehe dieses Mädchen sowieso nicht! Daß sie sich wenigstens hier nicht ein bißchen Mühe gibt.

MICHAEL: Kannst du wirklich nicht etwas machen, damit sie sich ein bißchen mehr engagiert?

FERDINAND: Wir beschäftigen uns nicht so sehr damit.

VERA: Na, siehst du, und das ist eben euer Fehler, daß ihr eine so wichtige Sache ignoriert. Da mußte es ja bei euch so kommen, wie es gekommen ist. Dabei würde ganz wenig reichen – und eure Beziehung wäre gerettet.

MICHAEL: Das wird sich auch auf Eva günstig auswirken. Du wirst sehen, wie sie sich verändert.

VERA: Wie plötzlich in ihr wieder das Weib erwacht!

MICHAEL: Wie sie lernt, sich um den Haushalt zu kümmern.

VERA: Um dich –

MICHAEL: Um sich selbst –

VERA: Und wie das erst auf dich wirkt?! Stell dir vor, du verlierst plötzlich jeden Grund, mit deinen sogenannten lieben Freunden durch die Kneipen zu ziehen –

MICHAEL: Sich mit Kellnerinnen herumzutreiben.

VERA: Zu trinken.

FERDINAND: Ich treibe mich nicht mit Kellnerinnen herum.

VERA: Ferdinand!

FERDINAND: Nein, wirklich nicht!

VERA: Ich weiß, daß du nicht gern darüber sprichst. Versteh doch, Michael und ich, wir haben in der letzten Zeit sehr viel über euch beide gesprochen. Wir haben sehr an euch gedacht – und uns ist es wirklich nicht egal, wie ihr lebt!

MICHAEL: Wir meinen es gut mit dir, Ferdinand!

VERA: Du bist unser bester Freund – wir haben dich sehr gern –, du weißt gar nicht, wie sehr wir es dir wünschen, daß sich bei dir endlich alles klärt!

FERDINAND: Was ist denn bei mir unklar?

VERA: Lassen wir das. Soll ich nicht Feuer im Kamin machen?

FERDINAND: Meinetwegen muß es nicht sein.

MICHAEL: Wollen wir ein bißchen Musik hören?

VERA: Michael hat nämlich aus der Schweiz eine Menge neuer
   Schallplatten mitgebracht.

FERDINAND: Vielleicht später, ja?

   Pause. Plötzlich fängt die Uhr auf dem Kamin an, eine Roko-
   komelodie zu spielen. Ferdinand erschrickt. Nach einer Weile
   hört die Melodie auf. Pause.

MICHAEL: Sag was du willst, aber das ist ein Werk.

FERDINAND: Was?

MICHAEL: Diese Madonna.

FERDINAND: Mm…

MICHAEL: Hast du gemerkt, was für eine dramatische Spannung sich zwischen ihr und dem türkischen Säbel ergibt?

FERDINAND: Hmhm –

   Pause.

VERA: Ihr benutzt wahrscheinlich Woodpeak nicht, was?

FERDINAND: Nicht daß ich wüßte.

VERA: Wenn du willst, bringt Michael für euch aus der Schweiz
   welchen mit.

FERDINAND: Ja?

MICHAEL: Du weißt doch, das ist für mich eine Kleinigkeit –

   Pause.

VERA: Nimm dir noch –

FERDINAND: Danke, ich mag nicht mehr.

   Pause.

MICHAEL: Warum hast du Eva eigentlich nicht mitgebracht?

FERDINAND: Sie fühlte sich irgendwie nicht wohl.

MICHAEL: Ich will dir da nicht reinreden, aber du hättest sie ab
   und zu dazu bewegen sollen, unter Menschen zu gehen – sie
   hätte wenigstens einen Grund gehabt, sich besser anzuziehen,
   ein bißchen zu schminken, zu kämmen –

FERDINAND: Sie kämmt sich.

MICHAEL: Ferdinand!

FERDINAND: Ja, wirklich –

MICHAEL: Ich weiß, daß du ungern darüber sprichst, aber wir
   meinen es gut mit dir.

VERA: Wir mögen dich sehr gern.

MICHAEL: Du bist unser bester Freund –

FERDINAND: Ich weiß –

Pause. Die Uhr spielt ihre Melodie.

MICHAEL: Hast du meine Karte aus der Schweiz bekommen?

FERDINAND: War die von dir?

MICHAEL: Hast du's nicht erkannt?

FERDINAND: Hätte mir einfallen sollen.

Pause.

VERA *zu Michael*: Was hat Peter gefragt? Ob ein Frosch ertrinken kann?

MICHAEL: Ja, stell dir vor!

VERA: Ausgezeichnet! Ausgezeichnet! *Pause.*

MICHAEL *zu Ferdinand*: Nimm dir doch –

FERDINAND: Danke, ich mag nicht mehr –

Pause.

VERA: Weißt du, wohin wir jetzt wieder regelmäßig gehen?

FERDINAND: Wohin?

VERA: In die Sauna –

FERDINAND: Ja –

VERA: Wir gehen jede Woche hin – du glaubst gar nicht, wie gut es uns tut. Für die Nerven, weißt du.

MICHAEL: Hast du nicht mal Lust mitzukommen?

FERDINAND: Eigentlich nicht –

VERA: Warum nicht?

FERDINAND: Ich habe keine Zeit für so was.

MICHAEL: Sei mir nicht böse, Ferdinand, aber du machst einen Fehler. Die Sauna würde dich seelisch, nervlich und physisch aufrichten. Außerdem wäre es für dich sicher besser und würde dich weniger Zeit kosten, als ewig in den Kneipen herumzusitzen und mit deinen sauberen Kumpanen herumzuquatschen.

FERDINAND: Wen meinst du damit?

MICHAEL: Na, diese verschiedenen verkrachten Existenzen – wie der Schauspieler Landovsky und so –

FERDINAND: Ich bin nicht der Meinung, daß es verkrachte Existenzen sind.

VERA: Ferdinand!

FERDINAND: Wirklich nicht!

VERA: Ich weiß, daß du nicht gern darüber sprichst, aber wir meinen es gut mit dir.

MICHAEL: Wir mögen dich sehr gern.

VERA: Du bist unser bester Freund.

FERDINAND: Ich weiß.

Pause. Die Uhr spielt ihre Melodie.

MICHAEL: Weißt du, was mir Vera versprochen hat?

FERDINAND: Was denn?

MICHAEL: Daß sie mir nächstes Jahr wieder ein Kind schenkt.

FERDINAND: Das ist schön –

VERA: Ich glaube, Michael verdient es. *Pause.* Weißt du, was mir Michael aus der Schweiz mitgebracht hat?

FERDINAND: Was denn?

VERA: Einen elektrischen Mandelschäler.

MICHAEL: Den mußt du dir ansehen, ein herrliches Ding.

VERA: Und so praktisch!

MICHAEL: Vera verbraucht beim Kochen nämlich viel Mandeln – es spart ihr also eine Menge Zeit.

FERDINAND: Das glaube ich. *Pause.*

VERA: Nimm dir noch –

FERDINAND: Danke, ich mag nicht mehr – *Pause.*

MICHAEL: Du, Ferdinand –

FERDINAND: Hmhm.

MICHAEL: Schreibst du überhaupt noch?

FERDINAND: Jetzt nur ganz wenig –

MICHAEL: Das dachten wir uns –

FERDINAND: Jetzt – als Arbeiter – habe ich dafür keine Zeit – ich kann mich auch nicht so konzentrieren.

MICHAEL: Aber soweit ich weiß, hast du früher auch nicht viel geschrieben.

FERDINAND: Nicht sehr viel –

VERA: Hör mal, hast du diese Arbeit nicht zum Teil deshalb angenommen, um vor dir selber eine Ausrede zu haben, warum du nicht schreibst?

FERDINAND: Nicht deshalb —

MICHAEL: Warum schreibst du also so wenig? Fällt dir nichts mehr ein? Bist du vielleicht in irgendeiner Krise?

FERDINAND: Schwer zu sagen. Diese Zeiten und das alles — der Mensch hat so ein Gefühl, daß alles sinnlos ist.

MICHAEL: Sei mir nicht böse, Ferdinand, aber ich habe den Eindruck, daß die Zeit für dich genauso ein Vorwand ist, wie die Brauerei, und daß die wirkliche Ursache nur in dir allein liegt! Du bist einfach innerlich zerrissen, hast völlig resigniert. Es ist dir zuwider, dich um irgend etwas zu bemühen, zu kämpfen, dich mit Schwierigkeiten auseinanderzusetzen.

VERA: Michael hat recht, Ferdinand. Du solltest dich endlich mal ganz zusammenreißen.

MICHAEL: Alle Probleme zu Hause — mit Eva — lösen —

VERA: Eine Familie gründen —

MICHAEL: Der Wohnung ein Gesicht geben —

VERA: Lernen, sich die Zeit einzuteilen —

MICHAEL: Das Bummeln durch die Kneipen lassen —

VERA: Wieder die Sauna besuchen —

MICHAEL: Einfach irgendwie ordentlich gesund, vernünftig — leben —

FERDINAND: Ich habe aber nicht das Gefühl, daß ich etwas Unvernünftiges tue —

MICHAEL: Ferdinand! —

FERDINAND: Wirklich nicht!

MICHAEL: Ich weiß, du sprichst nicht gern darüber, aber wir meinen es gut mit dir.

VERA: Wir mögen dich sehr gern —

MICHAEL: Du bist unser bester Freund —

VERA: Du weißt gar nicht, wie sehr wir dir wünschen, daß sich bei dir endlich alles klärt!

MICHAEL: Soll ich nicht Feuer im Kamin machen?

FERDINAND: Meinetwegen muß es nicht sein.

VERA: Wollen wir ein bißchen Musik machen? Michael hat nämlich aus der Schweiz eine Menge neuer Schallplatten mitgebracht.

FERDINAND: Vielleicht später, ja?

Pause.

Die Uhr spielt ihre Melodie.

MICHAEL: Du, Ferdinand!

FERDINAND: Hmhm –

MICHAEL: Jetzt ganz aufrichtig: ist das dein Ernst – das mit dieser Brauerei?

FERDINAND: Ich verstehe dich nicht –

MICHAEL: Weißt du, sei mir nicht böse, aber wir verstehen einfach nicht, was für einen Sinn das Ganze hat.

VERA: Sich so kaputtzumachen – in einer Brauerei sich zu begraben –, die Gesundheit zu ruinieren –

MICHAEL: Solche Gesten haben doch keinen Sinn! Was willst du damit eigentlich beweisen? Das bewegt doch schon lange keinen mehr.

FERDINAND: Es tut mir leid, aber das war in meiner Situation die einzige Lösung.

MICHAEL: Ferdinand! Erzähl mit nicht, daß sich nichts Besseres arrangieren ließe. Wenn du nur gewollt und dich ein bißchen bemüht hättest! Ich bin überzeugt, mit ein bißchen Mühe und Selbstüberwindung könntest du schon seit langem irgendwo in einer Redaktion sitzen.

VERA: Du bist doch im Grunde ein kluger, arbeitsamer Mensch – du hast Talent –, das hast du schon früher durch dein Schreiben bewiesen. Warum hast du jetzt plötzlich Angst, dich dem Leben zu stellen?

MICHAEL: Das Leben ist hart und die Welt ist geteilt. Uns haben alle abgeschrieben und niemand wird uns helfen. Unser Schicksal ist schlecht, wird immer schlechter werden – und du wirst es nicht ändern! Warum also mit dem Kopf durch die Wand? Warum sich auf die Bajonette werfen?

VERA: Ich verstehe nicht, wie du dich mit diesen Kommunisten zusammentun konntest.

FERDINAND: Mit welchen Kommunisten?

VERA: Na, dieser Kohout und die anderen – ich bitte dich, was hast du mit denen gemeinsam? Sei doch kein Trottel, pfeife auf sie und gehe deinen eigenen Weg.

MICHAEL: Wir behaupten nicht, daß es leicht wäre, aus diesem Teufelskreis auszubrechen, aber das ist deine einzige Chance und niemand wird es für dich tun! Da sind wir einfach jeder für sich – du bist aber doch stark genug, um diese Einsamkeit zu wagen!

VERA: Schau uns an! Du könntest genauso glücklich sein wie wir.

MICHAEL: Könntest auch eine Wohnung mit Gesicht haben.

VERA: Voll schöner Sachen und Familienglück –

MICHAEL: Eine gepflegte und elegante Frau –

VERA: Ein gescheites Kind –

MICHAEL: Könntest auch eine angemessene Arbeit haben –

VERA: Ein paar Kronen verdienen –

MICHAEL: Sogar in die Schweiz könntest du mit der Zeit reisen.

VERA: Gut essen –

MICHAEL: Dich besser anziehen –

VERA: Die Sauna besuchen –

MICHAEL: Ab und zu könntest du dir Freunde nach Hause einladen –

VERA: Ihnen die Wohnung zeigen –

MICHAEL: Das Kind –

VERA: Könntest ihnen ein bißchen Musik vorspielen.

MICHAEL: – für sie Groombles zubereiten –

VERA: Kurzum – ein bißchen wie ein Mensch leben!

Ferdinand ist still aufgestanden und verlegen zurückgewichen. Vera und Michael merken es und stehen überrascht auf.

MICHAEL: Ferdinand!

FERDINAND: Hmhm?

MICHAEL: Was ist mit dir los?

FERDINAND: Was soll mit mir sein?

VERA: Wohin willst du?

FERDINAND: Ich muß gehen.

MICHAEL: Wohin?

FERDINAND: Nach Hause.

VERA: Nach Hause? Wieso, warum?

FERDINAND: Es ist schon spät – ich muß früh aufstehen.

MICHAEL: Aber das kannst du doch nicht tun –

FERDINAND: Ich muß, wirklich –

VERA: Das verstehe ich nicht! Wir haben doch unsere Vernissage.

MICHAEL: Wir wollten dich durch die Wohnung führen.

VERA: Und dir alles zeigen, was wir hier haben.

MICHAEL: Wir dachten, daß du die Flasche zu Ende trinkst.

VERA: Daß du die Groombles aufißt –

MICHAEL: Daß du dir den kleinen Peter ansiehst –

VERA: Michael wollte dir über die Schweiz erzählen –

MICHAEL: Vera wollte im Kamin Feuer machen –

VERA: Michael wollte dir die neuen Schallplatten vorspielen.

MICHAEL: Wir rechneten damit, daß du über Nacht bleibst.

VERA: Daß du dir ansiehst, wie wir uns lieben –

MICHAEL: Daß wir dir ein wenig häusliche Wärme geben, die dir zu Hause fehlt.

VERA: Daß wir dich auf andere Gedanken bringen –

MICHAEL: Daß wir dich für eine Weile aus diesem ganzen Mist herausbringen, in dem du lebst –

VERA: Dir ein bißchen auf die Beine helfen –

MICHAEL: Dir verschiedene Denkanstöße geben, damit du aus deiner Lage raus kannst.

VERA: Dir zeigen, was Glück ist.

MICHAEL: Liebe –

VERA: Harmonische Ehe –

MICHAEL: Ein Leben, das einen Sinn hat –

VERA: Du weißt doch, daß wir es gut mit dir meinen –

MICHAEL: – daß wir dich gern haben –

VERA: – daß du unser bester Freund bist –

MICHAEL: Du kannst doch nicht so undankbar sein –

VERA: Das haben wir nicht verdient – nach allem, was wir für dich getan haben.

MICHAEL: Was meinst du – für wen hat Vera den ganzen Nachmittag die Groombles gebacken?

VERA: Was meinst du – für wen hat Michael den Whisky gekauft?

MICHAEL: Was meinst du, wem wollten wir die Schallplatten vorspielen? Wem zuliebe verschwendete ich Devisen für diese Schallplatten und schleppte sie dann durch ganz Europa mit?

VERA: Was meinst du, warum habe ich mich angezogen, geschminkt, gekämmt und parfümiert?

MICHAEL: Wozu, meinst du, haben wir diese Wohnung eigentlich eingerichtet – was meinst du, für wen wir dies alles machen –? Für uns etwa?

Ferdinand ist schon an der Tür.

FERDINAND: Seid mit nicht böse, aber ich gehe wirklich –

VERA *aufgeregt*: Ferdinand, du willst uns doch nicht so verlassen! Das kannst du uns nicht antun – du kannst uns doch nicht einfach allein lassen, wir wollten dir noch so viel sagen – was sollen wir hier ohne dich tun – verstehst du denn das nicht? – Bleib doch! Ich bitte, bleib bei uns!

MICHAEL: Du hast noch nicht einmal unseren elektrischen Mandelschäler gesehen.

FERDINAND: By, by! Und danke für die Groombles.

Ferdinand will gehen – bevor er aber die Tür zugemacht hat, fängt Vera hysterisch zu weinen an. Ferdinand bleibt stehen und sieht sie verlegen an.

VERA *weinend*: Du bist ein Egoist! Ein widerlicher, gefühlloser, unmenschlicher Egoist! Ein Undankbarer! Ein Ignorant! Ein Verräter! Ich hasse dich! – Ich hasse dich so – geh weg! Geh weg! *Vera läuft zum Blumenstrauß, den sie von Ferdinand bekommen hat, reißt ihn aus der Vase und schmeißt ihn Ferdinand wütend nach.*

MICHAEL *zu Ferdinand*: Siehst du, was du erreicht hast?
Schämst du dich nicht?
Ferdinand ist verlegen, schließlich nimmt er den Strauß, tut
ihn zögernd in die Vase zurück, geht langsam zu seinem Sessel
und setzt sich unsicher hin. Vera und Michael verfolgen ihn
mit Spannung und sobald sie gesehen haben, daß er sich hin-
gesetzt hat, sind sie plötzlich wieder ganz normal und setzen
sich mit einem Lächeln. Eine kurze Pause.

VERA: Michael, wollen wir für Ferdinand nicht ein bißchen Musik machen?

MICHAEL: Das könnten wir –
Michael geht zum Plattenspieler, und sobald er eingeschaltet
hat, dröhnt Musik mit voller Kraft aus allen Lautsprechern:
am liebsten irgendein Welthit von Karel Gott gesungen, zum
Beispiel «Sugar Baby Love»... Der Vorhang fällt – aber die
Musik spielt weiter mit voller Kraft, immer dasselbe, bis der
letzte Zuschauer das Theater verlassen hat.

Ende

Protest

Einakter

Personen

Jan Stanek *[sprich Sstaŋjek]*
Ferdinand Vaněk *[sprich Wanjek]*

Ort der Handlung

Staneks Arbeitszimmer

Staneks Arbeitszimmer.
Links ein massiver Schreibtisch, auf dem sich eine Schreib-
maschine befindet, ferner Telefon, Brille und eine Menge Bücher
und Papiere. Hinter dem Schreibtisch ein großes Fenster mit
Blick in den Garten. Rechts zwei bequeme Sessel, dazwischen
ein kleiner Tisch. Bücherregale, in die ein Barschränkchen einge-
baut ist, nehmen die ganze hintere Wand ein. In einem Regal
steht auch ein Tonbandgerät. In der hinteren rechten Ecke ist
eine Tür. An der rechten Wand hängt ein großes surrealistisches
Bild.
Wenn der Vorhang hochgeht sind Stanek und Vaněk auf der
Bühne. Stanek steht hinter seinem Schreibtisch und sieht Vaněk
gerührt an. Vaněk steht in Socken, mit einer Aktentasche unter
dem Arm, an der Tür und schaut Stanek verlegen an. Eine kurze
spannungsvolle Pause, dann kommt Stanek auf Vaněk zu, packt
ihn mit beiden Händen an den Schultern, schüttelt ihn freund-
lich und ruft —

STANEK: Vaněk! Menschenskind!
   Vaněk lächelt verlegen. Stanek läßt ihn los, unterdrückt seine
   Erregung.
   Haben Sie mein Haus lange suchen müssen?
VANĚK: Ach nein.
STANEK: Ich habe vergessen, Ihnen zu sagen, daß Sie es an den
   blühenden Magnolien leicht erkennen – sind sie nicht wun-
   derschön?
VANĚK: Ja.
STANEK: In nicht einmal drei Jahren habe ich es geschafft, daß
   sie jetzt doppelt soviel Blüten haben wie bei dem vorherigen
   Besitzer. Haben Sie auch Magnolien im Garten?
VANĚK: Nein.
STANEK: Die müssen Sie aber haben! Ich beschaffe Ihnen zwei

gute Ableger, komme zu Ihnen und pflanze sie Ihnen selbst ein! *Geht zur Bar und öffnet sie.* Einen Cognac?

VANĔK: Lieber nicht!

STANEK: Ach, ganz wenig, nur symbolisch! *Stanek schenkt in zwei Gläschen Cognac ein, gibt Vaněk eines, prostet ihm zu.* Also, auf unser Wiedersehen!

VANĔK: Prost!

Beide trinken, Vaněk schüttelt sich leicht.

STANEK: Ich hatte schon Angst, daß Sie nicht kommen würden.

VANĔK: Warum?

STANEK: Na, Sie wissen doch – es hat sich ja alles so merkwürdig verzwickt. *Deutet auf den Sessel.* Bitte, nehmen Sie Platz.

Vaněk setzt sich langsam und legt seine Aktentasche in den Schoß.

Wissen Sie, daß Sie sich in all den Jahren gar nicht verändert haben?

VANĔK: Sie auch nicht.

STANEK: Ich? Ich bitte Sie! Ich werde bald fünfzig. Das Haar wird grau, die Krankheiten melden sich. Ach, es ist nicht mehr wie es war! Und diese heutige Zeit ist für unsere Gesundheit auch nicht gerade förderlich! Wann haben wir uns eigentlich zum letztenmal gesehen?

VANĔK: Ich weiß es nicht.

STANEK: War das nicht bei Ihrer letzten Premiere?

VANĔK: Schon möglich.

STANEK: Das ist ja alles nicht mehr wahr! Damals sind wir uns ein wenig in die Haare geraten.

VANĔK: Wirklich?

STANEK: Sie haben mir damals Illusionen und übertriebenen Optimismus vorgeworfen – später mußte ich Ihnen mehr als einmal recht geben! Zu jener Zeit glaubte ich aber noch immer, daß man von den Idealen meiner Jugend doch noch etwas retten könnte und hielt Sie für einen unverbesserlichen Schwarzseher.

VANĔK: Ich bin aber kein Schwarzseher.

STANEK: Na ja, jetzt hat sich alles umgekehrt. *Kurze Pause.* Sind Sie allein gekommen?

VANĚK: Wie meinen Sie das?

STANEK: Na, ob man Sie nicht...

VANĚK: Beschattet?

STANEK: Wissen Sie, ich mache mir nicht viel daraus – ich habe Sie ja selbst angerufen, aber...

VANĚK: Ich habe nichts bemerkt.

STANEK: Übrigens, wenn Sie die mal abschütteln möchten, wissen Sie, wo man das am besten macht?

VANĚK: Wo?

STANEK: In einem Warenhaus. Sie mischen sich unter die Menge, in einem günstigen Augenblick gehen Sie auf die Toilette und warten dort etwa zwei Stunden. Die glauben dann, daß Sie unbemerkt durch einen anderen Ausgang verschwanden und geben auf. Versuchen Sie's doch mal. *Stanek geht wieder zur Bar, holt ein Schüsselchen mit Salzstangen und stellt es vor Vaněk.*

VANĚK: Hier ist es sicher sehr ruhig.

STANEK: Deshalb sind wir hierher gezogen. Da am Bahnhof konnte man einfach nicht schreiben. Wir haben vor drei Jahren getauscht. Das Wichtigste ist für mich aber der Garten. Ich werde Sie später ein bißchen herumführen und mit meinen Blumen prahlen.

VANĚK: Pflegen Sie den Garten selbst?

STANEK: Das ist jetzt meine größte private Leidenschaft. Ich beschäftige mich fast jeden Tag mit ihm. Heute habe ich die Aprikosenbäume veredelt. Ich habe da eine eigene Methode entwickelt: eine spezielle Mischung aus Mist und Kunstdünger, kombiniert mit einer besonderen Art wachsloser Pfropfen. Sie glauben gar nicht, was für eine Wirkung das hat. Ich werde Ihnen dann einige Pfropfen mitgeben. *Stanek geht zum Schreibtisch, holt aus der Schublade ausländische Zigaretten, Streichhölzer und Aschenbecher und legt das alles vor Vaněk auf den kleinen Tisch.* Bitte, rauchen Sie doch, Ferdinand.

VANĚK: Danke.

Vaněk zündet sich eine Zigarette an; Stanek setzt sich in den zweiten Sessel, beide trinken.

STANEK: Erzählen Sie doch – wie geht es Ihnen?

VANĚK: Danke, es geht.

STANEK: Lassen die Sie zumindest ein wenig in Ruhe?

VANĚK: Manchmal ja – manchmal nicht. *Kurze Pause.*

STANEK: Und wie ist es dort?

VANĚK: Wo?

STANEK: Kann unsereiner es überhaupt durchhalten?

VANĚK: Meinen Sie im Gefängnis? Was bleibt einem denn übrig?

STANEK: Wenn ich mich richtig erinnere, hatten Sie seinerzeit etwas mit den Hämorrhoiden, das muß schrecklich gewesen sein bei der Hygiene dort.

VANĚK: Man hat mir Zäpfchen gegeben.

STANEK: Sie sollten sich operieren lassen. Unser bester Spezialist für Hämorrhoiden ist mein Freund. Er kann wirklich Wunder vollbringen. Ich könnte es für Sie vereinbaren.

VANĚK: Danke.

Kurze Pause.

STANEK: Wissen Sie, manchmal kommt mir alles, was damals war, wie ein wunderschöner Traum vor. Die interessanten Premieren, Vernissagen, Vorträge, verschiedene Begegnungen, die unendlichen Diskussionen über Kunst! Energie, Hoffnungen, Pläne, Veranstaltungen, Ideen! Die Weinstuben voller Freunde, die wilden Gelage, die verrückten frühmorgendlichen Streiche, die lustigen Mädchen, die sich um uns scharten! Und wieviel Arbeit haben wir bei alldem geschafft! Das kommt nie wieder! *Er bemerkt, daß Vaněk keine Schuhe trägt. Er hat sie nach Prager Sitte ausgezogen, um die Teppiche zu schonen.* Gott im Himmel, warum haben Sie die Schuhe ausgezogen?

VANĚK: Mhm.

STANEK: Das war doch gar nicht nötig. Dies sind keine echten Perser.

VANĚK: Ist schon gut.

Pause. Beide trinken.

STANEK: Hat man Sie geschlagen?

VANĚK: Nein.

STANEK: Wird da geschlagen?

VANĚK: Manchmal – aber nicht politische Häftlinge.

STANEK: Ich habe oft an Sie gedacht.

VANĚK: Danke.

Kurze Pause.

STANEK: Na ja – das haben wir uns damals nicht gedacht.

VANĚK: Was?

STANEK: Daß es soweit kommt, wie es gekommen ist. Selbst Sie haben es nicht geahnt.

VANĚK: Hm.

STANEK: Es ist widerlich, Mensch, widerlich. Der Abschaum herrscht über die Nation – und die Nation? Ist das überhaupt noch dasselbe Volk, das sich noch vor einigen Jahren so phantastisch hielt? Diese schreckliche Duckmäuserei! Überall nur Selbstsucht, Korruption, Angst! Mensch, was haben die aus uns gemacht! Sind wir noch wir?

VANĚK: Ich würde es nicht so schwarz sehen.

STANEK: Seien Sie mir nicht böse, Ferdinand, aber Sie leben nicht in einer normalen Umgebung. Sie verkehren nur mit Menschen, die alldem die Stirn bieten. Ihr gebt euch gegenseitig Hoffnung. Wenn Sie aber wüßten, mit wem ich leben muß! Seien Sie froh, daß Sie mit alldem nichts mehr zu tun haben. Es dreht sich einem der Magen um.

VANĚK: Meinen Sie damit die Atmosphäre beim Fernsehen?

STANEK: Beim Fernsehen, im Filmstudio, überall.

VANĚK: Neulich hatten Sie etwas im Fernsehen...

STANEK: Sie haben keine Ahnung, was für ein Märtyrium das war! Die haben das Drehbuch länger als ein Jahr hin und her geschoben, daran herumgefummelt, mehrmals überarbeitet. Sie haben mir den ganzen Anfang und den Schluß umgekrempelt. Nicht zu fassen, welche Lappalien die schon stören! Sterilität und Intrigen, nichts als Intrigen und Sterilität! Wie oft sage ich mir, ob es nicht besser wäre, auf dies alles zu pfeifen, sich irgendwohin verkriechen, Aprikosen züchten.

VANĚK: Ich verstehe.

STANEK: Man stellt sich aber immer wieder die Frage, ob man das Recht auf so eine Flucht hat. Vielleicht kann auch das wenige, was man heute noch tun kann, doch noch irgend jemandem etwas geben, die Menschen vielleicht ein wenig stärken und erheben. *Steht auf.* Ich hole Ihnen Latschen.

VANĚK: Machen Sie sich keine Umstände.

STANEK: Wollen Sie wirklich nicht?

VANĚK: Wirklich nicht.

Stanek setzt sich wieder hin. Pause. Beide trinken.

STANEK: Wie war es mit Drogen? Haben sie Ihnen irgend etwas verabreicht?

VANĚK: Nein.

STANEK: Keine verdächtigen Spritzen?

VANĚK: Nur Vitaminspritzen.

STANEK: Es wird wohl etwas in den Speisen gewesen sein.

VANĚK: Höchstens Brom gegen Sex.

STANEK: Aber die haben doch sicher versucht, Sie irgendwie kleinzukriegen?

VANĚK: Na...

STANEK: Wenn Sie darüber nicht sprechen wollen – müssen Sie ja nicht.

VANĚK: In gewissem Sinn ist das der eigentliche Zweck der Untersuchungshaft – den Menschen eine Nummer kleiner zu machen.

STANEK: Und ihn dazu zu bringen, daß er redet?

VANĚK: Hm.

STANEK: Wenn man mich einmal zum Verhör holt, was früher oder später nicht ausbleiben wird, wissen Sie, was ich machen werde?

VANĚK: Was?

STANEK: Ich werde einfach die Aussage verweigern! Ich werde

mich mit denen überhaupt nicht unterhalten! Das ist nämlich das Beste: Man ist wenigstens sicher, daß man ihnen nicht etwas sagt, was man nicht sagen sollte.

VANĚK: Hm.

STANEK: Trotzdem – Sie müssen aber unheimlich gute Nerven haben! All dies durchzuhalten – und dann noch das tun, was Sie tun.

VANĚK: Was meinen Sie damit?

STANEK: Nun, all diese Proteste, Petitionen, Briefe – Kampf für die Menschenrechte –, kurzum das alles, was Sie und Ihre Freunde tun.

VANĚK: Soviel tue ich auch nicht.

STANEK: Seien Sie nur nicht übermäßig bescheiden, Ferdinand. Ich bin im Bilde! Würde jeder das tun, was Sie tun, würden die Verhältnisse ganz anders aussehen! Das ist unheimlich wichtig, daß es hier wenigstens einige Leute gibt, die keine Angst haben, die Wahrheit laut zu sagen, sich für andere einzusetzen, die Dinge beim Namen zu nennen! Es klingt vielleicht ein wenig pathetisch, mir kommt es aber so vor, als ob Sie und Ihre Freunde eine fast übermenschliche Aufgabe auf sich genommen hätten: Aus diesem Sumpf die Reste des Moralbewußtseins zu retten! Es ist zwar ein ganz dünner Faden, den Sie da spinnen, an diesem schwachen Faden aber hängt vielleicht die Hoffnung für die moralische Erneuerung des Volkes.

VANĚK: Sie übertreiben!

STANEK: Ich sehe es so.

VANĚK: Diese Hoffnung steckt doch in allen anständigen Menschen.

STANEK: Aber wie viele gibt es noch davon? Wie viele?

VANĚK: Viele.

STANEK: Und wenn schon, man sieht ja vor allem euch.

VANĚK: Ist es denn nicht so, daß wir es eben deshalb leichter haben?

STANEK: Würde ich nicht sagen. Je mehr ihr in Erscheinung tretet, um so größer ist doch eure Verantwortung allen denen gegenüber, die von euch wissen, die euch glauben, die sich auf euch verlassen und die sich an euch klammern, weil ihr zum Teil auch deren Ehre rettet. *Steht auf.* Ich hole Ihnen doch schnell die Pantoffeln.

VANĚK: Das ist wirklich nicht nötig.

STANEK: Ich bekomme selber kalte Füße, wenn ich Sie so in Socken sehe. *Stanek geht raus, kommt gleich zurück mit Hausschuhen, bückt sich vor Vaněk, und bevor der etwas dagegen tun kann, zieht er ihm die Hausschuhe an.*

VANĚK *verlegen*: Danke schön!

STANEK: Aber ich bitte Sie, Ferdinand, wofür! *Stanek geht zur Bar, holt die Cognacflasche und will Vaněk nachschenken.*

VANĚK: Bitte nicht mehr!

STANEK: Warum nicht?

VANĚK: Ich fühle mich irgendwie nicht wohl.

STANEK: Sie haben es sich da abgewöhnt, nicht wahr?

VANĚK: Das auch – aber hauptsächlich – weil ich gestern – zufällig…

STANEK: Ach, ich verstehe – Sie haben gestern gezecht. Ja, hören Sie mal, kennen Sie die neue Weinstube «Zum Hund»?

VANĚK: Nein.

STANEK: Die haben Weine direkt aus der Weinkellerei, und gar nicht teuer. Das Lokal ist nie überfüllt und hat eine wirklich zauberhafte Atmosphäre, dank einiger anständiger Künstler, denen man erstaunlicherweise erlaubte, die Inneneinrichtung zu entwerfen. Ich kann Ihnen das Lokal bestens empfehlen. Wo waren Sie denn gestern?

VANĚK: Ich bin ein bißchen mit meinem Freund Landovsky ausgegangen.

STANEK: Ja, dann ist es klar, daß das kein gutes Ende nehmen konnte! Landovsky ist ein ausgezeichneter Schauspieler, aber wenn er zu trinken anfängt ist Schluß! Ein Gläschen werden Sie wohl noch vertragen können.

Stanek schenkt Vaněk ein und sich selbst nach, stellt die Flasche in die Bar zurück und setzt sich in seinen Sessel. Kurze Pause. Und wie geht's sonst? Schreiben Sie etwas?

VANĚK: Ich versuche es.

STANEK: Ein Theaterstück?

VANĚK: Einen Einakter.

STANEK: Wieder etwas Autobiographisches?

VANĚK: Ein wenig.

STANEK: Meine Frau und ich, wir haben neulich Ihr Stück gelesen, das mit der Brauerei. Wir haben uns sehr amüsiert.

VANĚK: Das freut mich.

STANEK: Leider hatten wir aber einen sehr schlechten Durchschlag.

VANĚK: Das tut mir leid.

STANEK: Es ist ein wirklich brillantes kleines Werk! Nur das Ende kam mir ein bißchen unklar vor. Sie hätten es noch ein wenig zuspitzen, zu einer eindeutigeren Pointe bringen sollen. Sie können's doch!

Pause. Beide trinken. Vaněk schüttelt sich.

Und was gibt's sonst? Was macht Pavel? Sehen Sie ihn ab und zu?

VANĚK: Ja.

STANEK: Schreibt er?

VANĚK: Er schreibt jetzt auch an einem Einakter – der soll zusammen mit meinem aufgeführt werden.

STANEK: Haben Sie sich auch schon als Autoren zusammengetan?

VANĚK: So ein bißchen.

STANEK: Ehrlich gesagt, Ferdinand, die Allianz von euch beiden kann ich immer noch nicht begreifen. Zwingen Sie sich nicht so ein wenig dazu? Dieser Pavel – ich weiß nicht –, erinnern Sie sich nur an seine Anfänge. Wie eifrig er war! Wir gehören ja zu derselben Generation – wir haben ja sozusagen die gleiche Entwicklungskurve durchgemacht. Aber ich muß Ihnen gestehen, das, was er damals nach achtundvierzig ge-

trieben hat, das war auch für mich starker Tobak! Na schön –
es ist schließlich Ihre Sache, Sie wissen wohl am besten, was
Sie tun.

VANĚK: Ja.

Pause. Beide trinken. Vaněk schüttelt sich.

STANEK: Mag Ihre Frau Gladiolen?

VANĚK: Ich weiß nicht – sicher wohl –

STANEK: So eine Auswahl wie bei mir finden Sie sonst kaum. Ich
habe 32 Farbtöne – in den Gärtnereien sieht man höchstens
sechs. Glauben Sie, Ihre Frau würde sich freuen, wenn ich
Ihnen ein paar Zwiebeln mitgebe?

VANĚK: Sie wird sich sicher freuen.

STANEK: Es ist noch nicht zu spät, sie auszupflanzen. *Stanek
steht auf, geht zum Fenster, schaut raus, spaziert eine Weile
durch das Zimmer, in Gedanken vertieft, dann wendet er sich
an Vaněk:* Ferdinand!

VANĚK: Ja.

STANEK: Hat es Sie nicht überrascht, daß ich Sie so plötzlich
angerufen habe?

VANĚK: Etwas schon.

STANEK: Das dachte ich mir. Ich gehöre ja schließlich zu denen,
die sich noch immer irgendwie über Wasser halten – und ich
kann verstehen, daß Sie schon deshalb eine gewisse Distanz zu
mir halten.

VANĚK: Ich? Nein.

STANEK: Sie persönlich vielleicht nicht. Ich weiß aber, manche
Ihrer Freunde denken, daß jeder, der heute noch irgendwelche
Möglichkeiten hat, entweder moralisch resigniert oder sich
selbst auf unverzeihliche Weise belügt.

VANĚK: Ich denke nicht so.

STANEK: Selbst wenn Sie so denken würden, würde ich Ihnen
nicht böse sein, weil ich nur zu gut weiß, wie solche Vorurteile
entstehen. *Eine verlegene Pause.* Ferdinand!

VANĚK: Ja...

STANEK: Ich weiß, wie teuer Sie das, was Sie tun, bezahlen müssen: Glauben Sie mir aber – ein Mensch, der das Glück oder das Pech hat, daß er immer noch von den offiziellen Stellen toleriert wird, und der dabei im Einklang mit seinem Gewissen bleiben will, der hat es auch nicht leicht.

VANĚK: Das glaube ich Ihnen!

STANEK: In mancher Hinsicht ist es vielleicht noch schwieriger.

VANĚK: Ich verstehe…

STANEK: Ich habe Sie natürlich nicht deshalb angerufen, um mich zu verteidigen – dazu habe ich wirklich keinen Grund; eher deshalb, weil ich Sie mag. Und es täte mir leid, wenn auch Sie jene Vorurteile hätten, die ich bei Ihren Freunden vermute.

VANĚK: Soweit ich weiß, hat niemand schlecht über Sie gesprochen.

STANEK: Auch Pavel nicht?

VANĚK: Nein.

Verlegene Pause.

STANEK: Ferdinand!

VANĚK: Ja?

STANEK: Verzeihung! *Stanek geht zum Tonbandgerät und schaltet leise Musik ein.* Ferdinand, sagt Ihnen der Name Javurek etwas?

VANĚK: Der Liedermacher? Ich kenne ihn sehr gut.

STANEK: Dann wissen Sie wohl auch, was ihm passierte?

VANĚK: Ja, man hat ihn verhaftet, weil er bei einem Auftritt den Witz von dem Polizisten erzählte, der auf der Straße einen Pinguin getroffen hat.

STANEK: Das ist natürlich nur ein Vorwand – Javurek lag den Herrschaften schon lange im Magen, weil er so singt, wie er singt. Das ist alles so grausam – so sinnlos – so gemein!

VANĚK: Und feige.

STANEK: Ja, und feige. Ich versuchte, etwas für ihn zu tun, durch einige Bekannte vom Stadtkomitee der Partei und von der Staatsanwaltschaft. Aber Sie kennen das ja. Alle versprechen, sie werden sehen, was sich tun läßt, und dann pfeifen sie darauf, weil sie keine Lust haben, sich die Finger zu verbrennen. Es ist widerlich, wie jeder nur um seine eigene Futterkrippe zittert.

VANĚK: Es ist aber trotzdem sehr schön, daß Sie etwas zu tun versuchten.

STANEK: Mein lieber Ferdinand! Ich bin wirklich nicht der, für den man mich in Ihren Kreisen offensichtlich hält. *Verlegene Pause.* Um auf den Javurek zurückzukommen –

VANĚK: Ja?

STANEK: Als es mir nicht gelungen war, etwas durch private Interventionen zu erreichen, kam mir der Gedanke, ob man nicht vielleicht etwas anderes unternehmen sollte. Sie wissen, wie ich das meine – einfach irgendeinen Protest oder eine Petition. Eben darüber wollte ich mit Ihnen hauptsächlich sprechen. Sie haben selbstverständlich in diesen Dingen viel mehr Erfahrung als ich. Wenn da einige bekanntere Namen stünden, so wie Ihrer zum Beispiel, würde man es sicher irgendwo im Westen veröffentlichen. Das würde einen gewissen politischen Druck schaffen. Die Herrschaften machen sich zwar aus solchen Dingen nicht allzu viel – ich sehe aber wirklich keine andere Möglichkeit mehr, wie man diesem Jungen helfen könnte – und selbstverständlich auch Anne.

VANĚK: Anne?

STANEK: Meine Tochter –

VANĚK: Ihre Tochter?

STANEK: Ja.

VANĚK: Was ist mit ihr?

STANEK: Ich dachte, daß Sie es wissen.

VANĚK: Was?

STANEK: Sie erwartet ein Kind von Javurek.

VANĚK: Ach so, deshalb –

STANEK: Einen Moment – wenn Sie jetzt denken, daß mich dieser Fall nur aus familiären Gründen interessiert…

VANĚK: Ich weiß, daß dies nicht der einzige Grund ist.

STANEK: Sie sagten aber…

VANĚK: Ich wollte nur sagen, daß dies erklärt, wieso Sie von diesem Fall überhaupt wissen. Ich vermute, daß Sie sich sonst für junge Liedermacher nicht besonders interessieren. Verzeihen Sie, daß es so geklungen hat, als ob ich dächte…

STANEK: Ich hätte mich für diese Sache engagiert, auch wenn eine andere Frau von ihm ein Kind erwartet hätte.

VANĚK: Ich weiß.

Verlegene Pause.

STANEK: Meinen Sie, ein Protest wäre richtig?

Vaněk fängt an, etwas in seiner Aktentasche zu suchen, findet schließlich ein Blatt und reicht es Stanek.

VANĚK: Sie dachten wahrscheinlich an etwas in diesem Sinn.

Stanek nimmt das Papier von Vaněk, geht schnell zum Schreibtisch, nimmt seine Brille, setzt sie auf und liest aufmerksam. Eine längere Pause. Stanek ist sichtbar überrascht. Als er den Text zu Ende gelesen hat, legt er die Brille ab und geht erregt im Zimmer umher.

STANEK: Na, das ist ja phantastisch! Diese Überraschung ist Ihnen aber gelungen! Ich quäle mich hier mit dem Problem, wie man das machen soll – endlich entscheide ich mich, mit Ihnen darüber zu reden –, und Sie haben es schon längst fertig! Ist das nicht wunderbar?! Na ja, ich wußte ja, daß ich mich an die richtige Adresse wende! *Stanek kehrt zum Schreibtisch zurück, er setzt sich die Brille wieder auf und liest den Text noch einmal.* Das ist genau das, woran ich dachte! Kurz – klar – höflich – und dabei mit Nachdruck! Man merkt gleich die Handschrift eines Profis! Ich hätte mich damit einen ganzen Tag herumschlagen müssen, und doch hätte ich es so gut nie geschafft.

Vaněk fühlt sich geschmeichelt.

Schauen Sie mal, nur eine Kleinigkeit. Meinen Sie, daß es gut ist, hier am Ende das Wort «Willkür» zu lassen? Vielleicht könnte man irgendein milderes Wort dafür finden? Ich habe den Eindruck, daß es doch ein wenig aus der Reihe tanzt. Der ganze Text ist sehr sachlich, dieses Wort klingt plötzlich allzu emotionell. Haben Sie nicht auch den Eindruck? Sonst ist es absolut präzise.

Vielleicht ist noch der zweite Absatz ein wenig überflüssig – er verdünnt eigentlich nur den Inhalt des ersten Absatzes. Andererseits paßt hier aber sehr gut der Satz über Javureks Einfluß auf die nonkonformistische Jugend. Dieser Gedanke muß bleiben. Wenn Sie das ans Ende setzen – statt dieser «Willkür» –, das würde vollkommen reichen.

Aber ich bitte Sie, das sind nur rein subjektive Eindrücke. Sie müssen darauf keine Rücksicht nehmen. Als Ganzes ist es ausgezeichnet und wird seinen Zweck zweifellos erfüllen. Ich muß Ihnen, Ferdinand, wieder meine Bewunderung aussprechen: Eine solche Fähigkeit, das Wesentliche zu formulieren und dabei nicht überflüssig aggressiv zu werden, diese Fähigkeit besitzen nur wenige.

VANĚK: So selten ist es wohl nicht.

Stanek legt die Brille ab, geht zu Vaněk, legt das Blatt vor ihn auf den Tisch, dann setzt er sich wieder in seinen Sessel und trinkt. Kurze Pause.

STANEK: Es ist doch ein herrliches Gefühl, wenn man weiß, daß es hier jemanden gibt, an den man sich mit so einer Sache immer wenden kann und auf den man sich verlassen kann!

VANĚK: Das ist doch eine Selbstverständlichkeit!

STANEK: Für Sie vielleicht, aber in den Kreisen, in denen ich verkehren muß, ist so etwas gar nicht selbstverständlich! Da ist es eher umgekehrt: Wenn jemand ins Unglück kommt, zeigen ihm alle so schnell wie möglich die kalte Schulter. Aus lauter Angst um ihre Position bemühen sie sich, so gut es geht, überall zu verbreiten, daß sie mit dem Betroffenen nie etwas zu tun hatten und daß sie ihn schon immer verurteilt haben. Ihnen muß ich das ja nicht erzählen – Sie wissen's doch selbst am besten. Als Sie im Gefängnis saßen, traten Ihre langjährigen Freunde vom Theater im Fernsehen auf! Es war abscheulich!

VANĚK: Ich nehme es ihnen gar nicht übel.

STANEK: Aber ich! Und ich habe es denen auch offen gesagt.

Wissen Sie, ein Mensch in meiner Situation lernt so manches zu begreifen und zu verzeihen, aber seien Sie mir nicht böse, alles hat seine Grenzen! Ich verstehe, daß es Ihnen peinlich ist, diesen Burschen irgendwelche Vorwürfe zu machen, weil es sich eben um Sie handelt. Das darf aber keine Rolle spielen! Wenn wir anfingen, auch schon solche Schweinereien zu tolerieren, würden wir de facto die Mitverantwortung für diesen ganzen moralischen Marasmus übernehmen und indirekt zu seiner Verbreitung beitragen. Habe ich nicht recht?

VANĚK: Hm.

Kurze Pause.

STANEK: Haben Sie das schon abgeschickt?

VANĚK: Wir sammeln erst Unterschriften.

STANEK: Wie viele haben Sie schon?

VANĚK: Etwa fünfzig.

STANEK: Fünfzig? Nicht schlecht! *Kurze Pause.* Na, man kann nichts machen, ich bin einfach zu spät gekommen.

VANĚK: Wieso zu spät?

STANEK: Alles läuft ja schon.

VANĚK: Es läuft ja noch.

STANEK: Na gut – jetzt ist es aber doch schon klar, daß das weggeschickt und veröffentlicht wird. Übrigens, Sie sollten das keiner Nachrichtenagentur geben, die würden darüber nur eine kurze Nachricht bringen, die dann untergeht. Es wäre besser, es direkt an irgendwelche großen europäischen Zeitungen zu schicken, damit es im Wortlaut erscheint, mit den Unterschriften.

VANĚK: Ich weiß. *Kurze Pause.*

STANEK: Wissen die das schon?

VANĚK: Meinen Sie die Polizei?

STANEK: Hm.

VANĚK: Ich weiß nicht. Wahrscheinlich noch nicht.

STANEK: Schauen Sie mal, ich will Ihnen keine Ratschläge geben, aber ich habe das Gefühl, es wäre am besten, wenn Sie es jetzt so schnell wie möglich abschließen und abschicken, sonst kriegen die noch Wind davon und werden es auf irgendeine Weise verhindern. Fünfzig Unterschriften, das reicht doch! Es geht ja schließlich nicht so sehr um die Zahl der Namen, sondern um deren Bedeutung.

VANĚK: Jede Unterschrift hat eine Bedeutung.

STANEK: Sicher. Aber für die Publizität im Ausland ist es doch wichtig, daß da vor allem bekannte Namen stehen. Hat Pavel unterschrieben?

VANĚK: Ja.

STANEK: Das ist gut. Sein Name, man mag darüber denken, wie man will, bedeutet heute in der Welt wirklich etwas.

VANĚK: Sicherlich. *Kurze Pause.*

STANEK: Hören Sie mal, Ferdinand!

VANĚK: Ja?

STANEK: Ich wollte mit Ihnen noch über eine Sache sprechen. Es ist eine etwas heikle Angelegenheit.

VANĚK: Ja?

STANEK: Ja... schauen Sie mal... Ich bin zwar kein Millionär, aber ich bin finanziell vorläufig nicht schlecht dran.

VANĚK: Das ist prima.

STANEK: Und so dachte ich mir – ich möchte einfach gern –, in Ihren Kreisen gibt es eine Menge Leute, die ihre Arbeit verloren haben – wären Sie bereit, irgendeinen Betrag von mir anzunehmen?

VANĚK: Das ist sehr nett von Ihnen. Manche Freunde sind wirklich schlecht dran. Sie wissen ja, daß ist immer so ein Problem, wie man das machen soll – die Bedürftigsten weigern sich am heftigsten, etwas anzunehmen.

STANEK: Es wird keine Riesensumme sein. Ich glaube aber, daß es Situationen gibt, wo jede Krone hilft. *Stanek geht zum Schreibtisch, holt aus der Schublade zwei Scheine, zögert dann noch eine Weile, holt noch einen Schein, geht auf Vaněk zu und gibt ihm das Geld.*

VANĚK: Danke. Herzlichen Dank im Namen aller.

STANEK: Wir müssen uns doch alle gegenseitig helfen! Sie müs-

sen niemandem erzählen, daß es von mir kommt. Ich will mir
ja keine Denkmäler bauen – davon konnten Sie sich ja schon
überzeugen.

VANĚK: Ja, ich danke noch einmal.

STANEK: Wollen wir uns nicht den Garten ansehen?

VANĚK: Herr Stanek ...

STANEK: Ja?

VANĚK: Morgen wollen wir das verschicken – ich meine den
Protest wegen Javurek ...

STANEK: Sehr gut – je früher, desto besser!

VANĚK: Also nur noch heute ...

STANEK: Heute sollten Sie vor allem schlafen gehen – vergessen
Sie nicht, daß Sie die Nacht durchgezecht haben und daß Sie
morgen ein harter Tag erwartet.

VANĚK: Ich weiß, ich wollte Ihnen nur sagen ...

STANEK: Gehen Sie jetzt lieber direkt nach Hause und schalten
Sie das Telefon ab, sonst ruft der Landovsky noch mal an, und
weiß Gott, ob Sie zu Ihrem Schlaf kommen.

VANĚK: Ja. Ich muß nur noch ein paar Leute aufsuchen, ich
werde mich da nicht lange aufhalten. Ich wollte nur sagen –
falls Sie das für zweckmäßig halten würden – das wäre natürlich phantastisch ... Ihr Buch «Krach» las ja praktisch jeder ...

STANEK: Aber ich bitte Sie, Ferdinand, das ist doch schon fünf-
zehn Jahre her!

VANĚK: Man hat es aber nicht vergessen.

STANEK: Was wäre also phantastisch?

VANĚK: Ich hatte nämlich den Eindruck, daß Sie sich auch ganz
gern ...

STANEK: Was?

VANĚK: ... anschließen würden.

STANEK: Sie meinen – *zeigt auf das Papier* – da anschließen?

VANĚK: Hm.

STANEK: Ich?

VANĚK: Verzeihen Sie – aber ich hatte den Eindruck ...

Stanek trinkt seinen Cognac zu Ende, geht an die Bar, holt die

Flasche, schenkt sich ein, stellt die Flasche in die Bar zurück, trinkt wieder. Dann geht er, in Gedanken vertieft, zum Fenster, schaut eine Weile hinaus – und dreht sich plötzlich mit einem Lächeln zu Vaněk um.

STANEK: Das ist aber gelungen!

VANĚK: Was ist gelungen?

STANEK: Merken Sie denn nicht selbst, wie absurd das ist? Ich lade Sie ein, um Sie zu bitten, etwas in Javureks Sache zu tun, etwas zu schreiben. Sie zeigen mir einen schon fertigen Text – nebenbei noch mit fünfzig Unterschriften. Ich traue meinen Augen und Ohren nicht, freue mich darüber wie ein kleines Kind. Quäle mich mit dem Problem herum, wie man es anstellt, daß Ihnen dabei nichts in die Quere kommt, und dabei fällt mir nicht die einzige natürliche Sache ein, die mir sofort hätte einfallen sollen! Nämlich, daß ich den Protest auch schnell unterschreiben sollte! Na, sagen Sie selbst – ist denn das nicht absurd?

VANĚK: Hm.

STANEK: Ferdinand, das ist doch ein geradezu erschreckendes Zeugnis für die Situation, in die man uns gebracht hat! Bedenken Sie nur: Ich weiß zwar, daß das blödsinnig ist – und dennoch habe ich mich unwillkürlich selbst daran gewöhnt, daß es für solche Unterschriften einfach Spezialisten gibt – Profis der Solidarität – Dissidenten. Und wenn wir anderen wollen, daß etwas in Sachen Anstand unternommen wird, dann werden wir uns quasi automatisch an euch – wie an einen Kundendienst in Sachen Moral! Wir sind einfach dazu da, um das Maul zu halten und dafür eine relative Ruhe zu kassieren. – Und ihr seid dazu da, um für uns zu reden und dafür Tritte auf Erden und Ruhm im Himmel zu ernten. Begreifen Sie diese Perversität?

VANĚK: Hm...

STANEK: Na, sehen Sie! Dabei ist es diesen Herrschaften gelungen, die Dinge so weit zu treiben, daß auch ein verhältnismäßig intelligenter und anständiger Mensch – für den ich mich mit Verlaub noch immer halte – diesen Zustand fast als etwas Normales und Natürliches empfindet! Es ist widerlich! Widerlich, wie weit das alles gekommen ist! Na, sagen Sie, ist das nicht zum Kotzen?

VANĚK: Na ja...

STANEK: Meinen Sie, daß sich dieses Volk noch irgendwann davon erholt?

VANĚK: Schwer zu sagen.

STANEK: Was soll man tun – was soll man nur tun? Theoretisch ist es klar: Jeder sollte bei sich selbst anfangen. Aber leben denn hier nur lauter Vaněks? Es ist wohl wirklich so, daß nicht jeder ein Kämpfer für die Menschenrechte sein kann.

VANĚK: Das sicher nicht.

Stanek holt sich vom Schreibtisch seine Brille und tritt auf Vaněk zu.

STANEK: Wo haben Sie das?

VANĚK: Was?

STANEK: Na, diese Blätter mit den Unterschriften.

Verlegene Pause.

VANĚK: Herr Stanek...

STANEK: Was ist?

VANĚK: Seien Sie mir nicht böse, aber ich habe auf einmal so ein dummes Gefühl...

STANEK: Was für ein Gefühl?

VANĚK: Ich weiß nicht – es ist mir furchtbar peinlich –, aber ich habe das Gefühl, daß es von mir nicht ganz fair war.

STANEK: Was war nicht fair?

VANĚK: Ich habe Sie ja eigentlich so ein wenig überfahren.

STANEK: Wieso?

VANĚK: Zuerst habe ich Sie reden lassen und erst dann habe ich es Ihnen zum Unterzeichnen angeboten – als Sie schon quasi dadurch gebunden waren, was Sie vorher gesagt hatten –

STANEK: Wollen Sie damit andeuten, daß ich, wenn ich gewußt hätte, daß Sie Unterschriften für Javurek sammeln, gar nicht darüber geredet hätte?

VANĚK: Nein, das nicht…

STANEK: Na also!

VANĚK: Wie soll ich das sagen…

STANEK: Oder stört es Sie, daß ich nicht von selbst darauf gekommen bin?

VANĚK: Darum geht es nicht…

STANEK: Worum denn?

VANĚK: Es kommt mir einfach so vor, es wäre etwas anderes gewesen, wenn ich direkt wegen der Unterschrift gekommen wäre. Dann hätten Sie die Wahl gehabt.

STANEK: Und warum sind Sie eigentlich nicht damit gekommen? Hatten Sie mich im voraus abgeschrieben?

VANĚK: Ich dachte, daß – in Ihrer Situation…

STANEK: Na, sehen Sie: Jetzt zeigt es sich doch, welche Meinung Sie in Wirklichkeit von mir haben. Sie glauben, daß ich – weil ich ab und zu einen Auftrag vom Fernsehen bekomme – der einfachsten Form der Solidarität nicht mehr fähig bin?!

VANĚK: Sie mißverstehen mich – ich wollte nur sagen…

Stanek setzt sich in den Sessel, trinkt, wendet sich an Vaněk.

STANEK: Ich werde Ihnen etwas sagen, Ferdinand! Ich habe mich unwillkürlich an den perversen Gedanken gewöhnt, daß für die Moral die Dissidenten zuständig sind. Sie haben sich aber – ohne sich dessen bewußt zu werden – auch an diesen Gedanken gewöhnt! Und deshalb ist Ihnen gar nicht die Idee gekommen, daß auch für mich so manche Werte wichtiger sein könnten als meine gegenwärtige Position. Und was, wenn auch ich mich danach sehnte, endlich ein freier Mensch zu sein? Was, wenn auch ich meine innere Integrität erneuern und diesen Felsen der Erniedrigung von meinen Schultern werfen will? Ihnen ist gar nicht der Gedanke gekommen, daß ich in Wirklichkeit vielleicht gerade auf diesen Augenblick schon seit Jahren warte? Sie haben mich einfach ein für allemal unter die hoffnungslosen Fälle eingeordnet, die anzusprechen keinen Sinn hat. Jetzt – als Sie festgestellt haben, daß auch ich mich für das Schicksal anderer Leute interessiere, ist Ihnen die Sache mit meiner Unterschrift nur so rausgerutscht; dann ist Ihnen das bewußt geworden, und Sie haben angefangen, sich bei mir zu entschuldigen. Sind Sie sich eigentlich darüber im klaren, wie sehr Sie mich damit beleidigen? Und was, wenn auch ich schon lange auf eine Gelegenheit zu einer Tat warte, die aus mir wieder einen Mann macht! Die mir meine innere Ruhe zurückgibt, meine Phantasie, meinen Humor – und die mich von der Notwendigkeit befreit, Zuflucht vor all diesen Traumata bei meinen Aprikosen und Magnolien zu suchen? Und was, wenn auch ich lieber mit der Wahrheit leben möchte? Wenn auch ich aus der Welt der Schreiber auf Bestellung, aus der Pseudokultur des Fernsehens wieder in die Welt der Kunst, die niemandem dienen muß, zurückkehren möchte?

VANĚK: Verzeihen Sie bitte – ich wollte Sie nicht verletzen.

Vaněk macht seine Aktentasche auf, sucht eine Weile, holt dann die Blätter mit den Unterschriften heraus und reicht sie Stanek. Stanek steht langsam auf, geht mit den Blättern zum Schreibtisch, nimmt da Platz, setzt sich wieder die Brille auf, studiert aufmerksam die Blätter, nickt bei einzelnen Namen zustimmend. Nach einer längeren Weile legt er die Brille weg, steht langsam auf, geht nachdenklich umher, dann wendet er sich an Vaněk.

STANEK: Darf ich laut nachdenken?

VANĚK: Natürlich.

Stanek trinkt, dann geht er im Zimmer hin und her und spricht dabei.

STANEK: Was die subjektive Seite dieser Angelegenheit betrifft, habe ich alles Wesentliche wohl schon gesagt. Nach Jahren des ununterbrochenen Kotzens würde ich – wenn ich das unterschriebe – wieder meine Selbstachtung, meine verlorene Freiheit und Würde gewinnen, vielleicht sogar einige Anerkennung bei Menschen, die mir nahestehen. Ich würde mich von dem ewigen unlösbaren Dilemma befreien, in das mich der Konflikt zwischen der Rücksicht auf meine Position und meinem Gewissen immer wieder stürzt. Ich würde meiner Tochter, mir selbst und diesem jungen Mann – wenn er zurückkäme – ohne Scham in die Augen sehen können. Ich würde dafür mit dem Verlust der Arbeit büßen, die mich zwar nicht befriedigt, ja eher erniedrigt, die mich aber zweifellos besser ernährt, als wenn ich den Posten eines Nachtwächters annehmen müßte. Mein Sohn wird zwar nicht in die höhere Schule kommen, er wird aber mehr Achtung vor mir haben, als wenn ich ihm die Aufnahme dadurch erkaufe, daß ich die Unterschrift für Javurek verweigere, den er bis zur Kritiklosigkeit verehrt. Dies ist die subjektive Seite der ganzen Angelegenheit.

Und wie sieht das aus objektiver Sicht aus? Was geschieht, wenn unter den Unterschriften einiger allgemein bekannter Dissidenten und einiger junger Freunde Javureks zur allgemeinen Überraschung auch meine Unterschrift auftaucht? Die Unterschrift eines Menschen, der schon seit Jahren als Bürger nicht in Erscheinung trat? Die anderen Mitunterschreiber und viele von denen, die zwar selbst nicht unterschreiben, innerlich aber auf ihrer Seite stehen, werden meine Unterschrift natürlich mit Freude begrüßen: Der geschlossene Kreis der notorischen Unterschreiber, deren Unterschriften allmählich ihr Gewicht dadurch verlieren, daß sie praktisch mit nichts mehr bezahlt werden mußten, weil diese Leute längst nichts mehr zu verlieren haben, wird durchbrochen werden. Ein neuer Name taucht auf, rar dadurch, daß er bislang nirgendwo auftauchte, freilich auch dadurch, daß diese Unterschrift teuer bezahlt werden muß. Das ist das objektive Plus meiner eventuellen Unterschrift.

Was die politischen Machthaber betrifft – sie wird meine Unterschrift überraschen, ärgern und beunruhigen, genau dadurch, womit sie die anderen Unterzeichner erfreut. Nämlich dadurch, daß sie den Zaun durchbricht, den man um uns so lange und so mühsam baute. Auf die Entscheidung über Javurek wird meine Teilnahme wohl keinen bedeutenden Einfluß haben, und wenn, dann eher einen negativen: Die Macht wird demonstrieren wollen, daß sie nicht in Panik verfiel und daß sie solche Überraschungen nicht aus dem Gleichgewicht bringen können.

Um so größeren Einfluß wird freilich meine Unterschrift auf die Entscheidung über mich haben: Man wird mich zweifellos strenger bestrafen, als man vielleicht erwarten würde, weil man durch meine Bestrafung alle streng verwarnen möchte, die in Zukunft geneigt sein könnten, meinen Weg einzuschlagen – nämlich die Freiheit zu wählen und dadurch die Reihen der Dissidenten zu stärken.

Vor den Aktivitäten der Dissidenten, solange sie unter sich in ihrem Getto bleiben, haben unsere Machthaber keine so große Furcht mehr. In mancher Hinsicht kommen sie ihnen sogar ein wenig gelegen. Um so mehr aber erschreckt sie jedes Anzeichen, daß die Grenzen dieses Gettos durchbrochen werden könnten. Mit einer exemplarischen Strafe werden sie versuchen, das Gespenst einer eventuellen Epidemie im Keim zu ersticken.

Es bleibt die Frage, welche Wirkung würde meine Unterschrift in jenen Kreisen haben, die auf die oder jene Art den Weg der Anpassung eingeschlagen haben. Das sind die Leute, um die es im Endeffekt am meisten geht, weil alle Zukunftshoffnungen vor allem davon abhängen, ob es gelingt, diese Menschen aus ihrem Tiefschlaf zu erwecken und sie als aktive Bürger zu gewinnen. Ich befürchte, daß eben diese wichtigsten Schichten auf meine Unterschrift eindeutig negativ reagieren werden: Im stillen hassen diese Leute die Dissidenten, weil sie in ihnen ihr eigenes schlechtes Gewissen sehen, einen lebendigen Vorwurf; und weil sie sie zugleich um ihren inneren Stolz und ihre innere Freiheit beneiden– um jene Werte, die ihnen selbst schicksalhaft versagt sind. Schon deshalb ist es selbstverständlich, daß sie keine Gelegenheit auslassen werden, die Dissidenten anzuschwärzen. Genau diese Gelegenheit werden sie in meiner Unterschrift finden: Sie werden behaupten, daß ihr, die ihr nichts mehr zu verlieren habt, die ihr schon längst auf den tiefsten Punkt des Abgrunds gefallen seid und euch dort sogar schon ganz gut eingelebt habt, daß ihr mich – einen normalen Unglücksraben, der sich bislang mit Mühe durchs Leben geschlängelt hat, in den Abgrund hinuntergerissen habt – mit der für euch typischen Verantwortungslosigkeit – nur aus einer Laune heraus, nur, damit ihr das Regime provoziert und die falsche Illusion schafft, daß sich eure Reihen vermehren; ohne Rücksicht darauf zu nehmen, daß ihr diesen Unglücksraben um seine Existenz bringt, wissend, daß ihr ihm da unten keine neue Existenz einrichten könnt.

Nehmen Sie es mir nicht übel, Ferdinand, ich kenne die Denkart dieser Leute sehr gut, ich muß mich ja jeden Tag unter ihnen bewegen. Deshalb weiß ich ganz genau, was sie sagen würden: daß ich ein schändlich mißbrauchtes Opfer eures zynischen Appells an meinen Humanismus bin. Eines Appells, der sich nicht schämt, sogar meine persönliche Beziehung zu Javurek einzukalkulieren und der die Glaubwürdigkeit jener humanen Ziele, mit denen ihr operiert, in Frage stellt. Ich muß ja wohl nicht besonders betonen, daß das Regime und die Polizei diese Stimmungen mit allen möglichen Mitteln unterstützen und verbreiten werden. Die anderen, die intelligenteren werden vielleicht sagen, daß so eine Neuigkeit – mein Name unter den euren – nur überflüssigerweise die Aufmerksamkeit auf sich zieht und sie somit von der Sache selbst ablenkt, das heißt von der Sache Javureks; sie macht im Endeffekt den ganzen Protest problematisch, indem sie die Frage aufbringt, ob es hier hauptsächlich darum ging, Javurek zu helfen oder mein frisches Dissidententum zu demonstrieren. Vielleicht werden sogar solche Stimmen laut, die behaupten, daß Javurek eigentlich zu eurem Opfer wurde, weil sein Unglück für Ziele mißbraucht wurde, die jeglichem aufrichtigen Interesse an dem Schicksal des Betroffenen fern sind. Um so mehr, weil

ihr dadurch, daß ihr meine Unterschrift gewonnen habt,
mich um jenen Manövrierraum hinter den Kulissen beraubt
habt, den ich bislang habe und in dem ich für Javurek viel
nützlicher sein könnte.

Verstehen Sie mich bitte richtig, Ferdinand. Ich habe nicht
vor, diese Reaktionen irgendwie zu überschätzen, und noch
weniger habe ich vor, deren Sklave zu werden. Andererseits
glaube ich aber, daß es im Interesse unserer Sache ist, sie
auch zu berücksichtigen. Es handelt sich ja schließlich um
eine politische Entscheidung und ein guter Politiker muß alle
Aspekte berücksichtigen, die die Endwirkung seiner Tat beeinflussen.

Unter diesen Umständen muß die Frage so gestellt werden:
Was hat Vorrang – das befreiende Gefühl, das mir meine Unterschrift geben würde, bezahlt mit ihrer – im Grunde objek-
tiv negativen Auswirkung? Oder die andere Alternative: Der
günstigere Effekt, den der Protest ohne meinen Namen haben wird, bezahlt freilich mit dem bitteren Bewußtsein, daß
mir wieder – und weiß Gott, ob nicht endgültig – die
Chance entgeht, mich aus der Gefangenschaft der erniedri-
genden Kompromisse zu befreien, unter denen ich schon
seit so vielen Jahren zu ersticken fürchte? Mit anderen Worten: Wenn ich wirklich moralisch handeln will – und Sie bezweifeln wohl jetzt nicht mehr, daß ich es will –, wonach
soll ich mich eigentlich richten? Nach der unbarmherzigen
objektiven Überlegung oder nach dem subjektiven inneren
Gefühl?

VANĚK: Mir scheint es klar zu sein.

STANEK: Mir auch.

VANĚK: Also…

STANEK: Leider…

VANĚK: Leider?

STANEK: Sie dachten…

VANĚK: Verzeihung, ich glaube, ich habe es nicht richtig verstanden.

STANEK: Es tut mir leid, wenn ich…

VANĚK: Das macht nichts.

STANEK: Aber ich denke wirklich…

VANĚK: Ich weiß.

Stanek nimmt die Blätter von seinem Tisch und reicht sie mit einem Lächeln Vaněk, der sie zusammen mit dem Text des Protests, verlegen lächelnd, in seine Aktentasche verstaut. Stanek geht zum Tonbandgerät, schaltet es ab, kehrt in seinen Sessel zurück. Beide trinken. Vaněk schüttelt sich. Eine längere, verlegene Pause.

STANEK: Sind Sie mir böse?

VANĚK: Nein.

STANEK: Aber Sie sind damit nicht einverstanden…

VANĚK: Ich respektiere Ihre Entscheidung.

STANEK: Aber was denken Sie sich dabei?

VANĚK: Was sollte ich denken?

STANEK: Das ist doch klar!

VANĚK: Wie meinen Sie das?

STANEK: Sie denken: Als er die ganzen Unterschriften gesehen hat, hat er es doch mit der Angst bekommen.

VANĚK: Das denke ich nicht.

STANEK: Ich sehe es Ihnen an!

VANĚK: Wirklich nicht.

STANEK: Seien Sie doch wenigstens aufrichtig. Verstehen Sie denn nicht, daß Sie mich durch Ihre nachsichtige Unaufrichtigkeit mehr beleidigen, als wenn Sie es mir direkt gesagt hätten? Oder bin ich Ihnen einfach keinen Kommentar mehr wert?

VANĚK: Ich sagte Ihnen doch, daß ich Ihre Überlegungen respektiere.

STANEK: Schauen Sie, Vaněk, ich bin doch kein Trottel!

VANĚK: Ich weiß.

STANEK: Und deshalb weiß ich genau, was sich hinter Ihrem Respekt versteckt.

VANĚK: Was?

STANEK: Das Gefühl der moralischen Überlegenheit.

VANĚK: Das ist nicht wahr.

STANEK: Ich weiß nun aber wirklich nicht, ob Sie – eben Sie! – das Recht zu einer solchen Überheblichkeit haben.

VANĚK: Wie meinen Sie das?

STANEK: Das wissen Sie doch genau!

VANĚK: Ich weiß es nicht.

STANEK: Soll ich es Ihnen also sagen?

VANĚK: Ja.

STANEK: Soweit ich weiß, haben Sie da im Gefängnis mehr geredet, als Sie mußten.

Vaněk springt auf und glotzt Stanek empört an. Stanek lächelt triumphierend. Eine kurze, spannungsvolle Pause. Plötzlich klingelt das Telefon. Vaněk sinkt niedergeschlagen in seinen Sessel. Stanek geht ans Telefon und hebt den Hörer ab.

STANEK *am Telefon*: Na, hallo – was? – Nein! – Das ist aber – warte mal – aha – aha – und wo seid ihr? – na ja, sicher – selbstverständlich – prima – ja, ich warte! Bis dann!

Stanek legt den Hörer auf und schaut stumm vor sich hin. Eine längere Pause. Vaněk steht verlegen auf. Stanek wird erst jetzt bewußt, daß Vaněk noch da ist, er dreht sich zu ihm um, mürrisch: Sie können es unten im Heizungskessel verbrennen!

VANĚK: Was?

STANEK: Er ist eben vor ein paar Minuten zu Anne in die Mensa gekommen.

VANĚK: Wer?

STANEK: Na, Javurek doch!

VANĚK: Was? Die haben ihn freigelassen? Na, das ist phantastisch! Also waren Ihre Interventionen doch nicht umsonst! Gut, daß wir diese Petition nicht ein paar Tage früher gemacht haben, die hätten sich versteift und hätten ihn sicher nicht freigelassen.

Stanek sieht Vaněk prüfend an, plötzlich lächelt er. Er kommt rasch auf ihn zu, packt ihn freundlich mit beiden Händen an den Schultern.

STANEK: Quälen Sie sich nicht damit, lieber Freund! Das Risiko,
daß Sie mit so was mehr schaden als helfen, ist immer gegeben! Sollten Sie darauf Rücksicht nehmen, könnten Sie überhaupt nichts tun! Kommen Sie, ich werde Ihnen die Pfropfen
aussuchen!
*Stanek hakt sich bei Vaněk ein und führt ihn zur Tür. Vaněk
schlürft komisch in den zu großen Latschen hinterher.*

Der Vorhang fällt

Ende

Wer Bücher schenkt...

…schenkt Wertpapiere, heißt es bei Stendhal. Denn: Bücher sind Geschenke ganz besonderer Art; sie verwelken nicht, sie zerbrechen nicht, sie veralten nicht, und sie gleichen dem Kuchen im Märchen, den man ißt, und der nicht kleiner wird.

Man könnte hinzufügen, etwas prosaischer: Und sie tragen Zinsen wie ein klug angelegtes Kapital.

Wer Bücher schenkt, schenkt Wertpapiere.

Versuchung

Schauspiel in zehn Bildern

Personen

DR. HEINRICH FAUSTKA, *Wissenschaftler*
FISTULA, *Invalide*
CHEF
WILMA, *Wissenschaftlerin*
STELLVERTRETER *des Chefarztes*
MARGRET, *Sekretärin*
DR. SIEGLINDE LORENZ, *Wissenschaftlerin*
DR. WILHELM STÖCKL, *Wissenschaftler*
DR. ALOIS BALTHASAR, *Wissenschaftler*
HUBER, *Faustkas Vermieterin*
TÄNZER
PETRA
SEKRETÄR
VERLIEBTER
VERLIEBTE

Inhalt

Anmerkung

Vor der Vorstellung, während der Pausen zwischen den Bildern und in der Pause wird eine einheitliche Rockmusik «kosmischen» oder «astralen» Charakters gespielt. Es ist wichtig, daß die Pausen zwischen den Bildern so kurz wie möglich sind und also die Umbauten – trotz der Vielfalt und des szenischen Anspruchs der wechselnden Spielorte – so schnell wie möglich vor sich gehen.

Erstes Bild

Auf der Bühne einer der Räume des wissenschaftlichen Instituts, in dem Faustka angestellt ist. Es ist etwas zwischen Büro, Praxis, Bibliothek, Klubraum und Flur. Es gibt drei Türen, hinten, vorn links und vorn rechts. Rechts hinten ist eine Bank, ein Tischchen und zwei Stühle; an der Rückwand steht ein Bücherschrank, eine mit Wachstuch bezogene Liege und ein weißer Glasschrank mit Medikamenten und verschiedenen Exponaten, zum Beispiel Embryos, Modelle menschlicher Organe, Kultgegenstände primitiver Völker und ähnliches. Links steht ein Schreibtisch mit Schreibmaschine und verschiedenen Schriftstücken, dahinter ein Bürostuhl und an der Wand eine Registratur; in der Mitte des Raums hängt ein großer Leuchter. Es können auch weitere Gegenstände vorhanden sein, zum Beispiel eine Höhensonne, ein Waschbecken oder eine Sprossenwand. Die Einrichtung des Raums ist nicht der Ausdruck spezifischer Interessen oder gar einer Persönlichkeit, sondern entspricht der unbestimmten Berufung des gesamten Instituts; die Kombination von Gegenständen verschiedenartiger Bestimmung und unterschiedlichen Aussehens betont die amtliche Anonymität des Raums, in dem die verschiedenen Dinge eher der Zufall der Betriebsgeschichte dieses Raums als irgendein Zweck zusammengebracht hat. Wenn sich der Vorhang öffnet, sind Lorenz, Stöckl und Balthasar auf der Bühne. Die Lorenz hat einen weißen Kittel an, sitzt hinter dem Schreibtisch, an die Schreibmaschine hat sie einen Spiegel gelehnt und pudert sich. Stöckl rekelt sich im weißen Kittel auf der Bank und liest Zeitung. Balthasar ist im Straßenanzug, steht im Hintergrund am Bücherschrank, mit dem Rücken zum Zimmer, und blättert in einem Buch. Kurze Pause.

LORENZ *ruft*: Margret –
   Durch die linke Tür tritt Margret in einem Bürokittel ein.
MARGRET: Sie wünschen, Frau Doktor?
LORENZ: Würden Sie mir bitte Kaffee machen?
MARGRET: Selbstverständlich –
STÖCKL *ohne aufzublicken*: Mir auch, bitte –
BALTHASAR *ohne sich umzuwenden*: Auch für mich –
MARGRET: Also drei, nicht wahr?
LORENZ: Jaa...
   Margret geht durch die linke Tür ab. Kurze Pause, worauf
   durch die hintere Tür schnell Faustka im schwarzen Pullover
   und schwarzer Hose eintritt, Aktentasche in der Hand, ein
   wenig außer Atem.
FAUSTKA: Hallo –
STÖCKL *legt die Zeitung weg*: Sei gegrüßt, Heinrich –
BALTHASAR *legt das Buch zur Seite und wendet sich um*: Hallo –
   Die Lorenz steckt Spiegel und Puder in eine Kitteltasche und
   geht hinüber zur Bank, auf der Stöckl sitzt, offenbar um
   Faustka den Schreibtisch frei zu machen. Der stellt seine Ak-
   tentasche darauf und nimmt eilig einige Papiere heraus. Die
   übrigen betrachten ihn interessiert.
FAUSTKA: Waren sie schon hier?
STÖCKL: Noch nicht –
LORENZ: Was ist mit Wilma?
FAUSTKA: Sie ist gerade Orangen kaufen gegangen –
   Durch die linke Tür tritt Margret auf, mit drei Tassen Kaffee
   auf einem kleinen Tablett, zwei Tassen stellt sie auf den Tisch
   vor die Lorenz und Stöckl, die dritte reicht sie Balthasar, der
   im Hintergrund an den Bücherschrank gelehnt steht.
LORENZ: Danke –
   Margret geht zur linken Tür zurück.
FAUSTKA: Margret –
MARGRET *bleibt stehen*: Sie wünschen, Herr Doktor?
FAUSTKA: Es macht Ihnen doch nichts aus – aber könnten Sie
   auch mir noch einen Kaffee machen?

MARGRET: Aber sicher –

FAUSTKA: Vielen Dank –

Margret geht durch die linke Tür ab. Lorenz, Stöckl und Balthasar rühren im Kaffee und beobachten dabei Faustka, der sich hinter den Schreibtisch gesetzt hat und verschiedene Papiere und Schriftstücke darauf ordnet. Die längere und ein wenig gespannte Stille unterbricht schließlich Stöckl.

STÖCKL *zu Faustka*: Also was ist?

FAUSTKA: Was soll sein?

STÖCKL: Wie kommst du voran?

FAUSTKA: Womit?

Die Lorenz, Stöckl und Balthasar schauen sich an und lächeln. Kurze Pause.

LORENZ: Na, mit deinen privaten Studien –

FAUSTKA: Ich weiß nicht, von welchen Studien du sprichst –

Die Lorenz, Stöckl und Balthasar schauen sich an und lächeln. Kurze Pause.

BALTHASAR: Das pfeifen doch schon die Spatzen von den Dächern, Heinrich!

FAUSTKA: Mich interessiert nicht, was die Spatzen hier von den Dächern pfeifen, und ich habe keine Studieninteressen, die nicht unmittelbar mit meiner Arbeit in unserem Institut zusammenhängen –

STÖCKL: Du glaubst uns nicht, was? Kein Wunder, es gibt Dinge, bei denen Vorsicht in der Tat angebracht ist –

BALTHASAR: Besonders, wenn man es an zwei Fronten gleichzeitig riskiert –

FAUSTKA *schaut rasch Balthasar an*: Wie meinst du das?

Balthasar zeigt verschwörerisch zuerst mit dem Finger im ganzen Raum umher, schließlich auf die rechte Tür, womit er die Macht darstellen will, die über das Institut herrscht, dann zeigt er nach oben und nach unten, womit er die Macht des Himmels und der Hölle veranschaulichen will.

Ihr habt alle eine reichlich bunte Phantasie! Die Feier heute abend steigt?

LORENZ: Selbstverständlich –

Durch die rechte Tür tritt der Stellvertreter in Zivil ein und Petra im weißen Kittel. Sie halten sich an der Hand und werden sich so das ganze Stück über an der Hand halten, das heißt, daß Petra, die kein Wort sagt, ununterbrochen den Stellvertreter begleiten wird. Der widmet ihr jedoch keine besondere Aufmerksamkeit, so daß der Eindruck entsteht, er habe sie nur als eine Art persönliches Requisit oder einen Talisman bei sich. Lorenz, Stöckl und Faustka stehen auf.

STÖCKL: Guten Morgen, Herr Stellvertreter –

STELLVERTRETER: Ich grüße Sie, meine Freunde! Und setzen Sie sich bitte, Sie wissen doch, daß weder ich noch der Herr Professor auf derartige Formalitäten Wert legen!

Lorenz, Stöckl und Faustka setzen sich wieder. Kurze Pause.

Also, was gibt's Neues? Wie haben Sie geschlafen? Haben Sie irgendwelche Probleme? Ich sehe Wilma nicht –

FAUSTKA: Sie hat angerufen, ihr Autobus hat eine Panne. Aber angeblich hat sie schon ein Taxi aufgetrieben, sie muß also jeden Moment hier sein –

Kurze Pause.

STELLVERTRETER: Nun, freuen Sie sich schon auf die Feier? Ich hoffe, Sie werden alle kommen –

STÖCKL: Ich komme bestimmt –

LORENZ: Wir kommen alle –

STELLVERTRETER: Ausgezeichnet! Ich persönlich halte unsere Institutsfeier für eine hervorragende Sache – vor allen Dingen wegen ihres kollektiv-psychotherapeutischen Effekts. Wie gut und schnell kann man in ihrer informellen Atmosphäre zum Beispiel die verschiedenen zwischenmenschlichen Probleme lösen, die von Zeit zu Zeit zwischen uns entstehen! Und nur, weil wir uns als einzelne immer irgendwie frei machen, aber als Gemeinschaft immer irgendwie festigen. Habe ich nicht recht?

STÖCKL: Ich fühle das genauso –

STELLVERTRETER: Wobei ich gar nicht in Betracht ziehe, daß es geradezu eine Sünde wäre, einen so schönen Garten nicht hin und wieder zu benutzen! *Pause*. Ich bin absichtlich ein wenig früher gekommen –

BALTHASAR: Ist etwas geschehen?

STELLVERTRETER: Der Herr Professor wird Ihnen das selbst sagen. Ich wollte Sie nur schnell bitten, vernünftig zu sein, zu versuchen, ihn zu verstehen und ihm seine auch so schon recht schwierige Situation nicht zu komplizieren. Wir wissen doch alle, daß man nicht mit dem Kopf durch die Wand kann – warum also anderen und sich selbst das Leben schwermachen! Ich glaube, wir können froh sein, einen solchen Chef zu haben, ihn zu unterstützen bedeutet eigentlich, sich selbst zu unterstützen. Wir sollten uns klarmachen, daß es ihm im Grunde um eine gute Sache geht, im Grunde ist nicht einmal er selbst sein eigener Herr, und wir haben also keine andere Alternative, als zumindest das Minimum an unerläßlicher Selbstdisziplin aufzuwenden, damit er, unser Institut und also auch wir keine überflüssigen Probleme haben. Es geht im übrigen um nichts Ungewöhnliches: ein gewisses Maß an innerer Disziplin wird schließlich in der heutigen Welt überall und von jedem verlangt! Ich glaube, daß Sie mich verstehen und nicht von mir verlangen werden, Ihnen mehr zu sagen, als ich gesagt habe und sagen konnte. Wir sind doch erwachsene Menschen, oder?

STÖCKL: Ja –

STELLVERTRETER: Na, sehen Sie! Haben Sie schon Seife empfangen?

FAUSTKA: Heute werde ich sie verteilen –

STELLVERTRETER: Schön!

Durch die rechte Tür tritt der Chef im weißen Kittel ein. Lorenz, Stöckl und Faustka stehen sofort auf.

STÖCKL: Guten Morgen, Herr Professor –

CHEF: Ich grüße Sie, meine Freunde! Und setzen Sie sich bitte, Sie wissen doch, daß ich auf solche Formalitäten keinen Wert lege!

STELLVERTRETER: Genau das habe ich vorhin den Kollegen gesagt, Herr Professor!

Lorenz, Stöckl und Faustka setzen sich wieder hin. Der Chef betrachtet die Anwesenden eine Weile forschend, dann geht er zu Faustka und gibt ihm die Hand. Faustka steht überrascht auf.

CHEF *zu Faustka*: Wie haben Sie geschlafen?

FAUSTKA: Danke, gut –

CHEF: Haben Sie irgendwelche Probleme?

FAUSTKA: Eigentlich nicht –

Der Chef drückt Faustka freundschaftlich die Hand und wendet sich an die Anwesenden. Faustka setzt sich wieder hin.

CHEF: Was ist mit Wilma?

STELLVERTRETER: Sie hat angerufen, ihr Autobus hat eine Panne. Doch sie hat wohl schon ein Taxi aufgetrieben, so daß sie jeden Moment hier sein wird –

Durch die linke Tür kommt Margret mit einer Tasse Kaffee herein, reicht sie Faustka.

FAUSTKA: Danke –

MARGRET: Nichts zu danken –

Margret geht durch die linke Tür ab.

CHEF: Na, freuen Sie sich auf die Feier?

STÖCKL: Sehr, Herr Professor.

STELLVERTRETER: Ich habe, meine Freunde, in diesem Zusammenhang eine gute Nachricht: der Herr Professor hat versprochen, auch kurz vorbeizukommen –

LORENZ: Nur kurz?

CHEF: Das wird von den Umständen abhängen. *Zu Faustka:* Ich hoffe, Sie kommen auch –

FAUSTKA: Selbstverständlich, Herr Professor –

CHEF: Sehen Sie, liebe Kollegen, es hat keinen Sinn, die Sache unnötig in die Länge zu ziehen, jeder hat mit seiner eigenen Arbeit genug zu tun. Also zur Sache: wie Sie wohl schon wissen, mehren sich in der letzten Zeit Stimmen, daß unser Insti

tut seine Aufgabe nicht in der Weise erfülle, wie sie der entstandenen Situation entspräche –

BALTHASAR: Welcher Situation denn?

CHEF: Wir wollen doch nicht, Kollege Balthasar, Blindekuh
spielen! Oder sind nicht gerade wir es, die bestimmte Dinge
zuerst wissen und auch als erste darauf reagieren sollten? Dafür werden wir doch bezahlt! Aber lassen wir das. Es wird
immer nachdrücklicher von uns verlangt, in die Offensive zu
gehen, das heißt, mit umfangreicher publizistisch-populari-
sierender, Erziehungs- und aufklärerischer, Forschungs- und
individuell therapeutischer wissenschaftlicher Arbeit endlich
irgendwie dem entgegenzutreten –

STELLVERTRETER: Natürlich im Geiste wissenschaftlicher Weltanschauung –

CHEF: Das ist doch wohl selbstverständlich, nicht wahr?

STELLVERTRETER: Entschuldigen Sie, Herr Professor, doch leider existiert auch eine Wissenschaft, die nicht in der wissenschaftlichen Weltanschauung ihre Begründung hat –

CHEF: So etwas nenne ich nicht Wissenschaft! Wo war ich stehengeblieben?

STÖCKL: Sie hatten gesagt, wir sollten dem endlich irgendwie
entgegentreten –

CHEF: Und zwar bestimmten, bisher nur vereinzelten, nichtsde-
stoweniger aber alarmierenden Erscheinungen verschiedener
irrationalistischer Stimmungen, die hauptsächlich bei einem
gewissen Teil der jungen und heranwachsenden Generation
auf der Grundlage des unrichtigen –

*Durch die rechte Tür tritt der Sekretär ein, geht zum Chef und
flüstert ihm lange etwas ins Ohr. Der Chef wiegt ernsthaft den
Kopf. Nach längerer Zeit endet der Sekretär; der Chef nickt
noch einmal zustimmend. Der Sekretär geht durch die rechte
Tür ab.*

Kurze Pause.

Wo war ich stehengeblieben?

STÖCKL: Sie hatten gesagt, die irrationalistischen Stimmungen, denen wir entgegentreten sollen, und die aus dem unrichtigen –

CHEF: Verständnis der Komplexheit des Systems des Naturgeschehens und der historischen Dynamik der Zivilisationsprozesse erwachsen, aus denen einige Teilaspekte herausgerissen werden, um dann entweder im Geiste pseudowissenschaftlicher Theorien, oder –

STELLVERTRETER: Es steht fest, daß unter jungen Leuten einige Abschriften von C. G. Jung kursieren –

CHEF: Oder im Geiste der ganzen Skala mystischer Vorurteile, des Aberglaubens, obskurer Lehren und Praktiken interpretiert zu werden, wie sie einige Scharlatane, Psychopathen und intelligente Menschen verbreiten –

Durch die Hintertür stürzt außer Atem Wilma im Kleid und mit einem Beutel Orangen in der Hand herein.

WILMA: Entschuldigen Sie, Herr Professor, es tut mir schrecklich leid – doch stellen Sie sich vor, der Autobus, mit dem ich gefahren bin, hatte –

CHEF: Ich weiß, ich weiß, setzen Sie sich –

Wilma setzt sich auf die mit Wachstuch bezogene Liege, winkt Faustka zu und versucht, sich mit ihm über irgend etwas mit Gesten und Mimik zu verständigen.

Schauen Sie, liebe Kollegen, es hat keinen Sinn, die Sache unnötig in die Länge zu ziehen, jeder hat mit seiner eigenen Arbeit genug zu tun. Das Wesentliche der Situation und die Aufgaben, die daraus folgen, habe ich Ihnen bekanntgegeben, jetzt also liegt alles bei Ihnen. Ich möchte Sie nur bitten, vernünftig zu sein, bemühen Sie sich, mich zu begreifen und mir meine auch so schon ziemlich schwierige Situation nicht noch unnötig zu erschweren. Es geht schließlich um eine gute Sache! Wir leben doch wohl schließlich, Hergott noch einmal, in der Neuzeit?

STÖCKL: Das tun wir –

CHEF: Na, sehen Sie! Haben Sie schon Seife empfangen?

FAUSTKA: Heute werde ich sie verteilen –

Der Chef geht zu Faustka; Faustka steht auf; der Chef legt ihm die Hand auf die Schulter und schaut ihm eine Weile ernst ins Gesicht. Dann sagt er gerührt –

CHEF: Ich verlasse mich auf Sie, Heinrich –

FAUSTKA: Bezüglich der Seife?

CHEF: Was die Seife angeht und alles andere.

Der Vorhang fällt.

Ende des ersten Bildes

Zweites Bild

Auf der Bühne Faustkas Wohnung. Es ist ein kleines Junggesellenzimmer mit einer Tür rechts hinten. An den Wänden Bücherregale mit einer großen Menge Bücher; links ein Fenster und davor ein großer Schreibtisch mit vielen Papieren und weiteren Büchern, dahinter ein Stuhl; rechts ein niedriges Sofa. Neben ihm steht ein großer Globus und irgendwo am Bücherregal hängt eine Karte des Sternenhimmels. Wenn sich der Vorhang öffnet, kniet Faustka in der Mitte des Raums im Morgenmantel, um ihn herum stehen auf dem Fußboden vier brennende Kerzen, die fünfte hält er in der linken Hand, während er in der rechten Kreide hält, mit der er um sich und die stehenden Kerzen herum einen Kreis zieht. Neben ihm liegt ein großes älteres Buch. Im Raum herrscht Halbdunkel. Als Faustka den Kreis zu Ende gebracht hat, schaut er ins Buch und rätselt eine Zeitlang an etwas darin herum. Dann schüttelt er den Kopf und murmelt etwas. Da klopft es an die Tür. Faustka erschrickt, springt auf und ruft aus —

FAUSTKA *ruft*: Moment!
  Faustka macht schnell das elektrische Licht an, bläst alle Kerzen aus, legt sie eilig irgendwo hinter den Schreibtisch, schaut sich um, dann bemüht er sich, mit dem Fuß den Kreis auszuwischen, den er vorher auf den Boden gezeichnet hat.
HUBER *hinter der Bühne*: Ich bin's, Herr Doktor —
FAUSTKA *ruft*: Kommen Sie herein, Frau Huber —
  Die Huber tritt ein.
HUBER: Ist das aber vollgequalmt hier! Sie sollten mal lüften —
FAUSTKA: Ja, sofort — ist etwas passiert?
HUBER: Es ist Besuch für Sie da —

FAUSTKA: Für mich? Wer ist es?

HUBER: Ich weiß nicht, er hat sich nicht vorgestellt –

FAUSTKA: Ein Fremder also?

HUBER: Er war noch nicht hier – ich hab ihn jedenfalls nie gesehen –

FAUSTKA: Wie sieht er aus?

HUBER: Nun ja – wie soll ich das sagen – etwas unsolide – und vor allem –

FAUSTKA: Was denn?

HUBER: Es ist mir peinlich –

FAUSTKA: Sagen Sie es nur, Frau Huber!

HUBER: Ja, wissen Sie – er riecht –

FAUSTKA: Tatsächlich? Und wonach?

HUBER: Schwer zu sagen – ein wenig wie Quargel –

FAUSTKA: Schauen wir mal! Macht nichts, lassen Sie ihn herein –

Die Huber geht ab, die Tür läßt sie angelehnt.

HUBER *hinter der Bühne*: Bitte, mein Herr –

Fistula kommt herein. Er ist ein kleinerer, hinkender Mensch, fast ein Knirps, von ziemlich verdächtigem Aussehen, in der Hand hat er einen Papierbeutel und darin Pantoffel. Die Huber schaut noch hinter ihm her in das Zimmer, zuckt zu Faustka hin die Schultern und schließt die Tür. Fistula grinst dümmlich. Faustka schaut ihn überrascht an. Pause.

FAUSTKA: Guten Tag –

FISTULA: Habe die Ehre – *Pause. Fistula sieht sich interessiert um.* Sie haben es gemütlich hier, so ungefähr hab ich mir das vorgestellt. Solide Bücher – ein wertvoller Globus –, in allem eine gewisse Angemessenheit – nun ja, eine Waage läßt sich nicht verleugnen!

FAUSTKA: Ich weiß nicht, von was für einer Waage Sie sprechen. Vor allem aber weiß ich nicht, mit wem ich die Ehre habe –

FISTULA: Immer der Reihe nach. Kann ich mich setzen?

FAUSTKA: Bitte –

Fistula setzt sich auf das Sofa, zieht die Schuhe aus, holt die

Pantoffeln aus dem Beutel, zieht sie sich an, steckt die Schuhe
in den Beutel, den er dann auf das Sofa neben sich legt. Pause.

FISTULA: Ich nehme an, daß ich Sie nicht erst bitten muß, mit
niemandem über mich zu sprechen, in Ihrem und in meinem
Interesse.

FAUSTKA: Warum soll ich nicht über Sie sprechen?

FISTULA: Das werden Sie bald verstehen. Ich heiße Fistula. Wo
ich beschäftigt bin, ist nicht wichtig, ich habe übrigens gar
keine Dauerstellung und muß das auch nicht haben, ich bin
schließlich Invalide – *Fistula grinst dümmlich, als ob er einen*
Witz gemacht hätte.

FAUSTKA: Ich würde eher sagen, Sie arbeiten in einer Schwefel-
fabrik –

Fistula lacht auf, dann wird er plötzlich ernst.

FISTULA: Es handelt sich um einen unbekannten Fußpilz, er
macht mir arg zu schaffen, und ich tu dagegen, was ich kann,
auch wenn man da nicht viel machen kann –

Faustka setzt sich auf die Ecke des Schreibtischs und schaut
Fistula an. In seinem Blick fühlen wir ein Gemisch von Neu-
gier, Mißtrauen und Widerwillen. Längere Pause.

Sie fragen mich nicht, was ich hier will oder warum ich gekommen bin?

FAUSTKA: Ich gebe immer noch die Hoffnung nicht auf, daß Sie
selbst es mir sagen –

FISTULA: Dem steht selbstverständlich nichts entgegen, und so-
fern ich das bislang nicht getan habe, hatte das seinen Grund –

FAUSTKA: Und welchen?

FISTULA: Es interessierte mich, ob Sie es selbst erkennen würden –

FAUSTKA *gereizt*: Wie kann ich es denn erkennen, wenn ich Sie
zum erstenmal im Leben sehe! Übrigens habe ich weder Zeit
noch Lust, lange zu raten. Im Unterschied zu Ihnen habe ich
eine Stellung und muß bald gehen –

FISTULA: Zur Institutsfeier, nicht wahr? Da haben Sie noch
reichlich Zeit!

FAUSTKA: Woher wissen Sie, daß ich zur Institutsfeier gehe?

FISTULA: Und bevor ich kam, haben Sie sich auch nicht gerade wie ein Mensch benommen, der es eilig hat –

FAUSTKA: Von dem, was ich vor Ihrem Eintreffen getan habe, wissen Sie nichts –

FISTULA: Seien Sie mir nicht böse, aber davon, was ich weiß und was ich nicht weiß und wie ich das weiß, was ich weiß, darüber weiß ich entschieden mehr als Sie!

Fistula grinst dümmlich. Längere Pause. Dann steht Faustka auf, geht hinter seinen Tisch und wendet sich an Fistula.

FAUSTKA: Herr –

FISTULA: Fistula –

FAUSTKA: Herr Fistula, ich frage Sie ernsthaft, direkt und kurz, und erwarte von Ihnen eine ernsthafte, direkte und kurze Antwort: was wollen Sie?

Kurze Pause.

FISTULA: Sagt Ihnen der Name Marbuel etwas? Oder Loradiel? Oder Lafiel?

Faustka zuckt erschrocken zusammen, beherrscht sich jedoch gleich wieder, schaut Fistula einen Augenblick lang starr an und ruft dann –

FAUSTKA: Hinaus!

FISTULA: Wie bitte?

FAUSTKA: Ich sage: hinaus!

FISTULA: Wie? – Hinaus?

FAUSTKA: Verlassen Sie augenblicklich meine Wohnung und zeigen Sie sich hier nie wieder!

Fistula reibt sich zufrieden die Hände.

Haben Sie nicht gehört?

FISTULA: Ich habe gut gehört und freue mich über Ihre Reaktion, denn sie bestätigt mir eindeutig, daß ich an der richtigen Adresse bin –

FAUSTKA: Wie meinen Sie das?

FISTULA: Mit Ihrem Erschrecken haben Sie doch deutlich bestätigt, daß Sie sehr wohl das Gewicht meiner Kontakte kennen,

und das wiederum könnten Sie nicht kennen, wenn Sie sich
für die genannten Größen nicht auf diese oder jene Weise
schon früher interessiert hätten –

FAUSTKA: Die Namen sagen mir nichts, ich weiß überhaupt
nicht, wovon Sie sprechen, wobei die Plötzlichkeit meiner
Aufforderung an Sie zu gehen nur die Plötzlichkeit widerspie-
gelt, mit der ich Ihrer überdrüssig geworden bin. Daß dies
zeitlich mit der Nennung jener Namen zusammenfiel, war
rein zufällig! Nach dieser Erklärung kann ich also ohne die
Befürchtung, daß Sie das irgendwie falsch auslegen, wiederholen, was ich schon gesagt habe: verlassen Sie augenblicklich
meine Wohnung und zeigen Sie sich hier nie wieder!

FISTULA: Ihren ersten Wunsch – daß ich gehe – werde ich natürlich erfüllen, wenn auch wohl nicht sofort; ihren zweiten
Wunsch werde ich nicht erfüllen, wofür Sie mir später sehr
dankbar sein werden.

FAUSTKA: Sie haben mich nicht verstanden. Es ging nicht um
zwei voneinander unabhängige Wünsche, es ging überhaupt
nicht um einen Wunsch! Es war eindeutig eine Aufforderung –
und zwar eine einzige und unteilbare!

FISTULA: Ich nehme das zur Kenntnis. Zugleich allerdings füge
ich hinzu: die Schlagfertigkeit, mit der Sie Ihrer Aufforderung
einen zusätzlichen anderen Grund unterschoben haben, als
sie ursprünglich hatte, zusammen mit dem Umstand, daß Sie
es für nötig hielten, obwohl Sie meiner angeblich überdrüssig
waren, mich mit diesem zusätzlich unterschobenen Grund bekannt zu machen, und zwar auch um den Preis, daß Sie damit
mein erwünschtes Fortgehen verzögern, diese Schlagfertigkeit
ist für mich Beweis für eines: daß Ihre ursprüngliche Angst
vor mir als dem Vermittler jener Kontakte jetzt von der Angst
überdeckt wird, ich sei möglicherweise ein Provokateur. Sie
sollen also wissen, daß ich auch mit dieser Phase gerechnet
habe. Und darüber hinaus: wäre sie nicht eingetreten, wäre
ich sehr beunruhigt, würde das für verdächtig halten, hätte
mir die Frage gestellt, ob nicht umgekehrt Sie der Provokateur

seien. Jetzt aber zur Sache: es gibt selbstverständlich keine
Möglichkeit, Ihnen zu beweisen, daß ich kein Provokateur
bin: selbst wenn ich jetzt Ariel selbst herbeirufen würde, auch
das würde immer noch nicht die Möglichkeit ausschließen,
daß ich zugleich ein Provokateur bin. Sie haben also nur drei
Möglichkeiten: Zum ersten: mich für einen Provokateur zu
halten und auch weiterhin auf meinem augenblicklichen Weggehen zu bestehen. Zum zweiten: mich nicht für einen Provokateur zu halten und mir zu vertrauen. Zum dritten: in bezug
auf die Frage, ob ich ein Provokateur bin, keine Meinung zu
haben und deshalb eine abwartende Haltung einzunehmen,
das heißt, mich einerseits nicht hinauszuwerfen, doch auf der
anderen Seite vor mir nichts zu sagen, was ich, wäre ich ein
Provokateur, eventuell gegen Sie verwenden könnte. Ich emp-
fehle Ihnen die dritte Alternative –
Faustka geht gedankenvoll im Zimmer hin und her, schließ-
lich setzt er sich an seinen Tisch und schaut Fistula an.

FAUSTKA: Nun gut, ich akzeptiere sie, natürlich mit der Ergän-
zung, daß ich mich im Gespräch mit Ihnen in keiner Weise
kontrollieren oder beschränken muß, weil es bei mir nicht in
Frage kommt, daß ich mir etwas denken oder gar aussprechen
könnte, was irgendwie gegen mich verwendbar wäre –

FISTULA *ruft aus*: Hervorragend! *Klatscht begeistert.* Sie gefallen mir sehr! Wenn ich ein Provokateur wäre, müßte ich sagen, daß Sie die erste Falle ausgezeichnet umgangen haben!
Ihr Ausspruch ist für mich Zeichen Ihrer durchaus begründe-
ten Vorsicht, Intelligenz und Schlagfertigkeit, all das sind
Eigenschaften, die ich sehr begrüße, denn sie machen mir
Hoffnung, daß auch ich mich auf Sie verlassen kann und wir
gut zusammenarbeiten werden –
Pause.

FAUSTKA: Hören Sie, Herr –

FISTULA: Fistula –

FAUSTKA: Hören Sie, Herr Fistula, ich möchte Ihnen gern zwei
Dinge sagen. Das erste: für meinen Geschmack sprechen Sie

ziemlich redundant, und Sie sollten doch schneller zu dem
kommen, was Sie hierhergeführt hat und worüber Sie bisher
fast nichts gesagt haben, obwohl ich Sie schon vor einiger Zeit
um eine ernsthafte, direkte und kurze Antwort auf die Frage
gebeten habe, was Sie eigentlich wollen. Das zweite: es ist für
mich eine große Überraschung, wenn ich von Ihnen höre, daß
wir zusammenarbeiten sollen. Dazu gehören zwei –

FISTULA: Ihre Antwort hatte 84 Wörter. Im Verhältnis zu ihrem
semantischen Wert ist diese Anzahl nicht gerade klein und ich
an Ihrer Stelle würde niemandem so unbedingt Redundanz
vorwerfen –

FAUSTKA: Geschwätzigkeit ist bekanntermaßen ansteckend –

FISTULA: Ich hoffe, Sie werden sich mit der Zeit auch einige
meiner bedeutenderen Fertigkeiten aneignen –

FAUSTKA: Sie wollen mir sogar etwas beibringen?

FISTULA: Nicht nur beibringen –

FAUSTKA: Was denn noch, um Gottes willen?

FISTULA *schreit*: Den lassen Sie hier raus!

FAUSTKA: Was haben Sie also noch mit mir vor?

FISTULA *lächelt*: Sie einzuweihen –

Faustka steht energisch auf, schlägt auf den Tisch und ruft aus –

FAUSTKA: Jetzt reicht's! Ich bin Wissenschaftler, vertrete eine
wissenschaftliche Weltanschauung, habe eine verantwort-
liche Position in einem der exponiertesten Institute! Falls irgend jemand von mir in einer Weise sprechen wird, die man
begründetermaßen als Versuch zur Verbreitung von Aberglauben verstehen kann, werde ich gezwungen sein, in Übereinstimmung mit meinem wissenschaftlichen Gewissen zu
handeln!

*Fistula schaut Faustka einen Augenblick dumpf an, dann be-
ginnt er plötzlich wild zu lachen und im Zimmer umherzu-
springen. Plötzlich wird er still, bleibt stehen, beugt sich zum
Fußboden, umschreibt mit dem Finger langsam den Kreis,
den dort vorher Faustka aufgemalt hatte, worauf er auf-
springt und wieder loslacht. Dann geht er zum Schreibtisch,*

*ergreift eine der versteckten Kerzen, wedelt mit ihr in der Luft
und stellt sie unter Gelächter auf den Tisch. Faustka schaut
ihn entsetzt an. Dann wird Fistula ganz plötzlich ernst, geht
zum Sofa zurück, setzt sich und beginnt sachlich zu sprechen.*

FISTULA: Ich kenne Ihre Ansichten gut, Herr Doktor, ich weiß,
wie Sie Ihre Arbeit im Institut lieben, und ich entschuldige
mich für meinen dummen Scherz, überhaupt ist es an der Zeit,
das einleitende Höflichkeitsgeplänkel zu lassen. Wie heute
früh von Ihrem Chefarzt erneut betont wurde, ist es eine der
Aufgaben Ihres Instituts, gegen einige Erscheinungen des irra-
tionalen Mystizismus zu kämpfen, die immer noch hier und
dort auftauchen als eine Art von obskuren Personen aufrecht-
erhaltene Residuen vorwissenschaftlicher Ansichten primitiver Völker und dunkler historischer Epochen. Als Wissenschaftler wissen Sie dabei selbst am besten, daß Ihr Kampf um
so wirksamer sein wird, je besser Ihre Kenntnisse dessen sind,
wogegen Sie zu kämpfen haben. Sie haben eine ordentliche
Sammlung esoterischer Literatur zur Verfügung – fast alles
Wesentliche von Agrippa und Nostradamus bis Elifas Lévi
und Papus haben Sie –, doch ist Theorie nicht alles, und ich
bezweifle sehr, daß Sie nie das Bedürfnis gespürt haben sollten, in direkten Kontakt mit der magischen Praxis der Gegenwart zu kommen. Ich komme als Esoteriker zu Ihnen, der
einige Hundert erfolgreiche magische und theurgische Anru-
fungen hinter sich hat und der bereit ist, Sie mit einigen
Aspekten seiner Arbeit bekannt zu machen, um Ihnen die
Grundlage für Ihr wissenschaftliches Studium zu verschaffen.
Und sollten Sie sich die Frage stellen, welches Interesse ein
Hermetiker an den Erfolgen des Kampfs gegen den Hermetis-
mus haben kann, auch darauf kann ich Ihnen aufrichtig antworten: ich habe mich in einer Situation befunden, in der es
ohne eine gewisse Deckung nicht gut mit mir hätte enden
müssen. Ich biete Ihnen also mich selbst zum Studium an und
fordere dafür nichts anderes und nicht mehr, als daß Sie mir,
sollte es notwendig werden, bezeugen, daß ich mich der Wis-

senschaft zur Verfügung gestellt habe und daß es daher ungerecht wäre, mich für die Verbreitung von etwas zur Verantwortung zu ziehen, wogegen ich in Wirklichkeit zu kämpfen
helfe.

*Fistula schaut Faustka ernst an. Faustka denkt nach, dann
sagt er leise —*

FAUSTKA: Ich habe einen Vorschlag —

FISTULA: Ich höre —

FAUSTKA: Um die Verständigung zwischen uns zu beschleunigen, werde ich vorgeben, keine wissenschaftliche Weltanschauung zu haben und mich für bestimmte Dinge bloß aus
Neugierde zu interessieren —

FISTULA: Ich nehme Ihren Vorschlag an!

*Fistula tritt an Faustka heran und reicht ihm die Hand.
Faustka zögert einen Augenblick, dann gibt er Fistula die
Hand, der drückt sie. Faustka zieht gleich darauf seine Hand
erschrocken zurück.*

FAUSTKA *schreit*: Au! *Faustka seufzt vor Schmerz, reibt sich die
Hand und schwenkt sie durch die Luft.* Mann, Sie haben wohl
fünfzig Grad unter Null —

FISTULA *lacht*: So viel nicht —

*Faustka erholt sich endlich und setzt sich an seinen Tisch. Fi-
stula setzt sich ebenfalls, legt die Hände im Schoß zusammen
und schaut mit theatralisch-hündischer Ergebenheit Faustka
an. Längere Pause.*

FAUSTKA: Und nun? *Lange Pause.* Also, was ist? *Lange Pause.*
Was ist mit Ihnen? Haben Sie auf einmal die Sprache verloren?

FISTULA: Ich warte —

FAUSTKA: Worauf?

FISTULA: Auf Ihre Wünsche —

FAUSTKA: Verstehe ich nicht: welche Wünsche?

FISTULA: Kann ich Sie denn über meine Praxis anders informie-
ren, als daß Sie mir bestimmte Aufgaben geben — solche, deren
Erfüllung Sie selbst nachprüfen können — oder solche, um deren Erfüllung es Ihnen aus irgendwelchen Gründen geht?

FAUSTKA: Aha, ich verstehe. Und was für eine Art von Aufgaben sollte das – etwa – sein?

FISTULA: Sie wissen doch genug von diesen Dingen!

FAUSTKA: Na gut, aber trotzdem – im Angesicht einer praktischen Gelegenheit –

FISTULA: Macht nichts, ich werde Ihnen raten. Ich hätte eine Idee für so einen unschuldigen Anfang. Soweit ich weiß, gefällt Ihnen ein gewisses Mädchen –

FAUSTKA: Ich weiß nicht, wovon Sie sprechen –

FISTULA: Herr Doktor, nach allem, was wir hier miteinander gesprochen haben, müssen Sie doch zugestehen, daß ich hin und wieder von einem kleinen Geheimnis wissen kann –

FAUSTKA: Sollten Sie an die Sekretärin unseres Instituts denken, bestreite ich nicht, daß sie ein hübsches Mädchen ist, aber das heißt doch noch nicht –

FISTULA: Wie wäre es, wenn sie sich heute auf der Feier – unerwartet und selbstverständlich nur für kurze Zeit – verliebte? Das ginge doch, nicht wahr?

Faustka geht eine Weile nervös hin und her, dann dreht er sich energisch zu Fistula um.

FAUSTKA: Gehen Sie, bitte!

FISTULA: Ich? Warum?

FAUSTKA: Ich wiederhole: gehen Sie weg!

FISTULA: Fangen Sie wieder an? Ich dachte, wir hätten schon vereinbart –

FAUSTKA: Sie haben mich beleidigt –

FISTULA: Wieso? Womit?

FAUSTKA: So schlecht steht es nicht mit mir, daß mir zur Liebe die Magie helfen muß! Weder bin ich ein Schwächling, der nicht imstande ist, würdig das zu verschmerzen, was er durch eigenes Dazutun nicht erreichen konnte, noch ein Schuft, der fähig ist, seine Experimente an nichtsahnenden, unschuldigen Mädchen durchzuführen und dann noch selbst sinnlichen Gewinn dabei zu haben! Ich bin nicht irgendein Vintras oder so etwas, mein Herr!

FISTULA: Wer von uns weiß schon, wer er in Wirklichkeit ist! Aber darum geht es jetzt nicht. Sollte Sie mein gut gemeinter, unschuldiger und nur so aus dem Ärmel geschüttelter kleiner Einfall aus irgendeinem Grund beleidigt haben, entschuldige ich mich selbstverständlich bei Ihnen und nehme ihn zurück!

FAUSTKA: Und ich habe die Hauptsache nicht gesagt: ich habe eine ernsthafte Beziehung und bin meiner Freundin treu –

FISTULA: So wie sie Ihnen?

FAUSTKA *stutzt*: Wie meinen Sie das?

FISTULA: Lassen wir das –

FAUSTKA: Moment mal, zweideutige Anspielungen werden Sie sich nicht so ohne weiteres erlauben! Verleumdungen interessieren mich nicht und vorlautes Gerede habe ich nicht gern!

FISTULA: Es tut mir leid, etwas gesagt zu haben. Wenn Sie sich entschlossen haben, die Augen zu verschließen, ist das Ihre Sache –

Fistula greift in den Beutel und beginnt allmählich, die Schuhe zu wechseln. Faustka schaut ihn verlegen an. Pause.

FAUSTKA: Sie gehen? *Pause.* Ich bin ein wenig explodiert – *Pause. Fistula hat seine Schuhe angezogen, die Pantoffeln in den Beutel gesteckt, ist aufgestanden und geht gemächlich zur Tür.*

Was wird denn jetzt?

FISTULA *bleibt stehen und wendet sich um*: Wie – was wird?

FAUSTKA: Na ja, mit unserem Abkommen –

FISTULA: Was soll damit sein?

FAUSTKA: Gilt es?

FISTULA: Das liegt ganz bei Ihnen – *Fistula grinst.*

Der Vorhang fällt.

Ende des zweiten Bildes

Drittes Bild

Auf der Bühne der Institutsgarten. Es ist Nacht, der Garten ist von Lampions erleuchtet, die auf Drähten zwischen den Bäumen hängen. In der Bühnenmitte steht ein kleiner Altan; der Raum hinter ihm im Hintergrund dient als Tanzfläche. Vorn links steht eine Gartenbank, rechts ein Gartentisch mit verschiedenen Getränken und Gläsern. Das alles ist umgeben von Bäumen und Sträuchern, weshalb – und natürlich auch wegen des Dämmerlichts – der Tanz im Hintergrund nicht deutlich zu sehen ist und auch die Bewegungen der Personen im Garten sind nicht immer gut zu sehen; deutlich zu sehen ist nur das, was sich im Vordergrund abspielt. Wenn sich der Vorhang öffnet, wird die Musik leise und ihr Charakter ändert sich: schwach – wie aus der Ferne – erklingt jetzt kommerzielle Tanzmusik, die das ganze Bild untermalen wird. Im Altan sind der Verliebte und die Verliebte, die sich von dort das ganze Bild über nicht entfernen und sich die ganze Zeit lang umarmen, streicheln, küssen und sich etwas zuflüstern werden, wobei sie alles, was in der Umgebung geschieht, völlig ignorieren. Auf dem Parkett tanzt der Stellvertreter mit Petra und Stöckl mit der Lorenz als Paare und solo hopsen Wilma und der Chef umher. Beim Tisch steht Faustka und füllt zwei Gläser: auf der Bank sitzt Margret. Alle Personen sind in Abendanzug und langen Abendkleidern. Der Anfang des Bildes zeigt Faustka inmitten einer Erläuterung, die für Margret bestimmt ist, die gespannt zuhört. Während seiner Rede gießt Faustka die Getränke ein und geht damit langsam auf Margret zu.

FAUSTKA: Machen wir uns zum Beispiel klar, daß aus der unendlichen Anzahl möglicher Geschwindigkeiten die Ausbreitung
des Weltraums sich genau die einzige ausgewählt hat, die
es erlaubt, daß überhaupt ein solcher Weltraum entsteht,
wie wir ihn kennen, nämlich mit genügend Zeit und anderen Voraussetzungen für die Entstehung fester Körper, und
auf ihnen — oder zumindest auf einem von ihnen — für die
Entstehung von Leben! Ist das nicht ein bemerkenswerter Zufall?

MARGRET: Das ist außerordentlich seltsam!

*Faustka ist nun bei Margret angekommen, reicht ihr ein Glas,
setzt sich neben sie und beide trinken.*

FAUSTKA: Sehen Sie, und wenn Sie weiterforschen, stellen Sie fest,
daß Sie Ihre Existenz einer so unwahrscheinlichen Menge ähnlich unwahrscheinlicher Zufälle verdanken, daß es alle denk-
baren Grenzen der Wahrscheinlichkeit überschreitet. Das
kann doch nicht alles nur so von selbst kommen, sondern dahinter muß sich irgendein tieferer Wille des Seins, der Welt und
der Natur verbergen, der will, daß Sie sind, daß ich bin, daß
einfach das Leben ist und auf seinem uns bisher bekannten
Höhepunkt der menschliche Geist, der imstande ist, über das
alles nachzudenken! Oder wirkt es nicht tatsächlich so, als ob
der Kosmos sich geradezu vorgenommen hat, eines Tages sich
selbst mit unseren Augen zu sehen und die Fragen, die wir uns
hier gemeinsam stellen, sich durch unsere Münder zu stellen?

MARGRET: Ach ja, genauso wirkt das!

*Am Tisch erscheint Wilma, die inzwischen das Parkett verlas-
sen hat, und schenkt sich etwas ein.*

WILMA: Unterhaltet ihr euch gut?

FAUSTKA: Ich philosophiere hier ein bißchen mit Margret —

WILMA: Dann will ich euch nicht stören — *Wilma verschwindet
mit ihrem Glas. Nach einer Weile ist sie wieder beim Solotanz
im Hintergrund zu sehen.* Pause.

FAUSTKA: Oder eine andere Sache: die moderne Biologie weiß
schon lange, wenn auch die Gesetze des Überlebens, der Mu-

tation und ähnliche Dinge allerlei erklären, die Hauptsache erklären sie überhaupt nicht: warum das Leben eigentlich existiert und vor allem, warum es in dieser unendlichen Buntheit seiner häufig ganz dem Selbstzweck dienenden Erscheinungen existiert, als ob es sie nur gebe, damit das Sein uns seine Macht vorführen kann! Wem aber will es sie vorführen? Sich selbst? Haben Sie je darüber nachgedacht?

MARGRET: Ich gebe zu, auf diese Weise nicht – aber von jetzt an werde ich wohl immer so darüber nachdenken – Sie können das alles so schön darstellen –

Irgendwo von rechts ist Balthasar aufgetaucht, tritt an die Bank heran und verbeugt sich vor Margret.

BALTHASAR: Darf ich bitten?

MARGRET *verlegen*: Ja – sicher – *Margret schaut ein wenig fragend und ein wenig unglücklich auf Faustka und steht dann auf.*

FAUSTKA: Sie kommen noch einmal zurück, nicht wahr?

MARGRET: Selbstverständlich! Das interessiert mich alles so sehr –

Balthasar bietet Margret den Arm und verschwindet mit ihr, nach einer Weile ist er mit ihr im Hintergrund beim Tanz zu sehen. Faustka nippt gedankenverloren an seinem Glas. Nach einiger Zeit taucht von links, unter dem Strauch her, der Chef auf, der inzwischen das Parkett verlassen hat.

CHEF: Ein schöner Abend, nicht wahr?

Faustka erschrickt ein wenig, dann steht er schnell auf.

FAUSTKA: Ja – das Wetter meint es gut mit uns –

CHEF: Setzen Sie sich! Darf ich auch für eine Weile?

FAUSTKA: Selbstverständlich –

Beide setzen sich auf die Bank. Verlegene Pause. Dann nimmt der Chef Faustka unauffällig bei der Hand und schaut ihm tief in die Augen.

CHEF: Heinrich –

FAUSTKA: Ja?

CHEF: Was denken Sie eigentlich von mir?

FAUSTKA: Ich? Ja – wie soll ich das sagen – ich glaube, alle in unserem Institut sind froh, daß Sie an seiner Spitze stehen –

CHEF: Sie verstehen mich nicht. Mich interessiert, was konkret Sie von mir denken – von mir als Menschen – oder genauer: was Sie mir gegenüber fühlen –

FAUSTKA: Ich schätze Sie –

CHEF: Nicht mehr?

FAUSTKA: Ja, also – wie soll ich das sagen – das läßt sich nur schwer – nämlich – so

In dem Moment tauchen von rechts der Stellvertreter und Petra auf, die in der Zwischenzeit das Parkett verlassen haben, sie halten sich bei der Hand. Als der Chef sie sieht, läßt er Faustkas Hand los. Faustka ist sichtlich erleichtert.

STELLVERTRETER: Hier sind Sie, Herr Professor! Wir suchen Sie schon eine ganze Weile –

CHEF: Ist etwas geschehen?

Faustka nutzt die Situation, steht unauffällig auf und verschwindet schnell.

STELLVERTRETER: Nichts Besonderes. Nur Petra hier hat eine Bitte an Sie, aber sie schämt sich ein wenig, sie auszusprechen –

CHEF: Was für eine Bitte?

STELLVERTRETER: Ob sie nicht mit Ihnen tanzen könnte –

CHEF: Ich kann Damen nicht führen, ich würde ihr nur auf dem Rock herumtrampeln. Hier sind doch so viele bessere Tänzer –

STELLVERTRETER: In dem Fall lassen Sie sich wenigstens von uns zum Teich einladen, Kollege Stöckl hat dort ein wunderschönes Unterwasser-Lichtspiel aufgebaut –

Der Chef steht verärgert auf und geht mit dem Stellvertreter und Petra irgendwo rechts ab. Links erscheinen zugleich Stöckl und die Lorenz, die inzwischen das Parkett verlassen haben. Sie gehen auf den Tisch zu.

STÖCKL: Hast du schon mein Unterwasser-Lichtspiel gesehen?

LORENZ: Du stellst dich blöd an, Willi –

STÖCKL: Wieso blöd?

*Sie sind am Tisch angekommen, und Stöckl füllt zwei Gläser,
eines reicht er der Lorenz, beide trinken.*

LORENZ: Du bist so unmöglich kriecherisch, daß du den beiden
Blödianen bald auf die Nerven gehst, im Institut werden sie
nur noch über dich lachen und dir das Allerschlechteste wünschen –

STÖCKL: Vielleicht stell ich mich wirklich blöd an, aber das ist
immer noch besser als Desinteresse vorzutäuschen und ihnen
dabei alles zu hinterbringen!

LORENZ: Du meinst Balthasar?

STÖCKL: Wer hat zum Beispiel als erster angefangen, davon zu
reden, daß Faustka sich für Magie interessiert? Wenn sie davon erfahren, dann ist das Balthasars Verdienst!

LORENZ: Wir haben uns doch schließlich alle darüber unterhalten! Du tust ihm Unrecht und dich entschuldigt nur, daß du es
aus Eifersucht tust –

STÖCKL: Du mußt dich natürlich für ihn einsetzen!

LORENZ: Fängst du schon wieder an?

STÖCKL: Linda, gib mir dein Ehrenwort, daß du nichts mit ihm
hattest!

LORENZ: Ehrenwort! Gehen wir tanzen?

*Stöckl und die Lorenz stellen die Gläser auf dem Tisch ab und
gehen irgendwo nach rechts, nach einer Weile sind sie im Hintergrund beim Tanz zu sehen. Von links sind inzwischen Balthasar und Margret gekommen. Margret setzt sich auf die
Bank, Balthasar bleibt in der Nähe stehen. Von links, unmittelbar hinter der Bank, taucht unter dem Strauch Faustka auf
und setzt sich neben Margret.*

Verlegene Pause.

BALTHASAR: In Ordnung, ich will nicht stören –

*Balthasar verschwindet, nach einer Weile ist er im Hinter-
grund beim Tanz mit der Lorenz zu sehen, die er offenbar von
Stöckl übernommen hat. Auf dem Parkett sind mittlerweile
auch der Stellvertreter und Petra erschienen, sie tanzen zusammen, und der Chef, der wiederum allein tanzt. Kurze Pause.*

MARGRET: Erzählen Sie noch etwas! Mit jedem Wort öffnen Sie
mir die Augen, ich verstehe nicht, wie ich so blind sein konnte
– so oberflächlich –

FAUSTKA: Ich werde zur Abwechslung – wenn Sie erlauben –
vom anderen Ende anfangen: ist Ihnen einmal eingefallen,
daß wir auch die einfachste sittliche Tat, die nicht durch
Zweckrücksichten zu erklären ist, überhaupt nicht begreifen
könnten, ja, darüber hinaus müßte sie uns als vollkommen
absurd erscheinen, wenn wir nicht zugeben würden, daß irgendwo in ihrem Innersten die Voraussetzung von etwas über
uns verborgen ist, einer absoluten, allwissenden und unend-
lich gerechten Instanz oder sittlichen Autorität, durch die und
in der all unser Tun irgendwie rätselhaft bewertet wird und
durch deren Vermittlung jeder von uns ständig mit der Ewig-
keit verbunden ist?

MARGRET: Ja, ja, genauso habe ich immer gefühlt! Nur konnte
ich mir das nicht klarmachen, geschweige denn so schön ausdrücken!

FAUSTKA: Sehen Sie! Um so tragischer ist es, daß der moderne
Mensch alles in sich unterdrückt, was irgendwie über ihn hin-
ausgeht, und daß er die Vorstellung verlacht, es könne überhaupt etwas über ihm sein und sein Leben habe einen höheren
Sinn! Zur höchsten Autorität erklärte er sich selbst, um dann
mit Schrecken zu beobachten, wohin unter dieser Autorität
die Welt treibt!

MARGRET: Wie klar und einfach das ist! Ich bewundere Sie, wie
Sie über das alles so – wie soll ich das sagen – so –, na eben
eigenständig nachdenken können – anders, als normalerweise
darüber gesprochen wird –, und wie tief Sie all diese Dinge
auffas sen! Ich glaube, diesen Abend werde ich nie vergessen!
Ich habe das Gefühl, neben Ihnen mit jeder Minute zu einem
neuen Menschen zu werden – seien Sie nicht böse, wenn ich
das so deutlich sage, aber es ist, als ob von Ihnen etwas aus-
strahlte, was – ich begreife nicht, wie ich so gleichgültig neben
Ihnen hergehen konnte –, ich habe so etwas eben einfach noch
nie gespürt –

Irgendwo von rechts taucht Stöckl auf, tritt an die Bank heran und verneigt sich vor Margret.

STÖCKL: Darf ich bitten?

MARGRET: Verzeihen Sie, aber ich –

STÖCKL: Kommen Sie, Margret, wir haben noch gar nicht miteinander getanzt!

Margret schaut Faustka unglücklich an; der zuckt nur verlegen mit den Schultern. Margret steht also auf.

MARGRET *zu Faustka*: Sie warten hier, nicht wahr?

FAUSTKA: Das wissen Sie doch, ich warte –

Stöckl bietet Margret den Arm und verschwindet mit ihr, nach einer Weile sind sie im Hintergrund beim Tanz zu sehen. Faustka nippt gedankenverloren an seinem Glas.

Kurz darauf taucht von links, dicht hinter der Bank, unter dem Strauch her der Chef auf, der inzwischen das Parkett verlassen hat.

CHEF: Wieder allein?

Faustka erschrickt ein wenig, steht dann schnell auf.

Bleiben Sie sitzen, Heinrich –

Faustka setzt sich wieder; der Chef setzt sich neben ihn. Kurze Pause.

Spüren Sie den Duft? Akazien – Kresse –

FAUSTKA: In Düften kenne ich mich nicht besonders aus –

Verlegene Pause. Dann nimmt der Chef Faustka wieder unauffällig bei der Hand und schaut ihm tief in die Augen.

CHEF: Heinrich –

FAUSTKA: Ja?

CHEF: Möchten Sie mein Vertreter werden?

FAUSTKA: Ich?

CHEF: Ich könnte das durchsetzen –

FAUSTKA: Sie haben doch schon einen Vertreter –

CHEF: Wenn Sie wüßten, wie der mich ankotzt!

In dem Moment tritt von rechts der Sekretär auf, geht zum Chef, neigt sich zu ihm hinab und flüstert ihm lange etwas ins Ohr. Der Chef nickt ernst mit dem Kopf. Nach längerer Zeit endet der Sekretär; der Chefarzt nickt noch einmal zustimmend; der Sekretär geht rechts ab. Der Chef, der während des Flüsterns des Sekretärs Faustkas Hand nicht losgelassen hat, wendet sich Faustka zu und schaut ihm längere Zeit starr in die Augen.

Heinrich –

FAUSTKA: Ja?

CHEF: Könnten Sie nicht nach der Feier noch auf einen Augenblick zu mir kommen? Oder wenn Sie nicht bis zum Schluß hier bleiben wollen, können wir auch zusammen unauffällig verschwinden. Ich habe selbstgebrannten Kirschschnaps zu Hause, ich könnte Ihnen meine Miniaturensammlung zeigen, wir könnten in Ruhe miteinander plaudern, und wenn es länger dauern sollte und Sie in der Nacht nicht mehr nach Hause wollen, könnten Sie ruhig bei mir übernachten! Sie wissen doch, daß ich mutterseelenallein lebe, außerdem ist es nur ein paar Schritte von unserem Institut, am Morgen wäre es also um so einfacher für Sie – was sagen Sie dazu?

FAUSTKA: Ihre Einladung freut mich sehr, Herr Professor – aber ich habe schon versprochen, daß ich komme –

CHEF: Wem? Wilma?

Faustka nickt. Der Chef schaut ihm einen Augenblick von nahem in das Gesicht, dann schleudert er plötzlich aufgebracht seine Hand fort, steht energisch auf, geht zum Tisch hinüber, gießt sich ein Glas ein und trinkt es schnell aus. Faustka bleibt verlegen auf der Bank sitzen; von links tauchen der Stellvertreter und Petra auf, die inzwischen das Parkett verlassen haben, sie halten sich an der Hand und gehen auf den Chef zu.

STELLVERTRETER: Hier sind Sie! Wir haben Sie überall gesucht –

CHEF: Ist etwas geschehen?

STELLVERTRETER: Nichts Besonderes. Ich und Petra wollten Sie nur fragen, was Sie nach der Feier vorhaben. Wir würden es uns nämlich zur Ehre anrechnen, wenn Sie unsere Einladung zu einem kleinen Drink vor dem Schlafengehen annehmen würden. Sie können selbstverständlich auch bei uns übernachten, natürlich nur, wenn Sie wollen –

CHEF: Ich bin müde und muß nach Hause. Machen Sie's gut – *Der Chef geht entschlossen rechts ab. Der Stellvertreter schaut ihm verlegen nach, dann verschwindet er ein bißchen verdrossen mit Petra links. Nach einer Weile kann man ihn im Hintergrund beim Tanz sehen. Rechts beim Tisch erscheinen zugleich Balthasar und die Lorenz, die inzwischen das Parkett verlassen haben.*

BALTHASAR: Ich hab ja schon so manches erlebt, aber daß sich ein akademisch gebildeter Mensch die Gunst dümmlicher Vorgesetzter mit solchen Gaukeleien erschleichen will wie es diese Glühbirnen im Teich sind, das hab ich im Leben noch nicht gesehen!
Balthasar füllt zwei Gläser, eines reicht er der Lorenz. Beide trinken.

LORENZ: Es ist immer noch besser, sich mit einem Teich einschmeicheln zu wollen, als Desinteresse vorzutäuschen und ihnen alles zu hinterbringen!

BALTHASAR: Du mußt dich natürlich für ihn einsetzen!

LORENZ: Fängst du wieder an?

BALTHASAR: Linda, gib mir dein Ehrenwort, daß du mit ihm nichts hattest?

LORENZ: Ehrenwort! Gehen wir tanzen?
Balthasar und die Lorenz stellen die Gläser auf dem Tisch ab und gehen irgendwo links ab, nach einer Weile sind sie im Hintergrund beim Tanz zu sehen. Von rechts sind inzwischen Stöckl und Margret gekommen. Margret setzt sich auf die Bank neben Faustka. Stöckl bleibt in der Nähe stehen. Verlegene Pause.

STÖCKL: In Ordnung, ich will nicht stören –
Stöckl verschwindet, nach einer Weile ist er im Hintergrund beim Tanz mit der Lorenz zu sehen, die er offenbar beim Rundtanz von Balthasar übernommen hat.

FAUSTKA: Wenn der Mensch Gott aus seinem Herzen vertreibt,

öffnet er es für den Teufel. Oder ist etwa das große Werk des Verderbens, einschließlich der immer stumpfsinnigeren Willkür der Mächtigen und der immer stumpfsinnigeren Ergebenheit der Machtlosen, betrieben in der heutigen Welt unter der Flagge der Wissenschaft – deren ein wenig groteske Fahnenträger im übrigen auch wir sind – nicht ein wirklich teuflisches Werk? Der Teufel ist bekanntlich ein Meister der Verstellung. Und kann man sich für ihn eine scharfsinnigere Verkleidung vorstellen, als sie ihm der neuzeitliche Unglaube bietet? Er muß doch den dankbarsten Manövrierraum notwendigerweise dort finden, wo man an ihn zu glauben aufgehört hat! Entschuldigen Sie meine Offenheit, Margret, aber ich kann das alles in mir nicht mehr länger unterdrücken! Und wem sonst kann ich mich hier anvertrauen als Ihnen?

Margret wirft ihr Glas ins Gebüsch, ergreift erregt Faustkas Hand und ruft –

MARGRET: Ich liebe dich!

FAUSTKA: Nein!

MARGRET: Ja, und auf immer!

FAUSTKA: Ach, du Unglückliche! Ich wäre dein Untergang!

MARGRET: Lieber den Untergang mit dir und in der Wahrheit, als ein Leben ohne dich und in der Lüge!

Margret umarmt Faustka und beginnt ihn leidenschaftlich zu küssen. Am Tisch erscheint Wilma, die inzwischen das Parkett verlassen hat. Einen Augenblick schaut sie auf das küssende Paar, dann sagt sie mit eisiger Stimme –

WILMA: Unterhaltet ich euch gut?

Faustka und Margret reißen sich sofort los und schauen erschreckt zu Wilma auf.

Der Vorhang fällt.

Ende des dritten Bildes

Viertes Bild

Auf der Bühne Wilmas Wohnung. Das Boudoir einer Dame, mit Antik-Möbeln eingerichtet. Hinten eine Tür; links ein großes Bett mit Baldachin; rechts zwei Sesselchen, ein großer venezianischer Spiegel und ein Toilettentisch mit einer Menge Parfums. Überall sind alle möglichen Damenkleidungs- und Schmuckstücke verteilt, ordentlich neben dem Bett zusammengelegt ist nur Faustkas Abendanzug. Alles ist hier farblich aufeinander abgestimmt, rosa und violett herrschen vor. Wenn sich der Vorhang öffnet, sitzt Faustka in Unterwäsche am Bettrand und Wilma in einer Spitzenkombination am Toilettentisch, also mit dem Gesicht zum Spiegel und dem Rücken zu Faustka, der seine Haare kämmt. Kurze Pause.

FAUSTKA: Wann war er zuletzt hier?

WILMA: Wer?

FAUSTKA: Frag nicht so blöd!

WILMA: Du meinst den Tänzer? Vor einer Woche etwa –

FAUSTKA: Hast du ihn hereingelassen?

WILMA: Er hat mir nur Veilchen gebracht – ich habe ihm gesagt, ich hätte keine Zeit, ich müsse zu dir –

FAUSTKA: Ich habe gefragt, ob du ihn hereingelassen hast –

WILMA: Ich weiß nicht mehr – vielleicht war er einen Moment hier –

FAUSTKA: Also habt ich euch geküßt!

WILMA: Ich habe ihm für die Veilchen einen Kuß auf die Wange gegeben, das ist alles –

FAUSTKA: Wilma, ich bitte dich inständig, mach keinen Narren aus mir! Der würde sich sicher mit 'nem Kuß auf die Wange zufriedengeben – wenn er schon einmal drinnen war! Er hat zumindest versucht, mit dir zu tanzen –

WILMA: Heinrich, laß das, ich bitte dich! Kannst du dich nicht über etwas Interessanteres unterhalten?

FAUSTKA: Hat er es versucht oder nicht?

WILMA: Wenn du es wissen willst, ja, er hat! Und weiter sage ich kein Wort. Ich lehne es einfach ab, mich mit dir auf diesem Niveau zu unterhalten, denn es ist peinlich, unwürdig, beleidigend und lächerlich. Du weißt doch, daß ich dich liebe, daß dich kein Tänzer bedrohen kann, also mach dich nicht mit diesen ewigen Verhören lächerlich! Ich frage dich schließlich auch nicht nach Details – und ich hätte weit mehr Gründe dafür!

FAUSTKA: Du lehnst es also ab, etwas zu sagen? Dann ist natürlich alles klar –

WILMA: Ich habe dir doch schon so oft gesagt, daß ich ihn nicht aufsuche, mir liegt nichts an ihm, ich tanze nicht mit ihm – also was soll ich denn, zum Donnerwetter, noch tun?

FAUSTKA: Er schwirrt dauernd um dich herum, schmeichelt dir, würde andauernd mit dir tanzen – und dir tut das wohl! Wenn dir das nicht angenehm wäre, hättest du schon längst Schluß damit gemacht –

WILMA: Ich bestreite nicht, daß es mir angenehm ist, jeder Frau wäre so etwas angenehm! Seine Ausdauer rührt mich und überhaupt die Art, wie er nicht aufgibt, auch wenn er wohl weiß, daß er keine Chance hat. Wärst du zum Beispiel imstande – und das auch in einer noch so hoffnungslosen Situation –, in der Nacht von Gott weiß wo hierher zu fahren, nur um mir ein paar Veilchen zu überreichen?

FAUSTKA: Ausdauernd ist er nur, weil du ihn genauso ablehnst, daß die Hoffnung in ihm immer wieder neu hervorgerufen wird, und weil du ihm in genau dem Maße widerstehst, das sein Sehnen immer weiter steigert. Wenn du vor seinen Hoffnungen wirklich ernsthaft die Tür zuschlügst, würde er hier nicht wieder auftauchen. Aber du tust das nicht, weil es dir Spaß macht, mit ihm zu spielen wie die Katze mit der Maus! Du bist eine Hure!

WILMA: Hast du dich entschlossen, mich zu beleidigen?

FAUSTKA: Wie lange habt ihr zusammen getanzt?

WILMA: Jetzt reicht's, Heinrich, du fängst an, geschmacklos zu werden. Daß du wunderlich bist, weiß ich längst, aber daß du auch derart bösartig sein kannst, das hab ich wirklich nicht geahnt. Wo kommt auf einmal deine pathologische Eifersucht her? Diese Gefühllosigkeit, Taktlosigkeit, Kleinlichkeit, Rachsucht? Wenn es dafür wenigstens einen sachlichen Grund gäbe –

FAUSTKA: Du willst also weiter herumhuren?

WILMA: Du hast es gerade nötig, so mit mir zu sprechen! Den ganzen Abend knutschst du dieses Mädchen ab, allen ist es peinlich, ich gehe umher wie ein begossener Pudel, überall nur mitleidige Blicke – und du willst mir hier Vorwürfe machen! Du mir! Selber tust du, was dir in den Sinn kommt, ich muß alles still ertragen – und schließlich machst du mir hier noch Szenen wegen irgendeines verrückten Tänzers! Begreifst du, wie absurd das ist? Machst du dir klar, was das für eine Ungerechtigkeit ist? Begreifst du überhaupt, wie egoistisch du bist?

FAUSTKA: Also, zuerst einmal: ich knutsche niemanden ab und fordere dich auf, derartige Wörter nicht zu benutzen, besonders wenn du von einem so reinen Geschöpf sprichst wie Margret es ist. Zum zweiten: wir sprechen jetzt nicht von mir, sondern von dir, also sei so gut und lenke nicht ab! Hin und wieder kommt mir der Gedanke, dahinter verberge sich irgendein abartiger Plan: zuerst erweckst du in mir Gefühle für das Leben, von denen ich dachte, sie seien schon lange in mir erstorben, und dann – wenn du mich so um meinen bekannten Überblick gebracht hast – fängst du an, zuerst unauffällig um mein Herz eine Schnur von Verrat zu binden und sie später immer schmerzhafter zusammenzuziehen. Besonders hinterhältig deswegen, weil sie aus vielen Fäden scheinbar tänzerischer Unschuld gewebt ist! Aber ich lasse mich nicht länger auf die Folter spannen! Entweder tu ich mir etwas an – oder ihm – oder dir – oder allen!

Wilma legt den Kamm beiseite, steht auf, beginnt zu klatschen und geht lächelnd zu Faustka. Faustka beginnt auch zu lächeln, steht auf und geht Wilma entgegen.

WILMA: Du wirst von Tag zu Tag besser –

FAUSTKA: Du warst aber auch nicht schlecht –

Faustka und Wilma umarmen sich zärtlich, küssen sich, dann gehen sie gemeinsam allmählich zum Bett. Sie setzen sich in ihm bequem nebeneinander, lehnen sich an die Kissen und decken ihre Beine mit der Bettdecke zu. Faustka zündet sich und Wilma eine Zigarette an. Die längere Pause unterbricht endlich Wilma.

WILMA: Heinrich –

FAUSTKA: Hmm –

WILMA: Geht dir das nicht schon manchmal ein wenig auf die Nerven?

FAUSTKA: Was?

WILMA: Na ja, daß ich dich dauernd zu diesen Etüden zwinge –

FAUSTKA: Ziemlich lang ist es mir lästig gewesen –

WILMA: Und jetzt?

FAUSTKA: Jetzt aber bekomme ich allmählich Angst davor –

WILMA: Angst? Warum Angst?

FAUSTKA: Ich habe das Gefühl, als ob ich anfinge, mich zu sehr in all das hineinzuversetzen –

WILMA *ruft aus*: Heinrich! Du fängst doch wohl nicht an, tatsächlich eifersüchtig zu werden? Auf einen solchen Erfolg hatte ich nicht im Traum gehofft! Ich hatte mich damit abgefunden, von dir keine andere als die gespielte Eifersucht zu erwarten –

FAUSTKA: Sei mir nicht böse, aber ich teile deine Begeisterung nicht –

WILMA: Ich begreife nicht, wovor du dich fürchtest!

FAUSTKA: Vor mir selbst!

WILMA: Ich bitte dich!

FAUSTKA: Unterschätze das nicht, Wilma. Irgend etwas geschieht mit mir – ich spüre, daß ich zu allerlei fähig wäre, was mir immer fremd war –, als ob in mir auf einmal etwas Dunkles aus dem verborgenen an die Oberfläche gekommen wäre –

WILMA: Nur keine Panik! In dir wird ein wenig gesunde Eifersucht wach – und schon verlierst du die Fassung! Dir fehlt nichts, vielleicht bist du ein wenig aufgeregt wegen deiner Situation im Institut, besonders nach dem unglücklichen Vorfall mit dem Chef heute abend – das steckt natürlich in dir, auch wenn du dir das selbst nicht zugibst –, im Unterbewußtsein arbeitet das – es sucht sich irgendwelche Ersatzventile –, und du siehst dann Gespenster auch dort, wo keine sind –

FAUSTKA: Wenn es doch nur das wäre –
Pause.

WILMA: Glaubst du, er wird dich vernichten?

FAUSTKA: Mit Sicherheit wird er es versuchen. Die Frage ist, ob er genug Macht dazu hat –

WILMA: Macht hat er doch, soviel er will – zumindest was uns betrifft –

FAUSTKA: Es gibt noch andere Arten von Macht als die, über die er disponiert –
Wilma richtet sich entsetzt auf und kniet sich auf ein Kissen Faustka gegenüber.

WILMA: Das meinst du ernst?

FAUSTKA: Hm –

WILMA: Jetzt erschreckst du mich! Versprich mir, daß du nicht mit dem Feuer spielen wirst!

FAUSTKA: Und wenn ich es dir nicht verspreche?

WILMA: Ich habe es gleich gesagt, diesen Invaliden war uns der Teufel schuldig! Er hat dir den Kopf verdreht! Du wärst wirklich imstande, mit dem etwas anzufangen?

FAUSTKA: Warum nicht?

WILMA: Das ist fürchterlich!

FAUSTKA: Wenigstens siehst du jetzt, daß ich vorhin nicht nur so in den Wind gesprochen habe –
In dem Moment ertönt die Klingel. Wilma schreit vor Entsetzen auf und rollt sich blitzartig unter der Bettdecke ein.

Faustka lächelt, steht ruhig auf und geht so, wie er ist, also nur in der Unterhose, zur Tür und öffnet sie entschlossen. Dort steht der Tänzer mit einem Veilchenstrauß, den er hinter dem Rücken hält.

TÄNZER: Guten Abend. Ist Wilma zu Hause?

FAUSTKA: Warum?

TÄNZER *zeigt den Strauß*: Ich wollte ihr nur etwas überreichen —

FAUSTKA *ruft in Richtung Bett*: Wilma, hier ist Besuch für dich —
Wilma kriecht aus dem Bett, ist ein wenig verwirrt, kann in der Eile nichts finden, womit sie sich bedecken könnte, geht also schließlich nur in der Kombination zur Tür. Faustka tritt zur Seite, entfernt sich aber nicht.

WILMA *verlegen zum Tänzer*: Du bist das?

TÄNZER: Entschuldige, daß ich dich so spät störe — wir waren auf Tournee — ich wollte dir nur die — hier —
Der Tänzer überreicht Wilma die Veilchen. Wilma nimmt sie und riecht daran.

WILMA: Ich danke dir —

TÄNZER: Also ich geh dann wieder — ich bitte nochmals um Entschuldigung, wenn ich irgendwie gestört habe —

WILMA: Adieu —
Der Tänzer geht ab. Wilma schließt die Tür, lächelt Faustka unsicher an, legt die Veilchen irgendwohin, geht zu Faustka, umarmt ihn und küßt ihn zärtlich auf die Stirn, den Mund und das Gesicht. Faustka steht unbeweglich und schaut kalt vor sich hin.
Ich liebe dich —
Faustka rührt sich nicht. Wilma küßt ihn immer noch. Nach einer Weile schlägt ihr Faustka brutal ins Gesicht. Wilma fällt zu Boden. Faustka tritt sie.

Der Vorhang fällt.

Ende des vierten Bildes

Fünftes Bild

Auf der Bühne derselbe Raum des Instituts, in dem das erste Bild spielte. Wenn sich der Vorhang öffnet, ist niemand da, gleich darauf jedoch treten durch die hintere Tür Faustka und Wilma ein. Faustka trägt den Abendanzug, mit dem er am Tag vorher auf der Feier war; Wilma trägt einen weißen Mantel und hat unter dem Auge einen großen blauen Fleck. Beide wirken glücklich.

WILMA: Wir sind doch wohl nicht die ersten!

FAUSTKA: Ist dir aufgefallen, daß du nur dann pünktlich zur Arbeit kommst, wenn ich bei dir schlafe?

WILMA: Du übertreibst –

Faustka setzt sich an den Schreibtisch und ordnet auf ihm Papiere. Wilma setzt sich auf die mit Wachstuch bezogene Liege. Ruft: Margret –

Durch die linke Tür tritt Margret im Bürokittel ein. Als sie Faustka erblickt, bleibt sie plötzlich stehen und senkt den Blick.

Könnten sie uns zwei Kaffee machen? Etwas stärker, wenn es geht –

MARGRET: Ja – sicher –

Margret geht ein wenig nervös zur linken Tür zurück, schaut verstohlen auf Faustka. Der schaut von seinen Papieren auf und lächelt sie jovial an.

FAUSTKA: Na, wie haben Sie geschlafen?

MARGRET *stottert*: Danke – gut – das heißt – eigentlich nicht – mir sind so viele Gedanken durch den Kopf gegangen – *Margret rennt ein wenig verwirrt durch die linke Tür davon.*

WILMA: Ich glaube, du hast dem armen Kind gestern ein wenig den Kopf verdreht –

FAUSTKA: Sie wird schon darüber hinwegkommen –
Pause.

WILMA: Heinrich –

FAUSTKA: Ja, mein Goldschatz?

WILMA: So schön haben wir uns schon lange nicht mehr geliebt, nicht wahr?

FAUSTKA: Hmm –
Durch die hintere Tür treten die Lorenz im Straßenkleid, Stöckl ebenfalls im Straßenanzug und Balthasar im weißen Kittel ein.

STÖCKL: Ihr seid schon hier?

WILMA: Da schaust du, was?
Die Lorenz und Stöckl setzen sich auf ihre Plätze auf der Bank. Balthasar lehnt sich an das Bücherregal.

LORENZ *betrachtet Wilmas Gesicht*: Was ist das, um Gottes willen?

WILMA: Du weißt schon, die Leidenschaft –
Durch die linke Tür tritt Margret mit zwei Tassen Kaffee auf einem Tablett ein, eine gibt sie Wilma, die andere stellt sie mit ein wenig zittriger Hand vor Faustka.

FAUSTKA: Danke –

LORENZ: Uns auch, Margret –

MARGRET: Ja, Frau Doktor –
Margret geht schnell durch die linke Tür ab. Durch die rechte Tür kommen der Stellvertreter im weißen Kittel und Petra im Straßenkleid, sie halten sich an der Hand. Alle stehen auf.

STÖCKL: Guten Morgen, Herr Stellvertreter –

STELLVERTRETER: Seien Sie gegrüßt, meine Freunde! Ich sehe, daß Sie heute schon vollzählig sind, das ist hervorragend, gerade heute hätte ich das am wenigsten erwartet –
Alle setzen sich wieder.
Ich glaube, der Abend gestern war wirklich gelungen. Der Dank dafür gebührt Ihnen allen. Eine spezielle Anerkennung allerdings muß ich dem Kollegen Stöckl hier aussprechen für seine Unterwasser-Lichteffekte –

STÖCKL: Das ist nicht der Rede wert –

STELLVERTRETER: Es hat keinen Sinn, lange um den heißen Brei herumzugehen –

BALTHASAR: Ist etwas passiert?

STELLVERTRETER: Der Herr Professor wird es Ihnen selbst sagen. Ich möchte hier nur gern an alle appellieren, bestimmte Dinge so zu verstehen, wie sie sind, uns so entgegenzukommen, wie wir Ihnen entgegenkommen, und vor allem einen kühlen Kopf zu bewahren, ein flammendes Herz und reine Hände. Es gibt, kurz gesagt, im Leben Momente, in denen sich die Menschen entweder bewähren – und dann haben sie nichts zu befürchten – oder sich nicht bewähren – und dann haben sie die überflüssigen Schwierigkeiten, die sie damit herbeiführen, nur sich selbst zu verdanken. Im übrigen sind Sie gebildete Menschen, also muß ich Ihnen einige Dinge wohl nicht mit dem Hammer erkären. Wer übernimmt das Aufräumen des Gartens?

STÖCKL: Ich vielleicht – ich muß da ohnehin noch die Lampen abbauen –

STELLVERTRETER: Ausgezeichnet!

Durch die rechte Tür tritt der Chef im Straßenanzug ein. Alle stehen wieder auf.

STÖCKL: Guten Morgen, Herr Professor –

CHEF: Seien Sie gegrüßt, meine Freunde! Ich sehe, daß Sie heute schon vollzählig sind, das ist hervorragend, gerade heute hätte ich das am wenigsten erwartet und gerade heute ist es besonders wichtig –

STELLVERTRETER: Genau das habe ich vorhin den Kollegen gesagt, Herr Professor –

Alle setzen sich wieder. Der Chef betrachtet die Anwesenden eine Weile forschend, dann tritt er an Stöckl heran und reicht ihm die Hand. Stöckl steht überrascht auf.

CHEF *zu Stöckl*: Wie haben Sie geschlafen?

STÖCKL: Danke, gut –

CHEF: Haben Sie irgendwelche Probleme?

STÖCKL: Eigentlich nicht –

Der Chef drückt Stöckl freundschaftlich die Hand und wendet sich an die Anwesenden. Stöckl setzt sich wieder.

CHEF: Es hat keinen Sinn, lange um den heißen Brei herumzugehen –

BALTHASAR: Ist etwas passiert?

CHEF: Unser Institut ist, wie wir wissen, eine Art Leuchtturm der wahren Erkenntnis, ja, ich würde sogar sagen, es ist – als aufmerksamer Wächter der Wissenschaftlichkeit der Wissenschaft – so etwas wie die Avantgarde des Fortschritts. Man könnte also vereinfacht sagen: wie wir heute denken, so werden die anderen morgen leben!

STELLVERTRETER: Ich habe die Kollegen schon, Herr Professor, an die Verantwortung gemahnt, die diese unsere Berufung begründet –

CHEF: Aber warum ich das alles sage: etwas Ernstes ist geschehen –

In diesem Moment tritt durch die rechte Tür der Sekretär ein, geht zum Chef, flüstert ihm lange etwas ins Ohr. Der Chef nickt ernst mit dem Kopf. Nach längerer Zeit endet der Sekretär. Der Chef nickt noch einmal zustimmend und fährt fort. Der Sekretär geht durch die rechte Tür ab.

Aber warum ich das alles sage: etwas Ernstes ist geschehen –

In diesem Moment kommt durch die linke Tür Margret herein und bringt ein Tablett mit drei Tassen Kaffee. Zwei stellt sie auf den Tisch vor die Lorenz und vor Stöckl, die dritte gibt sie Balthasar. Dann geht sie zurück in Richtung der linken Tür.

Aber warum ich das alles sage: etwas Ernstes ist geschehen –

Margret stutzt, schaut auf den Chef, auf Faustka, dann stellt sie sich unauffällig an die linke Tür und hört zu.

BALTHASAR: Ist etwas geschehen?

STELLVERTRETER *zu Balthasar*: Unterbrechen Sie den Herrn Professor nicht, bitte! Sie hören doch, daß er es gerade sagen will –

CHEF: Etwas Ernstes ist geschehen: der Bazillus hat sich gerade dort angesiedelt, wo es am allerwenigsten erwartet wurde und wo er zugleich den größten Schaden anrichten kann, nämlich im innersten Zentrum des Kampfs gegen ihn, nämlich – wenn ich im Bild bleiben will – unmittelbar im Zentrallager der Antibiotika!

Die Anwesenden schauen sich verdutzt an. Wilma und Faustka deuten einander mit Blicken an, daß sie wissen, was die Stunde geschlagen hat. Faustka sucht nervös nach einer Zigarette und zündet sie an.

STÖCKL: Wollen Sie damit sagen, Herr Professor, daß hier – hier bei uns – jemand ist –

CHEF: Ja, genau das muß ich mit tiefer Trauer, Empörung und Beschämung sagen. Wir haben im Institut einen wissenschaftlichen Mitarbeiter – wissenschaftlichen, bitte sehr, das Wort unterstreiche ich! –, der sich schon lange und natürlich heimlich, was nur seine Doppelzüngigkeit bestätigt, mit verschiedenen sogenannten hermetischen Disziplinen beschäftigt, von der Astrologie über die Alchimie bis zu Magie und Theurgie, um in diesen trüben Wassern nach verschütteten Schätzen angeblich höherer – verstehen Sie das richtig: vorwissenschaftlicher – Erkenntnis zu fischen.

STÖCKL: Der glaubt also an Geister?

CHEF: Nicht nur das, er versucht sogar von der Theorie zur Praxis überzugehen! Es steht fest, daß er Kontakte angeknüpft hat –

LORENZ: Mit Geistern?

STELLVERTRETER: Das könnte ihm wohl nur schwer gelingen, nicht wahr, Herr Professor?

CHEF: Genug jetzt! Ich ersuche Sie, nicht über Dinge zu scherzen, die ein dunkler Punkt unseres Instituts sind, ein direkter Angriff auf seinen Ruf und also ein Schlag unter die Gürtellinie für uns alle und vor allem für mich, der ich verantwortlich bin für dessen wissenschaftliche Vertrauenswürdigkeit! Es ist eine ernste und traurige Sache, meine Freunde, und es ist uns allen auferlegt, sich mit ihr ehrenhaft auseinanderzusetzen! Wo war ich stehengeblieben?

STELLVERTRETER: Sie sprachen von den Kontakten –

CHEF: Aha. Kürzlich also hat er, wie wir festgestellt haben, direkten Kontakt mit einem bestimmten Element auf der Grenze zwischen Pseudowissenschaft, allgemeiner Kriminalität und sittlichem Sumpf angeknüpft, das verdächtigt wird, nicht nur mit Hilfe vielfältiger Tricks Aberglauben zu verbreiten und vertrauensselige Menschen zu täuschen, sondern sogar mit solchen Giften zu spielen wie es der sogenannte Satanismus, schwarze Magie und andere sind. Das also ist die Wahrheit, und damit eröffne ich die Diskussion. Hat jemand eine Frage?

Lastende Pause; dann meldet sich leise Stöckl.

STÖCKL: Darf ich nach dem Namen dieses Kollegen fragen?

CHEF *zum Stellvertreter*: Sagen Sie es!

STELLVERTRETER: Es kommt mir schwer über die Lippen, doch ich muß ihn nennen. Es handelt sich also um Doktor Faustka – *Lastende Pause.*

CHEF: Wer meldet sich noch?

MARGRET *schüchtern*: Ich –

FAUSTKA *leise zu Margret*: Ich bitte dich inständig, misch dich da nicht ein!

CHEF: Es betrifft uns alle, also soll auch das Fräulein Sekretärin sprechen –

MARGRET: Herr Professor – entschuldigen Sie – ich bin kein Wissenschaftler und kann mich nicht ausdrücken –, aber das kann einfach nicht wahr sein! Doktor Faustka ist ein weiser und ehrenhafter Mensch – ich weiß das –, er quält sich mit Fragen, mit denen wir uns eigentlich alle quälen sollten – ich meine mit dem eigenen Verstand –, er bemüht sich um die tiefsten Dinge – die Quellen der Sittlichkeit – die Ordnung des Alls – und alles andere –, diese Kontakte – das glaub ich einfach nicht! Das sind bestimmt Verleumdungen von bösen Menschen, die ihm schaden wollen –

*Grabesstille. Faustka ist sichtlich verzweifelt über Margrets
Auftritt. Nach einer Weile wendet sich der Chef an den Stellvertreter.*

CHEF *zum Stellvertreter*: Sobald wir hier fertig sind, erledigen
Sie alle Formalitäten für die fristlose Entlassung! Unser Institut ist zur Zeit wirklich nicht in der Lage, sich den Luxus zu
erlauben, Sekretärinnen zu beschäftigen, die die Leitung der
Lüge bezichtigen!

STELLVERTRETER: Wird gemacht, Herr Professor –

CHEF *zu Margret*: Sie können gehen und Ihre Sachen packen –

FAUSTKA *gedämpft zu Margret*: Du bist verrückt geworden –
sich so unsinnig das Leben zerstören –, du kommst doch nirgendwo mehr unter!

MARGRET: Ich will mit dir leiden!

FAUSTKA: Entschuldigen Sie, Herr Professor, aber wäre es nicht
vernünftiger, sie einzuweisen? Sie sehen doch, daß sie nicht
weiß, was sie spricht –

CHEF: Die Psychatrie, Herr Doktor, ist keine Ablage für Mädchen, denen Sie zuerst den Kopf verdrehen und die Ihnen dann
lästig werden!

MARGRET: Heinrich, du wendest dich von mir ab? Und von allem, was du gestern gesagt hast?

FAUSTKA *zischt wütend durch die Zähne*: Ich beschwöre dich,
sei still!

*Margret beginnt zu weinen und läuft durch die linke Tür hin-
aus.*

Verlegene Pause.

WILMA *leise zu Faustka*: Wenn sie sich etwas antut, ist das deine
Schuld!

FAUSTKA *leise zu Wilma*: Und für dich eine Genugtuung, wie?

WILMA *leise*: Fang nicht an –

FAUSTKA *leise*: Ich hab angefangen, ja? Ich?

CHEF: Lassen Sie das! Ich werde an höherer Stelle nachfragen,
ob sie nicht bei einer Hausverwaltung als Putzfrau unterkom-
men kann –

LORENZ: Das wäre, glaube ich, eine sehr glückliche, humane und vernünftige Lösung –

CHEF *zu Faustka*: Wollen Sie die Gelegenheit nutzen und von Ihrem Recht Gebrauch machen, sich zu der erhobenen Beschuldigung zu äußern?

Faustka steht langsam auf und lehnt sich an den Schreibtisch wie an ein Rednerpult.

FAUSTKA: Herr Professor, Herr Stellvertreter, Kollegen! Im Vertrauen auf die Objektivität und Gewissenhaftigkeit, mit der mein Fall behandelt werden wird, nehme ich an, daß mir zur rechten Zeit genügend Raum gegeben wird, mich ausführlicher zu erklären, und daß einige Umstände, über die ich Sie bei dieser Gelegenheit in Kenntnis setzen werde, zu meiner vollständigen Rechtfertigung führen werden. In diesem Augenblick beschränke ich mich auf den Ausdruck meiner Hoffnung, daß das gesamte Verfahren – in Übereinstimmung mit der wissenschaftlichen Auffassung von Realität und mit der wissenschaftlichen Moral – unvoreingenommen sein und nur ein Ziel haben wird: die Wahrheit zu erkennen. Das ist nicht nur in meinem Interesse und dem der Wissenschaftlichkeit als solcher, die zu schützen und zu kultivieren Aufgabe dieses Instituts ist, sondern auch in unser aller Interesse: ein anderes Vorgehen könnte nämlich aus meinem Fall das erste Glied einer langen Kette von Unrecht machen, deren Ende ich nicht abzusehen wage. Ich danke Ihnen für Ihre Aufmerksamkeit!

Faustka setzt sich. Verlegene Pause. Alle sind leicht verunsichert, wenn auch jeder aus einem anderen Grund.

CHEF: Wir leben in der Neuzeit und niemand hat die Absicht, irgendwelche Hexenjagden zu veranstalten. Damit würden wir nur in neuer Gestalt alten Obskurantismus und Fanatismus beleben, wogegen wir kämpfen. Möge die Art und Weise, auf die der Fall des Kollegen Faustka gelöst wird, ein inspirierendes Beispiel für wirklich exakte Behandlung von Fakten werden! Die Wahrheit muß siegen, zu wessen Gunsten auch immer! *Kurze Pause.* Wer hat es übernommen, den Garten aufzuräumen.

STÖCKL: Ich, Herr Professor –

Der Chef geht zu Stöckl. Stöckl steht auf. Der Chef legt ihm die Hand auf die Schulter und schaut ihm eine Weile ernst ins Gesicht. Dann sagt er gerührt –

CHEF: Ich bin froh, Wilhelm, daß Sie sich dessen angenommen haben. Ich komme Ihnen helfen –

Durch die linke Tür kommt Margret im Straßenkleid und mit dem Koffer in der Hand. Sie ist verweint und geht ein wenig somnambul durch den Raum, den sie durch die hintere Tür verläßt. In dem Moment, in dem sie die Tür hinter sich schließt, fällt der Leuchter herab. Niemand wird getroffen, er zersplittert auf dem Boden.

Der Vorhang fällt.

Ende des fünften Bildes

(Pause)

Sechstes Bild

Auf der Bühne wieder Faustkas Wohnung. Wenn sich der Vorhang öffnet, ist nur Fistula anwesend. Er sitzt hinter dem Schreibtisch und wühlt in den Papieren, die darauf liegen. Er hat Hausschuhe an, sein Beutel mit den Schuhen liegt auf dem Tisch zwischen den Papieren. Nach einer Weile tritt Faustka ein, immer noch im Abendanzug. Als er Fistula sieht, erschrickt er und ruft —

FAUSTKA: Was machen Sie hier?

FISTULA: Ich warte auf Sie —

FAUSTKA: Wie sind Sie hereingekommen?

FISTULA: Nicht durch den Kamin, wie Sie vielleicht fürchten. Durch die Tür, die mir Frau Huber liebenswürdigerweise geöffnet hat, bevor sie einkaufen ging, denn ich habe ihr erklärt, wie dringend Sie mit mir sprechen müssen und daß ich mit Rücksicht auf mein lahmes Bein vor dem Haus wohl kaum warten könnte —

FAUSTKA: Sie haben sie also belogen, das sieht Ihnen ähnlich —

FISTULA: Sie glauben nicht, daß ich Invalide bin?

FAUSTKA: Daß ich dringend mit Ihnen sprechen muß, ist doch einfach gelogen. Ich habe vielmehr nach allem, was geschehen ist, gehofft, Sie nie mehr wiederzusehen —

FISTULA: Im Gegenteil: gerade das, was geschehen ist, verstärkt vielleicht die Dringlichkeit unseres Kontakts!

FAUSTKA: Und wieso wagen Sie es, in meinen Papieren zu wühlen?

FISTULA: Irgendwie muß ich mir doch die Zeit vertreiben, oder?

FAUSTKA: Und die Schuhe?

FISTULA: Sie machen aber auch aus allem — *Fistula beginnt*

dümmlich zu grinsen, dann nimmt er seinen Beutel, geht zum
Sofa, setzt sich, legt den Beutel neben sich. Sie setzen sich
nicht?
Faustka geht gereizt zu seinem Tisch, setzt sich und schaut auf
Fistula.
Was sagen Sie denn zu unserem Erfolg?

FAUSTKA: Welchem Erfolg?

FISTULA: Ich hatte nicht erwartet, daß uns das so leicht und
schnell gelingen wird. Sie sind in der Tat ein begabter Adept –

FAUSTKA: Ich weiß nicht, wovon Sie sprechen –

FISTULA: Das wissen Sie sehr wohl! Wir hatten doch vereinbart,
erst einmal so einen kleinen, unschuldigen Versuch durchzuführen. Und er ist über alles Erwarten gut gelungen, hab ich
nicht recht?

FAUSTKA: Sollten Sie die Tatsache meinen, daß sich dieses unglückliche Kind ein wenig in mich vergafft hat, so möchte ich
gern zwei Dinge ergänzen: erstens sind das keine Wunder,
schon gar nicht ihre, sondern es geschah nur, weil ich –

FISTULA: Zufälligerweise –

FAUSTKA: Gelegenheit hatte, eigentlich zum erstenmal zusam-
menhängend mit diesem Mädchen zu sprechen, und weil ich –

FISTULA: Zufälligerweise –

FAUSTKA: Gerade gut in Form war, so daß meine Gedanken sie
fesselten. Na ja, und wie das bei solchen Mädchen eben zu
sein pflegt, bald übertrug sich ihr Interesse –

FISTULA: Zufälligerweise –

FAUSTKA: Vom Erklärten auf den Erklärenden. Ich sehe darin
nichts, was den Rahmen der natürlichen Welterfahrung über-
steigen würde. Zweitens: mit Rücksicht auf die Folgen, die
dieses Ereignis für das Mädchen hat, leide ich an schweren
Gewissensbissen, daß so etwas überhaupt geschehen ist, und
das, obwohl ich nicht geahnt habe und nicht ahnen konnte,
daß es solche Folgen haben könnte –

Fistula beginnt zu lachen und schlägt sich fröhlich auf die
Schenkel.

Was kommt Ihnen daran lächerlich vor?

FISTULA *wird ernst*: Lieber Herr Doktor! Ihr Mißtrauen Zufällen gegenüber und deren zufälliger Gruppierung ist allgemein bekannt. Fragen Sie sich nicht, woher Ihnen, der Sie in Gegenwart dieses Mädchens höchstens imstande waren, den Wunsch nach einer Tasse Kaffee hervorzustottern, auf einmal diese imposante Redegabe kam, verbunden mit dem Mut, Gedanken zu entwickeln, die auf dem Boden Ihres Instituts zu entwickeln mehr als gefährlich sind? Und überrascht es Sie nicht, daß dies genau zu dem Zeitpunkt geschah, als unser kleiner Einfall reifte? Sie wundern sich nicht ernsthaft, warum Ihre Gedanken auf einmal – wie auf einen Wink mit dem Zauberstab – in dem Mädchen alle Hemmungen gebrochen haben, so daß in ihm sogleich eine Liebe bis in den Tod erblühte?

FAUSTKA: Jeder von uns hat im Leben manchmal Augenblicke, in denen er sozusagen sich selbst überwindet –

FISTULA: Genau davon spreche ich!

FAUSTKA: Ich verstehe Sie nicht –

FISTULA: Sie haben doch nicht geglaubt, daß auf der Institutsfeier der Geist der Liebe Jeliel im Abendanzug erscheint und für Sie etwas in der Art und Weise eines Heiratsvermittlers einrichtet! Wie anders, glauben Sie, konnte er das tun als durch Sie selbst? Er hat sich einfach in Ihnen verkörpert! Oder besser: er hat einfach das, was in Ihnen von jeher ist und unerklärt vor sich hin dämmert, geweckt und befreit! Oder noch genauer: Sie selbst haben sich doch entschlossen, bestimmten inneren Kräften die Zügel zu lockern – Sie selbst haben also sozusagen für ihn oder in seinen Intentionen gearbeitet und sich so in einer Form durchgesetzt, die seinen Namen trägt!

FAUSTKA: Na, sehen Sie!

FISTULA: Der Mensch ist allerdings nicht irgendein inertes System, das wissen Sie als Wissenschaftler besser als ich. Soll ein Same keimen, muß er von jemandem gesät worden sein –

FAUSTKA: Wenn Sie tatsächlich mit diesem Ihrem –

FISTULA: Jeliel –

FAUSTKA: Jeliel irgendein Verdienst an dieser unseligen Saat haben, dann verfluche ich Sie aus ganzem Herzen! Sie sind ein Teufel und ich will mit Ihnen nichts zu tun haben –

FISTULA: Wieder sehen Sie das nicht ausgewogen! Wenn der Teufel existiert, dann vor allem in uns!

FAUSTKA: Dann sind Sie allerdings sein besonders geliebter Aufenthalt!

FISTULA: Sie überschätzen mich zumindest so, wie Sie gerade vor einem Augenblick sich selbst überschätzt haben. Begreifen Sie doch: Ich bin nur der Katalysator, der seinen Nächsten hilft, das, was in ihnen auch ohne ihn schon lange ist oder verläuft, zu erwecken oder zu beschleunigen! Dank dieser meiner Hilfe können sie in sich den Mut entdecken, etwas Aufregendes im Leben zu erleben und zu genießen und so voller, wahrhaftiger und reicher sie selbst zu werden! Wir leben nur einmal, warum sollen wir also die paar Jahre, die uns zugemessen sind, damit verbringen, unter der Glocke irgendwelcher philisterhafter Skrupel zu ersticken! Wissen Sie, warum Sie mich Teufel genannt haben? Um Ihre Verantwortung – aus lauter Angst vor den eigenen Skrupeln und vor dem in Ihnen, was sie zerbricht – irgendwo außen zu lokalisieren, außerhalb des eigenen Ich, im konkreten Fall in mir, und damit – wie ihr Wissenschaftler sagt – sich durch «Übertragung» oder «Projektion» das Leben leichter zu machen! Sie hoffen, mit einem solchen Manöver Ihre Skrupel überlisten zu können und mit der schändlichen Bezeichnung, die Sie mir geben, sogar ihnen gefällig zu sein. Aber begreifen Sie, Herr Doktor, daß ich – irgendein Invalide namens Fistula – Sie keinen Millimeter bewegen könnte, wenn Sie selbst von Ihrer Bewegung nicht schon längst geträumt hätten! Unser kleines Experiment sollte nichts anderes, als Ihnen diese paar Trivialitäten verdeutlichen –

FAUSTKA: Und was ist mit Ihrer Versicherung seiner Unschuld? Sie haben mich gemein belogen!

FISTULA: Weit gefehlt! Sie belügen wieder nur sich selbst! Sie

hätten dem Mädchen doch von den Schönheiten der wissenschaftlichen Weltanschauung erzählen können und von der
weltbewegenden Bedeutung Ihres Instituts – und nichts
würde es bedrohen! Aber wenn sie es schon so gemacht haben, hätten Sie sich von ihrem Streitfall, der von Ihrem Standpunkt aus hoffnungslos ist, nicht so egoistisch abwenden und
dieses Persönchen im Grunde abschreiben müssen. Aber
darum geht es jetzt nicht. Eines muß ich an Ihnen – insbeson-
dere als Anfänger – mit tiefer Verbeugung anerkennen: Ihre
Verkleidung – dieses klassische Instrument Jeliels – in die
scheinheilige Soutane des enthusiatischen Suchers dieses dort
– *zeigt mit dem Finger nach oben* – als des echten Quells des
Alls und aller sittlichen Imperative – das war in der Tat bra-
vourös! Meine Hochachtung!

FAUSTKA *wütend*: Was denn für eine Verkleidung? Ich habe
doch nur das gesagt, was ich denke!

FISTULA: Lieber Freund –

FAUSTKA: Ich bin nicht Ihr Freund!

FISTULA: Lieber Herr, Wahrheit ist doch nicht nur das, was wir
denken, sondern auch das, warum, wem und unter welchen
Umständen wir es sagen!

*Faustka schaut Fistula einen Augenblick entsetzt an, dann
neigt er traurig den Kopf, geht ein paarmal im Zimmer hin
und her, worauf er sich wieder setzt. Nach einer Weile sagt er
leise –*

FAUSTKA: Mir ist nicht ganz klar wie, aber die sind irgendwie
hinter meine Kontakte mit Ihnen gekommen, wofür ich mit
allergrößter Wahrscheinlickeit aus dem Institut ausgeschlos-
sen, exemplarisch bestraft, öffentlich geschmäht und wohl
auch existentiell und anders vernichtet werde. Der Grund ist –
zumindest für mich persönlich – allerdings bloß äußerlich
und bedeutungslos; den wirklichen Sinn dessen, was mich erwartet, sehe ich in etwas anderem: es ist die verdiente Strafe
für die unverzeihliche Verantwortungslosigkeit, mit der ich
gehandelt habe, dafür, daß ich die sittliche Wachsamkeit ver-

lor und einer verführerischen Versuchung erlegen bin, betäubt
dabei vom Gift einer aufkommenden, bösen und aus schierer
Eitelkeit erwachsenden Eifersucht, und daß ich so eigentlich
versuchte, zwei Fliegen mit einer Klappe zu schlagen: jemanden zu gewinnen und zugleich jemanden zu verletzen. Ich war
in der Tat von etwas Teuflischem in mir selbst blind geworden
und bin Ihnen daher dankbar, daß Sie mir – aus welchen Gründen, auf welche Weise und in welchem Maße auch immer – zu
dieser Erfahrung verholfen haben: indem Sie in mir gleichzeitig
die verführerische Versuchung und die böswillige Eifersucht
erweckt haben, ermöglichten Sie mir, mich selbst besser zu
erkennen, einschließlich meiner dunkelsten Seiten. Aber nicht
nur das: mit Ihrer Erläuterung haben Sie mir auch geholfen, die
echte Quelle meines Fehlens zu beleuchten, die in der Tat nirgendwo anders liegt als in mir selbst. Unser Zusammentreffen,
wenn man die Art und Weise, in der Sie sich mir aufgedrängt
haben, so nennen kann, bedaure ich also nicht. Es war eine
wichtige Lektion, und Ihre dunklen Absichten haben mir geholfen, in mir selbst ein neues Licht zu entdecken. Ich sage
Ihnen das, weil wir uns, wie ich hoffe, nie mehr sehen werden,
und weil Sie, wie ich hoffe, sofort von hier fortgehen.
*Längere Pause. Fistula nimmt langsam die Schuhe aus seinem
Beutel, eine Weile betrachtet er sie gedankenverloren, riecht
an ihnen, dann legt er sie endlich vor sich auf den Boden und
wendet sich mit einem Lächeln an Faustka.*

FISTULA: Jeder ist seines Glückes Schmied! Ich wollte zwar noch
etwas anmerken, aber jetzt bin ich mir nicht sicher, ob ich
nicht besser die Zeit abwarten soll, in der Sie – wenn ich mich
so ausdrücken darf – ein bißchen weicher geschmort und daher auch aufnahmebereiter sein werden –

FAUSTKA: Was wollten Sie anmerken?

FISTULA: Den Mechanismus der gedanklichen Rotationen, die
Sie mir gerade vorgeführt haben, kenne ich wie meine Westen-
tasche. Wir Hermetiker nennen das Smíchovský-Kompensationssyndrom.

FAUSTKA: Was ist das?

FISTULA: Wenn der Adept zum erstenmal erfolgreich den Panzer der bisherigen Hemmungen durchbricht und sich den unabsehbaren Horizonten seiner verborgenen Möglichkeiten öffnet, tritt kurz darauf so etwas wie ein Kater ein und er verfällt in sozusagen masochistische Selbstbeschuldigungen und Selbstbestrafungen. Diese Affektreaktion ist psychologisch im ganzen verständlich: in dem Bemühen, sich nachträglich bei seinen verratenen Skrupeln beliebt zu machen, interpretiert der Adept seine verräterische Tat um in die Form einer Art reinigenden Lektion, der er sich unterziehen mußte, um ein besserer Mensch zu werden. Er macht sich daraus kurz gesagt ein kleineres Parkett zum Tanzen ritueller Feiern seiner Grundsätze. Normalerweise dauert das nicht lang und nach der Ernüchterung sieht er das ein, was wir selbstverständlich sofort wissen, ihm aber nicht erklären können: nämlich die groteske Nichtübereinstimmung zwischen der Nebensächlichkeit der Werte, in deren Namen er sich die schwerste Strafe auferlegt, und der fundamentalen existentiellen Bedeutung der Erfahrung, die er versucht, mit dieser Strafe rückgängig zu machen —
Faustka springt auf und schlägt wütend auf den Tisch.

FAUSTKA: So — jetzt reicht es mir aber wirklich! Wenn Sie glauben, Sie könnten mich mit Ihren schönen Worten wieder in etwas verwickeln oder für ein neues Pseudoabenteuer gewinnen, dann irren Sie sich gewaltig!

FISTULA: Sie irren sich gewaltig, wenn Sie sich einreden, Sie seien nicht schon lange verwickelt und gewonnen —

FAUSTKA *schreit*: Hinaus!

FISTULA: Ich erlaube mir nur, Sie darauf aufmerksam zu machen, daß ich, wenn Sie wieder auf den Boden der Realität zurückfinden und sich nach einer Konsultation sehnen, nicht unbedingt bei der Hand sein muß. Aber das ist schließlich Ihre Sache —

FAUSTKA: Gehen Sie fort, ich bitte Sie! Ich will allein sein mit meinem Smíchovský-Kompensationssyndrom!

Fistula nimmt langsam seine Schuhe in die Hand, dabei schüt-
telt er verständnislos den Kopf. Dann wirft er plötzlich die
Schuhe auf den Boden, springt auf und fängt an, sich wild an
die Stirn zu schlagen.

FISTULA: Ist denn so etwas die Möglichkeit? In einem Wutanfall
   darüber, daß er sich erlaubt hat, einen Moment mit einer anderen zu philosophieren, denunziert seine Geliebte, daß er
   Kontakt mit einem Magier hat –

FAUSTKA: Wie bitte? Das ist eine gemeine Lüge!

FISTULA: Und er wäre deswegen bereit, sich ohne Kampf um die
   Existenz, die wissenschaftliche Perspektive und vielleicht
   auch allen Besitz bringen zu lassen! Ich hab ja schon so manchen gesehen, aber so etwas noch nicht! Da würde selbst Smí-
   chovský durchdrehen!

FAUSTKA: Ich glaube nicht, daß sie sich zu so etwas Niederträch-
   tigem hergeben würde! Sie, die mit mir so viele sonnige
   Augenblicke reinen Glücks genossen hat!

FISTULA: Ach, was wissen Sie vom Herzen einer Frau! Gerade
   die Erinnerung an diese Augenblicke ist vielleicht der Schlüssel zu ihrer Tat! *Fistula beruhigt sich, setzt sich, zieht langsam*
   die Hausschuhe aus, riecht daran, dann legt er sie sorgfältig in
   seinen Beutel und zieht sich die Schuhe an.
   Längere Pause.

FAUSTKA *leise*: Und was kann ich Ihrer Meinung nach noch tun?

FISTULA: Lassen wir das –

FAUSTKA: Sagen könnten Sie es ja wohl –

FISTULA: Wie Sie vielleicht begriffen haben, konkrete Ratschläge gebe ich nicht, und für niemanden richte ich etwas ein.
   Höchstens gebe ich hin und wieder einen kleinen Anstoß –
   Fistula bleibt stehen, ergreift seinen Beutel mit den Hausschu-
   hen und geht in Richtung Tür.

FAUSTKA *ruft aus*: Sprechen Sie, zum Donnerwetter, deutlich!
   Fistula hält an, steht eine Weile unbewegt, denn wendet er sich
   Faustka zu.

FISTULA: Es genügt, wenn Sie im Namen der guten Sache zumindest ein Tausendstel der Raffinesse in sich selbst mobilisieren, die Ihr Chef im Namen der schlechten Sache von morgens bis abends in sich mobilisiert!

Fistula beginnt dümmlich zu grinsen. Faustka schaut ihn verdutzt an.

Der Vorhang fällt.

Ende des sechsten Bildes

Siebtes Bild

Auf der Bühne derselbe Raum des Instituts, in dem das erste und das fünfte Bild spielten. An Stelle des Leuchters hängt eine Glühbirne am elektrischen Draht. Wenn der Vorhang aufgeht, sind die Lorenz, Stöckl und Balthasar auf der Bühne. Die Lorenz hat einen weißen Kittel an, sitzt hinter dem Schreibtisch, an die Schreibmaschine hat sie einen Spiegel gelehnt und pudert sich. Stöckl im weißen Kittel liegt auf der Bank und liest Zeitung. Balthasar ist im Straßenanzug, steht im Hintergrund am Bücherregal, mit dem Rücken zum Zimmer, und blättert in einem Buch. Kurze Pause.

LORENZ: Was ist mit dem Kaffee?

STÖCKL *ohne aufzublicken*: Du würdest keinen machen?

LORENZ: Und du?

Durch die hintere Tür kommt schnell Faustka herein, im schwarzen Pullover und schwarzer Hose, die Aktentasche in der Hand, ein wenig außer Atem.

FAUSTKA: Hallo –

BALTHASAR *ohne sich umzuwenden*: Hallo –

Keiner der Anwesenden reagiert auf Faustkas Ankunft, alle machen mit dem weiter, was sie vorher getan haben. Faustka stellt seine Aktentasche auf den Tisch und nimmt eilig einige Papiere heraus.

FAUSTKA: Waren sie schon hier?

BALTHASAR *ohne sich umzuwenden*: Noch nicht –

Als Faustka sieht, daß ihm die Lorenz den Tisch nicht frei macht, geht er zur Bank, auf der Stöckl sitzt und setzt sich neben ihn.

Pause.

LORENZ: Arme Margret –

Faustka wird aufmerksam.

STÖCKL *ohne aufzublicken*: Was ist mit ihr?

LORENZ: Sie wollte sich die Pulsadern aufschneiden –

Faustka steht erregt auf.

STÖCKL *ohne aufzublicken*: Dann ist es doch wahr?

BALTHASAR *ohne sich umzuwenden*: Sie soll auf der Psychiatrie sein –

LORENZ: Die Arme –

Faustka setzt sich wieder. Durch die rechte Tür treten der Stellvertreter im Straßenanzug und Petra im weißen Kittel ein, sie halten sich bei der Hand. Die Lorenz steckt Spiegel und Puder in eine Tasche des Kittels. Stöckl legt die Zeitung zusammen. Balthasar legt das Buch beiseite und wendet sich um. Lorenz, Stöckl und Faustka stehen auf.

STÖCKL: Guten Morgen, Herr Stellvertreter –

STELLVERTRETER: Seien Sie gegrüßt, meine Freunde! Und setzen Sie sich, bitte –

Lorenz, Stöckl und Faustka setzen sich wieder.

Kurze Pause.

Ich sehe Wilma nicht –

FAUSTKA: Sie ist beim Zahnarzt –

Kurze Pause.

STELLVERTRETER: Wie Sie wohl wissen, ist die Aufgabe, die uns erwartet, nicht leicht. Niemand hier hat die Absicht – wie der Herr Professor so schön gesagt hat – eine Hexenjagd zu veranstalten. Die Wahrheit muß siegen, zu wessen Gunsten auch immer. Gerade deshalb aber sollten wir bedenken, die Wahrheit suchen heißt, die ganze und uneingeschränkte Wahrheit zu suchen. Wahrheit ist nämlich nicht nur das, was auf diese oder jene Weise bewiesen ist, sondern auch das, wozu die bewiesene Sache dient oder wozu sie mißbraucht werden kann, wer mit ihr um sich wirft und warum, in welchen Zusammenhängen sie sich befindet. Als Wissenschaftler wissen wir wohl, daß wir durch das Herausreißen einer bestimmten Tatsache aus dem Komplex all ihrer übrigen Bindungen nicht nur ihre Bedeutung völlig verschieben oder verändern, sondern sie geradezu auf den Kopf stellen und so aus der Wahrheit eine Lüge oder umgekehrt machen können. Kurz und gut: wir sollten den lebendigen Hintergrund der Taten, mit denen wir uns beschäftigen, nicht aus dem Blickfeld verlieren, und auch die Schlüsse, die wir daraus ziehen. Ich hoffe, dies nicht weiter ausführen zu müssen – wir sind doch, zum Donnerwetter, keine kleinen Kinder! Oder etwa doch?

STÖCKL: Auf keinen Fall –

STELLVERTRETER: Also sehen Sie! Wer füttert heute die Turmfalken?

BALTHASAR: Ich –

STELLVERTRETER: Schön!

Durch die rechte Tür kommt der Chef im weißen Kittel herein. Die Lorenz, Stöckl und Faustka stehen sofort auf.

STÖCKL: Hallo –

CHEF: Seien Sie gegrüßt, meine Freunde! Und setzen Sie sich, bitte –

Die Lorenz, Stöckl und Faustka setzen sich hin. Kurze Pause.
Ich sehe Wilma nicht –

STELLVERTRETER: Ich hab sie auch nicht gesehen, als ich kam. Sie soll beim Zahnarzt sein –

Der Chef geht zu Stöckl und gibt ihm die Hand. Stöckl steht auf.

CHEF *zu Stöckl:* Wie hast du geschlafen?

STÖCKL: Ausgezeichnet –

Der Chef drückt Stöckl freundschaftlich am Ellbogen und wendet sich an die Anwesenden. Stöckl setzt sich hin.

CHEF: Wie Sie wohl wissen, ist die Aufgabe, die uns erwartet, nicht leicht.

STELLVERTRETER: Genau das hab ich den Kollegen vorhin gesagt, Herr Professor!

CHEF: Worum es geht, wissen wir alle, auf lange Einleitungen können wir also verzichten –

*Durch die hintere Tür kommt außer Atem Wilma mit einer
großen Pappschachtel herein.*

WILMA: Entschuldigen Sie, Herr Professor, es tut mir schrecklich leid — ich war für heute morgen beim Zahnarzt bestellt,
und stellen Sie sich vor —

CHEF: Ich weiß, ich weiß, setzen Sie sich —

*Wilma setzt sich auf die mit Wachstuch bezogene Liege, legt
sich die Schachtel zu Füßen, deutet Faustka mimisch etwas
an, dann zeigt sie ihm, daß sie ihm die Daumen hält. Die Lorenz beugt sich zu ihr.*

LORENZ *leise*: Was hast du da?

WILMA *leise*: Den Grill von der Reparatur zurück —

LORENZ *leise*: Ich dachte, du hättest einen neuen Hut —

WILMA *leise*: Nein —

CHEF: Wo war ich stehengeblieben?

STÖCKL: Du hast gesagt, auf lange Einleitungen könnten wir
verzichten —

CHEF: Aha. Auf lange Einleitungen verzichten wir also und gehen gleich in medias res. Kollege Faustka, wenn Sie so liebens-
würdig wären —

*Der Chef deutet Faustka an, er solle vortreten. Faustka steht
auf, geht in die Mitte des Raums und stellt sich an den Platz,
den ihm der Chef zeigt.*

So, das ist gut. Können wir anfangen?

FAUSTKA: Sicher —

CHEF: Also: könnten Sie uns sagen, Herr Kollege, ob es stimmt,
daß Sie schon längere Zeit —

*In dem Moment kommt durch die rechte Tür der Sekretär,
geht zum Chef und flüstert ihm lange etwas ins Ohr. Der Chef
nickt ernst mit dem Kopf. Nach längerer Zeit endet der Sekretär. Der Chef nickt noch einmal zustimmend. Der Sekretär
geht durch die rechte Tür ab.*

Wo war ich stehengeblieben?

STÖCKL: Du hast ihn gefragt, ob es stimmt, daß er schon längere
Zeit —

CHEF: Aha. Nun also: könnten Sie uns sagen, Herr Kollege, ob es stimmt, daß Sie sich schon längere Zeit mit dem Studium der sogenannten hermetischen Literatur beschäftigen?

FAUSTKA: Das ist richtig –

STELLVERTRETER: Wie lange?

FAUSTKA: Das weiß ich nicht genau –

STELLVERTRETER: Ungefähr: ein halbes Jahr? Ein Jahr?

FAUSTKA: So in etwa –

CHEF: Wieviel derartige Bücher haben Sie nach Ihrer Einschätzung in dieser Zeit gelesen?

FAUSTKA: Ich habe sie nicht gezählt –

STELLVERTRETER: So ungefähr: fünf? Dreißig? Fünfzig?

FAUSTKA: Fünfzig vielleicht –

CHEF: Wem haben Sie sie ausgeliehen?

FAUSTKA: Niemandem –

STELLVERTRETER: Aber Herr Kollege, Sie werden doch wohl nicht behaupten wollen, daß sich derartig gesuchte, seltene, ja heute sogar fast unzugängliche Bücher niemand bei Ihnen ausgeliehen hat! Ihre Freunde haben sie doch bei Ihnen sehen müssen –

FAUSTKA: Freunde lade ich nicht nach Hause ein, und Bücher verleihe ich grundsätzlich nicht –

CHEF: Nun gut. Und jetzt konzentrieren Sie sich bitte, es kommt eine wichtige Frage: was hat Sie zu diesem Studium getrieben? Warum haben Sie eigentlich begonnen, sich damit systematisch zu beschäftigen?

FAUSTKA: Ich war schon lange beunruhigt von dem steigenden Interesse junger Leute an allem, was in irgendeiner Weise auf das sogenannte Übernatürliche hinweist. Aus dieser meiner Beunruhigung entstand dann allmählich die Absicht, eine Broschüre zu schreiben, in der ich versuchen wollte, gerade an Hand der Esoterik, diesem Konglomerat verdrehter Fragmente aus verschiedenen Kulturkreisen, nachzuweisen, in welch frappantem Widerspruch die verschiedenen idealistischen und mystischen Lehren der Vergangenheit zum gegenwärtigen Stand der Erkenntnis der Welt stehen. Die Esoterik habe ich als Gegenstand meiner kritischen Aufmerksamkeit unter anderem auch deshalb gewählt, weil sie sich heute eines unkritischen Interesses erfreut. Mein Projekt erforderte natürlich –

CHEF *unterbricht ihn*: Niemand von uns, Herr Kollege, hat daran gezweifelt, daß Sie genauso auf die gestellte Frage antworten würden. Niemand von uns weiß allerdings bisher, wie Sie das schockierende Faktum erklären wollen, daß Sie angeblich selbst Magie betrieben haben –

FAUSTKA: Sehr viel habe ich nicht gemacht in dieser Hinsicht, eher habe ich das von mir verbreitet –

STELLVERTRETER: Warum?

FAUSTKA: Weil das die einzige Möglichkeit war, das Vertrauen derart mißtrauischer Menschen zu gewinnen, wie es die heutigen Magier sind –

CHEF: Sie wollten also ihr Vertrauen gewinnen? Interessant, interessant! Wie weit ist Ihnen das gelungen?

FAUSTKA: Bisher habe ich nur einen verhältnismäßig bescheidenen Erfolg in der Gestalt eines gewissen Individuums zu verzeichnen, das mich zweimal besucht hat und über das Sie informiert waren –

CHEF: Hat Ihnen dieses Individuum gesagt, warum es Sie aufgesucht hat?

FAUSTKA: Angeblich weiß es von meinem Interesse an praktischer Magie und ist bereit, mich in sie einzuweihen –

CHEF: Sind Sie darauf eingegangen?

FAUSTKA: Ausdrücklich nicht, doch habe ich es zugleich auch nicht ausdrücklich abgelehnt. Die Sache ist sozusagen im Zustand des gegenseitigen Abtastens –

STELLVERTRETER: Was will es dafür von Ihnen?

FAUSTKA: Ich soll, falls notwendig, bezeugen, daß es sich der Wissenschaft zur Verfügung gestellt hat –

STELLVERTRETER: Haben Sie das gehört, Herr Professor? Die sind aber raffiniert!

CHEF: Jetzt scheint mir, Herr Kollege, die Zeit ist reif für unsere zentrale Frage: wie erklären Sie, daß Sie auf der einen Seite Vertreter der wissenschaftlichen Weltanschauung sind und also wissen, daß Magie reine Scharlatanerie ist, auf der anderen Seite sich aber bemüht haben, das Vertrauen von Magiern zu gewinnen, und wenn einer von ihnen Sie tatsächlich aufsucht, Sie ihn nicht nur nicht hinauswerfen und auslachen, sondern sich im Gegenteil daranmachen, mit ihm zusammenzuarbeiten, ja, ihn sogar zu decken? Mit wissenschaftlich-kritischem Interesse können Sie so obskure Kontakte und Aktivitäten wohl kaum noch erklären —

FAUSTKA: Vielleicht wird Ihnen das albern vorkommen, doch ich habe einfach vom ersten Moment an gefühlt, daß ich meine Sorge um die, die von diesen Scharlatanen verführt werden, und meine Absicht, wirksam gegen solche Verführer zu kämpfen, nicht auf bloße theoretische Propaganda-Arbeit einschränken kann und darf. Ich war und bin bis heute überzeugt, daß es nicht ehrlich von mir wäre, wenn ich mich auf Dauer aus der lebendigen Realität heraushielte, nur um mir, wie man sagt, die Hände nicht schmutzig zu machen und so mein Gewissen mit Illusionen über die Gott weiß wie große praktische Wirkung meines theoretischen Kampfs zu belügen. Ich fühlte einfach, wer A sagt, muß auch B sagen, und daß es Bürgerpflicht ist, meine theoretischen Kenntnisse in den Dienst des praktischen Kampfs zu stellen, das heißt des konkreten Nachforschens nach den Brennpunkten dieser Aktivitäten und der Enthüllung und Überführung ihrer konkreten Initiatoren. Wir beschwören hier doch ständig den Kampf gegen die Pseudowissenschaft, den Mystizismus und den Aberglauben — aber wenn wir mit dem Finger auf zumindest einen der Verbreiter dieser Gifte zeigen sollten, wir könnten es nicht! Doch nicht nur wir: es ist schon unglaublich, wie wenig man bisher überhaupt in diese Bereiche eindringen konnte und wie wenig man daher davon weiß! Ist es denn ein Wunder, daß all das so fröhlich weiterwächst? Deshalb entschloß ich

mich, die Gunst dieser Kreise zu gewinnen, in sie einzudrin-
gen und in unmittelbarer Feldforschung überführendes Material zu sammeln. Was aber wohl nicht anders möglich sein
wird, als daß ich wenigstens zum Teil vorgebe, an ihre Geister, Initiationen, Evokationen, magische Eingriffe, Rück-
spiegelungen, Inkubi und Sukkubi und all den anderen Kram
zu glauben. Ja, auch Versprechen zu schweigen oder einer
eventuellen Deckung werde ich wohl nach außen hin abge-
ben müssen. Kurz und gut, ich habe mich entschlossen, ein
unauffälliger und vielleicht einsamer Soldat jenes – wie man
sagt – geheimen Krieges zu sein, weil ich zu der Meinung gelangt bin, daß meine Kenntnisse mich gerade dazu verpflichten. Es geht nämlich um eine Sphäre, in der leider der sogenannte breite Überblick immer noch etwas gilt, wenn er
nicht geradezu die Vorbedingung für die Teilnahme an ihrem
Leben ist –

*Lange Pause. Alle Anwesenden sind betreten, einer schaut
den anderen verlegen an, allmählich konzentrieren sich alle
Blicke auf den Chef.*

CHEF: Also haben Sie eigentlich – na ja, na ja – *Pause.* Das wäre
natürlich auch nicht schlecht, wenn unser Institut einige derartige ganz konkrete Erfolge vorzuweisen hätte! Der Kollege
Faustka hat recht, Broschüren haben noch keinen Krieg gewonnen –

STELLVERTRETER *zu Faustka*: Sie wären also, wenn ich das rich-
tig verstehe, bereit, über jedes Ihrer Treffen, sei es mit diesem
Individuum oder mit anderen, für unsere Zwecke eine Art
Aufzeichnung zu machen –

FAUSTKA: Selbstverständlich! Deshalb tue ich das doch eigentlich –

STELLVERTRETER: Das wäre nicht schlecht, wie der Herr Professor schon treffend gesagt hat. Eines allerdings ist mir nicht
ganz klar: warum mußten wir von Ihrer lobenswerten Initia-
tive erst jetzt erfahren, auf der Grundlage gewisser – wie sich
zeigt ungerechtfertigter – Beschuldigungen gegen Sie? Warum

haben Sie uns über Ihren Entschluß und die ersten Schritte nicht von Anfang an selbst informiert?

FAUSTKA: Ich sehe ein, das war ein Fehler. Ich habe es jedoch ganz anders aufgefaßt: als Wissenschaftler, der auf dem Gebiet der zivilen Praxis nur dilettiert, habe ich mir meine Rolle unwillkürlich in der Stellung eines selbständigen wissenschaftlichen Mitarbeiters vorgestellt, der auch nicht für jeden seiner Schritte im Fachbereich Rechenschaft ablegt. Ich dachte, es genügte – ähnlich wie in der Theorie –, wenn ich über meine Arbeit erst dann referiere, wenn wirklich über etwas zu referieren ist, nämlich wenn ich etwas sachlich Relevantes und Brauchbares in der Hand habe. Dabei ist mir überhaupt nicht in den Sinn gekommen, daß eine zufällige Information über meine Aktivität aus einer über ihre Absicht uninformierten Quelle in irgendeiner Weise das Vertrauen erschüttern könnte, dessen ich mich hier erfreut habe –

CHEF: Darüber aber, Herr Kollege, dürfen Sie sich nicht wundern! Ihr Entschluß, wie edel er auch immer sei, ist nun doch derart ungewöhnlich, und, um die Wahrheit zu sagen, gerade von Ihnen derart unerwartet, daß uns im ersten Moment eher das Schlechtere als das Bessere einfallen mußte –

STELLVERTRETER: Darüber, Herr Kollege, dürfen Sie sich nicht wundern!

CHEF: Nun gut, wir wollen zum Schluß kommen: Sie haben mich überzeugt, daß es sich hier um ein bloßes Mißverständnis gehandelt hat, und ich bin froh, daß es sich rechtzeitig aufgeklärt hat. Ihren mutigen Entschluß achte ich selbstverständlich sehr, und ich garantiere Ihnen, daß Ihre Arbeit entsprechend bewertet wird, besonders wenn Sie sich daran gewöhnt haben werden, eine laufende Dokumentation darüber anzufertigen und sie mir laufend zu übergeben. Hat noch jemand eine Frage? *Verlegene Pause.* Niemand? In diesem Fall ist es jetzt Zeit für eine kleine Überraschung: die morgige Feier im Institutsgarten ist ein Kostümfest!

LORENZ: Bravo!

STÖCKL: Ein herrlicher Einfall!

STELLVERTRETER: Sehen Sie? Mir gefällt er auch sehr!

LORENZ: Und das Thema?

CHEF: Das ist doch wohl klar: Hexensabbat!

Eine Welle von Erregung geht durch den Raum.

Ein Reigen von Teufeln, Hexen, Magiern und Magikern! Stilvoll, nicht wahr? Ursprünglich hatte ich das als den Versuch verstanden, die Institutsfeiern mit einem gewissen parodistischen Element zu beleben: mir schien, wir könnten so, indem wir uns abends lebhaft lustig machten über das, wogegen wir tagsüber mit kühlem Kopf und ernstem Antlitz kämpfen müssen – im Geiste der modernen Kostüm-Gruppentherapie –, die Beziehung zur eigenen Arbeit günstig beeinflussen. Einfach durch ein zeitweiliges Nicht-Ernstnehmen des Problems seine andauernde Ernsthaftigkeit zu unterstreichen, durch seine Geringschätzung seine Schwere zu betonen, durch Distanz sich ihm anzunähern. Jetzt freilich sehe ich, daß es dank eines zufälligen zeitlichen Zusammentreffens auch anders gesehen werden kann: als scherzhafte Ehrenbezeigung für die aufopferungsvolle Arbeit des Kollegen Faustka, den vielleicht neben der Notwendigkeit der Verkleidung im übertragenen Sinn auch das wenig beneidenswerte Verkleiden im Wortsinn erwartet – wenn er sich etwa in eine schwarze Messe schmuggeln will!

Höfliches Lachen.

Nun gut, begreifen wir das also als einen fröhlichen Punkt hinter die gerade beendete ernste Verhandlung! Wer füttert heute die Turmfalken?

BALTHASAR: Ich –

CHEF: Schön! *Zu Stöckl:* Wilhelm, vergiß nicht!

Der Vorhang fällt.

Ende des siebten Bildes

Achtes Bild

Auf der Bühne wieder die Wohnung Wilmas. Wenn sich der Vorhang öffnet, sitzt Faustka in Unterhose auf dem Bett und Wilma kämmt sich in der Kombination am Spiegel; die Situation ist also dieselbe wie zu Beginn des vierten Bildes.

FAUSTKA: Der würde sich bestimmt mit einem Kuß auf die Wange zufriedengeben – wenn er schon einmal drinnen war! Er hat zumindest versucht, mit dir zu tanzen –

WILMA: Heinrich, laß das bitte! Ich frag dich auch nicht nach Details – und ich hätte weit mehr Gründe dazu!
Kurze Pause; dann steht Faustka auf und beginnt in Gedanken versunken im Raum hin und her zu gehen. Wilma hört auf sich zu kämmen und schaut ihn überrascht an.
Was ist?

FAUSTKA: Was soll sein?

WILMA: Du hast so schön angefangen –

FAUSTKA: Irgendwie bin ich heute nicht in Stimmung –

WILMA: Erregt es dich zu sehr?

FAUSTKA: Das ist es nicht –

WILMA: Was ist denn passiert?

FAUSTKA: Du weißt ganz gut –

WILMA: Ich weiß nichts!

FAUSTKA: Du weißt es wirklich nicht? Und wer dem Chefarzt gesagt hat, daß dieser Magier bei mir war, das weißt du auch nicht?
Wilma erstarrt, dann wirft sie den Kamm weg, springt erregt auf und schaut entsetzt auf Faustka.

WILMA: Mein Gott, Heinrich, du glaubst doch wohl nicht –

FAUSTKA: Niemand sonst im Institut wußte davon!

WILMA: Bist du verrückt geworden? Warum sollte ich das denn, bitte, getan haben? Wenn du schon auf den beleidigenden Einfall kommst, daß ich überhaupt fähig wäre, wen auch immer bei diesem Dummkopf zu denunzieren, wie kommst du dann darauf, ich würde hingehen und dich denunzieren! Das wäre schließlich dasselbe, als ob ich mich selbst anzeigte! Du weißt doch, wie sehr mir daran gelegen ist, daß du Ruhe hast und glücklich bist und wie ich ständig Angst um dich habe. Welchen Grund sollte ich auf einmal haben, dich zu vernichten? Und zusammen mit dir auch mich – unsere Beziehung – unser gemeinsames Leben – unsere Eifersuchtsspiele – unsere Liebe – so hervorragend bestätigt durch das plötzliche Auflodern von wirklicher Eifersucht, wie ich es an dir in der letzten Zeit bemerkt habe. – Unsere Erinnerungen an alle die sonnigen Augenblicke reinen Glücks, die wir gemeinsam durchlebt haben – das wäre doch der reine Irrsinn!

FAUSTKA: Was wäre, wenn gerade die Erinnerung an die sonnigen Zeiten der Schlüssel zu einer solchen Tat wäre? Was weiß ich vom Herzen einer Frau! Vielleicht wolltest du dich für Margret an mir rächen – oder es war einfach Angst vor dem Invaliden und das Bemühen, mich so von seinem angeblichen Einfluß zu befreien –

Wilma läuft zum Bett, fällt mit dem Gesicht in ein Kissen und beginnt verzweifelt zu weinen. Faustka wird verlegen, schaut Wilma eine Weile ratlos an, setzt sich dann vorsichtig zu ihr und beginnt ihre Haare zu streicheln.

Aber Wilma –

Pause. Wilma weint.

So habe ich das nicht gemeint –

Pause. Wilma weint.

Das war doch nur so ein Scherz.

Pause. Wilma weint.

Ich wollte eine neue Etüde versuchen –

Pause.

Wilma richtet sich plötzlich energisch auf, trocknet mit einem

*Taschentuch die Augen und putzt die Nase. Als sie sich wieder
beruhigt und gestärkt fühlt, sagt sie kalt –*

WILMA: Geh!

*Faustka versucht, Wilma zu streicheln; sie stößt ihn fort und
schreit:* Rühr mich nicht an und verschwinde!

FAUSTKA: Wilma! Soviel hab ich doch gar nicht gesagt! Wie oft
hast du gewollt, daß ich weit ärgere Dinge sage –

WILMA: Das war etwas anderes! Ist dir denn überhaupt klar,
was du gerade getan hast? Du hast mich doch in Wirklichkeit
beschuldigt, daß ich auf dich angesetzt bin! Ich fordere dich
auf, zieh dich an, geh fort und versuche nie wieder, das zu
kitten, was du gerade so brutal zerschlagen hast!

FAUSTKA: Das meinst du ernst?

WILMA: Dann haben wir es wenigstens hinter uns. Früher oder
später mußte es wohl sowieso dazu kommen!

FAUSTKA: Wegen des Tänzers?

WILMA: Nein –

FAUSTKA: Warum denn dann?

WILMA: Ich höre auf, dich zu achten –

FAUSTKA: Das höre ich zum erstenmal –

WILMA: Es ist ja auch noch nicht so lang. Mir wurde das erst
heute klar, als ich die Art und Weise sah, in der du dich im
Institut gerettet hast. So schamlos und vor allen anderen dem
Chef das Denunzieren anzubieten! Und jetzt bist, abgesehen
von allem anderen, gerade du es – ein freiwilliger und öffentlich erklärter Denunziant –, der es wagt, mich, unschuldig
und ergeben, des Denunziantentums zu bezichtigen – und
auch noch mit Bezug auf dich! Begreifst du, wie absurd das
ist? Was ist mit dir geschehen? Was geht mit dir vor? Bist das
überhaupt noch du? Bist du nicht wirklich von einem Teufel
besessen? Dieser Kerl hat dir den Kopf verdreht – Gott weiß,
was er dir eingeblasen hat –, Gott weiß, welche Wunder er an
dir ausprobiert –

*Faustka steht auf und fängt an, gereizt im Zimmer hin und her
zu gehen.*

FAUSTKA: Damit du es weißt: nichts probiert er an mir aus, er hilft mir nur, mich besser selbst zu erkennen und mich gegen alles Schlechte zu stellen, was in mir lauert! Weiter: Was mein sogenanntes Konfidententum angeht, das war für mich nicht nur die einzige Art und Weise, mich selbst zu retten, sondern zugleich die einzige Möglichkeit, auch ihm zu helfen! Wenn die wissen, daß ich ihn unter Kontrolle habe, lassen sie ihn in Ruhe. Und drittens: den Verdacht, daß sie von ihm durch dich erfahren hätten, konnte ich einfach nicht vor dir verschweigen – was wäre das sonst für eine Beziehung zwischen uns! Du könntest es etwa im Affekt gesagt haben – unabsichtlich –, vor jemandem, dem du irrtümlich vertrautest – oder irgendwo, wo dich jemand Unbefugter hören konnte –

WILMA: Ich habe nie etwas absichtlich oder irrtümlich gesagt, und an deinem Verdacht stört mich nicht, daß du ihn ausgesprochen hast, nicht einmal, daß du ihn so brutal ausgesprochen hast, was du jetzt – zu spät – berichtigen willst, sondern daß dir so etwas überhaupt eingefallen ist! Wenn du imstande bist, etwas Derartiges von mir auch nur eine Sekunde zu denken, dann hat es wirklich keinen Sinn, daß wir zusammen bleiben –

Pause. Faustka setzt sich bedrückt in den Sessel und starrt eine Weile dumpf vor sich hin.

FAUSTKA: Ich bin ein solcher Idiot, daß ich dir überhaupt etwas gesagt habe – ich mach alles so idiotisch kaputt –, was fang ich ohne dich an? Am liebsten würde ich mich –

WILMA: Tu dir jetzt nur noch selbst leid!

FAUSTKA: Erinnerst du dich, was wir uns damals auf dem Damm unter der Ulme gesagt haben?

WILMA: Den Damm laß ruhig weg, es nützt dir sowieso nichts: du hast mir zu weh getan, als daß Manipulationen mit unseren Erinnerungen das wieder in Ordnung bringen könnten. Und überhaupt: ich hatte dich um etwas gebeten –

FAUSTKA: Du meinst, ich soll gehen?

WILMA: Genau!

FAUSTKA: Du erwartest den Tänzer, wie?

WILMA: Ich erwarte niemanden, ich will bloß allein sein!

Kurze Pause. Dann springt Faustka plötzlich auf, läuft auf Wilma zu, wirft sie grob auf das Bett und umfaßt sie wild am Hals.

FAUSTKA *mit dunkler Stimme*: Du lügst, du Hure!

WILMA *schreit vor Angst*: Hiiilfe!

Faustka beginnt Wilma zu würgen. In diesem Augenblick läutet es. Faustka läßt Wilma sofort los, springt verwirrt von ihr weg, steht einen Augenblick ratlos, dann geht er langsam zum Sessel und setzt sich allmählich schwer nieder. Wilma steht auf, bringt sich schnell ein wenig in Ordnung, dann geht sie zur Tür und öffnet sie. Dort steht der Tänzer mit einem Strauß Veilchen, den er hinter dem Rücken hält.

TÄNZER: Entschuldige, daß ich so spät noch störe – ich bringe dir hier nur – *Der Tänzer überreicht Wilma die Veilchen.*

WILMA: Danke! Komm herein, bitte, und bleibe hier –

Der Tänzer schaut Wilma überrascht an, dann Faustka, der zusammengebrochen im Sessel sitzt und abwesend vor sich hin starrt. Verlegene Pause.

Ihm ist nicht gut, weißt du – ich hab ein wenig Angst –

TÄNZER: Herzschwäche oder so?

WILMA: Wahrscheinlich –

TÄNZER: Könnten wir nicht inzwischen ein wenig tanzen, was meinst du? Vielleicht lenkt ihn das ab –

Der Vorhang fällt.

Ende des achten Bildes

Neuntes Bild

Auf der Bühne wieder Faustkas Wohnung. Wenn sich der Vorhang öffnet, ist nur Faustka im Morgenmantel da und geht nachdenklich im Zimmer hin und her. Nach längerer Zeit klopft jemand an die Tür. Faustka hält inne, zögert einen Augenblick, dann ruft er –

FAUSTKA: Wer da?

HUBER *hinter der Bühne*: Ich bin's, Herr Doktor –

FAUSTKA *ruft*: Kommen Sie herein, Frau Huber –
  Die Huber tritt ein.

HUBER: Sie haben Besuch –

FAUSTKA: Ich? Wer ist es denn?

HUBER: Ach, wieder der – Sie wissen doch –, der so –

FAUSTKA: Stinkt?

HUBER: Ja –

FAUSTKA: Er soll hereinkommen –
  Kurze Pause. Die Huber steht verlegen da.
  Was ist denn?

HUBER: Herr Doktor –

FAUSTKA: Ist etwas passiert?

HUBER: Ich bin eine dumme Frau – ich weiß, es gehört sich nicht, daß ich Ihnen einen Rat gebe –

FAUSTKA: Worum geht es?

HUBER: Nehmen Sie es mir nicht übel, aber ich an Ihrer Stelle würde diesem Menschen nicht glauben! Ich kann das nicht erklären – ich weiß ja nicht einmal, was er mit Ihnen hat –, ich hab nur so ein dummes Gefühl bei ihm –

FAUSTKA: Letztes Mal haben Sie ihn selbst hereingelassen!

HUBER: Weil ich Angst vor ihm hatte –

FAUSTKA: Ich gebe zu, daß er verdächtig aussieht, doch im Kern ist er unschädlich – oder genauer: er ist viel zu bedeutungslos, als daß er ernsthaft Schaden anrichten könnte –

HUBER: Haben Sie das nötig, Herr Doktor – sich mit solchen Leuten abzugeben? Sie!

FAUSTKA: Frau Huber, ich bin ein erwachsener Mensch und weiß schließlich, was ich tue!

HUBER: Aber ich habe doch Angst um Sie! Verstehen Sie mich bitte – ich erinnere mich an Sie als einen Dreikäsehoch von vier Jahren –, selbst habe ich keine Kinder –

FAUSTKA: Ist ja gut, ist ja gut, ich danke Ihnen für die Sorgen, die Sie sich um mich machen und achte sie, ich glaube aber, daß sie in diesem Fall wirklich nicht angebracht sind. Lassen Sie ihn herein und denken Sie nicht mehr daran –
Die Huber geht, die Tür läßt sie leicht geöffnet.

HUBER *hinter der Bühne*: Bitte sehr, mein Herr –
Fistula tritt ein, mit seinem Beutel in der Hand. Die Huber schaut noch hinter ihm her in das Zimmer, schüttelt besorgt den Kopf und schließt die Tür. Fistula grinst dümmlich, marschiert gleich auf das Sofa zu, setzt sich, zieht sich die Schuhe aus, holt die Hausschuhe aus seinem Beutel, zieht sie an, legt die Schuhe in den Beutel, den er dann auf das Sofa neben sich legt. Er schaut zu Faustka auf und grinst.

FISTULA: Also was?

FAUSTKA: Was – was?

FISTULA: Ich warte, daß Sie Ihr übliches Lied beginnen –

FAUSTKA: Welches Lied?

FISTULA: Ich soll augenblicklich gehen und so –
Faustka geht in Gedanken durch das Zimmer, dann setzt er sich hinter seinen Schreibtisch.

FAUSTKA: Hören Sie zu! Erstens: ich habe verstanden, daß man Sie einfach nicht loswerden kann und es also keinen Sinn hat, mit einem Bemühen Zeit zu verlieren, das von vornherein zum Mißerfolg verurteilt ist. Zweitens: ohne irgendwie Ihre – wie Sie sagen – stimulierenden Einflüsse überschätzen zu wollen, bin ich zu der Ansicht gelangt, daß die mit Ihnen verbrachte Zeit nicht völlig verloren sein muß: wenn ich für Sie schon Objekt sein muß, warum könnten nicht schließlich zum Ausgleich auch Sie für mich Objekt sein? Oder lautete Ihr ursprünglicher Vorschlag nicht so, daß Sie anbieten, in Ihre Praxis Einblick nehmen zu lassen, so lange ich Ihnen dafür eine gewisse Deckung garantiere? Ich habe mich entschlossen, Ihren Vorschlag anzunehmen —

FISTULA: Ich wußte, daß Sie sich dazu durchringen würden, das war einer der Gründe meiner Zudringlichkeit. Ich bin froh, daß diese Zudringlichkeit endlich Früchte trägt. Doch will ich nicht allzu bescheiden sein: den Entschluß, den Sie mir gerade zur Kenntnis gebracht haben, rechne ich nicht nur meiner Ausdauer, sondern auch den unzweifelhaften Erfolgen zu, die unsere Zusammenarbeit zeitigt —

FAUSTKA: Was für Erfolge meinen Sie damit nun wieder?

FISTULA: Nicht nur haben Sie sich im Institut gehalten, sondern Sie haben Ihre Position sogar noch gefestigt. Ich stelle mit Freude fest, daß Sie diesmal sogar geschafft haben, dem Smíchovský-Kompensationssyndrom zu entgehen, was ein Zeichen merklichen Fortschritts ist —

FAUSTKA: Wenn Sie damit sagen wollen, ich hätte alle meine sittlichen Grundsätze verloren und mich von vornherein all dem geöffnet, was Ihnen gerade einfällt, in mir zu erwecken, dann irren Sie sehr. Ich bin immer noch derselbe, nur habe ich mit meinen jüngsten Erfahrungen mehr kühle Selbstkontrolle gewonnen, die es mir ermöglicht, immer genau zu wissen, wie weit ich in dieser oder jener Richtung — wie neu sie für mich auch immer sei — gehen kann, ohne zu riskieren, daß ich mir etwas zu schulden kommen lasse, was ich später bitter bereuen muß —

Fistula wird ein wenig unruhig, kratzt sich, schaut sich um.
Was ist mit Ihnen?

FISTULA: Nichts, gar nichts —

FAUSTKA: Sie sehen aus, als ob Sie sich fürchteten, das ist ein

Zustand, den ich bei Ihnen nicht kenne und der mich gerade
jetzt äußerst stutzig macht, nach dem ausdrücklichen Versprechen der Deckung, das Sie von mir erhalten haben –
*Fistula zieht die Hausschuhe aus, kratzt sich mit beiden Hän-
den an den Fußsohlen, dabei seufzt er.*
Tut es weh?

FISTULA: Nein, nein – das geht vorüber – *Fistula zieht sich nach
einer Weile wieder die Hausschuhe an. Dann auf einmal beginnt er zu lachen.*

FAUSTKA: Was kommt Ihnen denn so lächerlich vor?

FISTULA: Darf ich ganz aufrichtig sein?

FAUSTKA: Ich bitte darum –

FISTULA: Sie!

FAUSTKA: Wie bitte? Ich komme Ihnen lächerlich vor? Sind Sie
nicht ein bißchen frech?
*Fistula wird ernst und starrt zu Boden. Nach einer Weile
blickt er plötzlich zu Faustka auf.*

FISTULA: Schauen Sie, Herr Doktor! Daß Sie sich mit einer ge-
ringfügigen Niederträchtigkeit gerettet haben, ist an und für
sich in Ordnung, es war schließlich genau das Vorgehen, zu
dem Haajah und ich Sie –

FAUSTKA: Wer bitte?

FISTULA: Haajah, der Geist der Politik, Sie geleitet haben. Weniger in Ordnung ist, daß Sie dabei die Spielregeln vergessen
haben!

FAUSTKA: Was für Regeln? Was für ein Spiel? Wovon, zum Teufel, sprechen Sie?

FISTULA: Sie haben nicht das Gefühl, daß auch unsere Zusammenarbeit ihre Regeln hat? Reißen Sie ruhig Ihre Skrupel nieder, wie es Ihnen beliebt – wie Sie wissen, begrüße ich ein
solches Verhalten immer und grundsätzlich. Doch denjenigen
zu betrügen, der Sie auf diesem erregenden, ja ich würde sogar
sagen revolutionären Weg führt, das sollten Sie nicht tun!
Auch die Revolution hat ihre Gesetze! Beim letztenmal haben
Sie mir gesagt, ich sei der Teufel. Stellen Sie sich für einen

Augenblick vor, ich sei es wirklich! Wie, glauben Sie, würde ich wohl auf ihren dilettantischen Versuch, mich zu überlisten, reagieren?

FAUSTKA: Ich versuche doch nicht, Sie zu überlisten –

FISTULA: Selbst wenn wir uns das nicht ausdrücklich versprochen haben sollten, aus der Situation ging klar hervor, daß wir über unsere Zusammenarbeit mit niemandem sprechen werden, geschweige denn referieren, noch dazu vor Instanzen, die ihr nichts Gutes wünschen. Man könnte sogar sagen – wenn auch mit natürlicher Zurückhaltung –, daß wir anfingen, uns gegenseitig zu vertrauen. Wenn Ihnen der innere Sinn dieser Aspekte unserer Absprache nicht aufgegangen ist und Sie sich entschlossen haben, sie zu verlachen, dann haben Sie Ihren ersten schweren Fehler gemacht. Sie haben doch schließlich viel gelesen und müssen also wissen, daß es auch in unserer Sphäre Grenzen gibt, die nicht überschritten werden dürfen, ja, daß gerade hier, wo es um so viel geht, das Gebot ihrer Unüberschreitbarkeit besonders streng ist. Begreifen Sie denn nicht, der Umstand, daß wir imstande sind, die ganze Welt aufs Spiel zu setzen, ist nur und ausschließlich möglich, weil wir uns auf Kontakte stützen, die man einfach nicht aufs Spiel setzen darf? Jemanden, der lügt, zu belügen ist gut, jemanden, der die Wahrheit spricht, zu belügen ist zulässig, doch gerade die Instanz zu belügen, die uns zu diesem Lügen die Kraft gibt und uns im voraus mit Straffreiheit ausstattet – das geht wahrlich nicht mehr ohne Strafe! Der dort – *er zeigt nach oben* – bedenkt den Menschen mit einer Menge nicht einzuhaltender Gebote, und es bleibt ihm also nichts anderes übrig, als von Zeit zu Zeit zu vergeben. Andere befreien den Menschen im Gegenteil von all diesen nicht einzuhaltenden Geboten, dank derer wir selbstverständlich auch ganz von der Notwendigkeit, Gelegenheit und dann auch überhaupt der Fähigkeit befreit sind zu vergeben. Doch auch, wenn das nicht so wäre, den Verrat eines Abkommens, das all diese uferlose Freiheit eröffnet, könnten

sie ohnehin nicht vergeben: in einer solchen Vergebung
würde schließlich ihre ganze Welt zusammenbrechen! Oder
ist nicht die einzige Garantie der Freiheit von allen Verpflichtungen die Verpflichtung der Treue zu derjenigen Autorität,
die uns eine solche Freiheit gibt? Haben Sie mich verstanden?

*Faustka, der während Fistulas Rede immer nervöser gewor-
den ist, steht auf und durchquert das Zimmer. Längere Pause.
Fistula verfolgt ihn aufmerksam. Dann bleibt Faustka plötzlich hinter seinem Schreibtisch stehen, stützt sich auf ihn wie
auf ein Rednerpult und wendet sich an Fistula.*

FAUSTKA: Ich habe Sie gut verstanden, befürchte aber, daß Sie
mich nicht verstanden haben!

FISTULA: Ach nein!

FAUSTKA: Das Versprechen, auf das Sie offenbar anspielen, können Sie als einen Versuch des Verrats nur auffassen, weil Sie
nicht wissen, warum ich es mit ruhigem Gewissen gegeben
habe und geben konnte!

FISTULA: Sie haben es gegeben, um Schwierigkeiten aus…

FAUSTKA: Sicher, doch wie hätte ich ihnen aus dem Weg gehen
können, wenn ich mit Verrat bezahlt hätte! Ich bin schließlich
nicht auf den Kopf gefallen! Ich konnte das nur versprechen,
weil ich vom ersten Augenblick an fest entschlossen war, mein
Versprechen nicht nur nicht zu halten, sondern die Stellung,
die es mir gewährte, zugleich geschickt – natürlich in laufen-
der Konsultation mit Ihnen – in unserem Geiste und zu unseren Gunsten auszunutzen, das heißt die Kontrolle über ihre
Informationen dort zu gewinnen und sie dabei mit unseren
Desinformationen zu überschwemmen, die echten Spuren zu
verwischen und sie mit falschen zu beschäftigen; mit ihrer
Hilfe diejenigen von uns, die bedroht sind, zu retten, und die
untergehen zu lassen, die uns bedrohen – und mit dem allem
unserer Sache zu dienen als unser Mann, verborgen im Schoß
des Feindes, ja darüber hinaus an der Spitze der Abteilung des
Feindes, die dem Kampf gegen uns bestimmt ist! Es über-

rascht mich und macht mich ärgerlich, daß Sie meine Absicht nicht sofort verstanden und geschätzt haben –

Faustka setzt sich. Fistula springt auf, beginnt zu lachen und wild durch den Raum zu springen. Dann bleibt er plötzlich stehen und wendet sich ganz sachlich an Faustka.

FISTULA: Obwohl Sie sich diese Konzeption erst jetzt ausgedacht haben, ich gehe auf sie ein, um Ihnen eine letzte Chance zu geben. Auch bei uns kann vergeben und die Möglichkeit der Besserung gewährt werden; wenn ich vor einer Weile das Gegenteil behauptet habe, so nur, um Sie zu erschrecken, Sie zu diesem in keiner Weise mehr zweideutigen Angebot zu veranlassen und Sie so vor dem nahen Abgrund zu retten. Es ist also offenbar, daß ich zu Ihrem großen Glück wirklich nicht der Teufel bin: der Verrat, der Ihnen bei mir durchgegangen ist, sei es auch nur dieses eine und zum allerletztenmal, wäre Ihnen bei ihm mit Sicherheit niemals durchgegangen!

Faustka wird sichtlich leichter, er kann sich nicht beherrschen, geht zu Fistula und umarmt ihn. Fistula springt zur Seite, beginnt mit den Zähnen zu klappern und sich die Oberarme zu reiben.

Mann, Sie haben wohl hundert Grad unter Null!

FAUSTKA *lacht:* So viel nicht –

Der Vorhang fällt.

Ende des neunten Bildes

Zehntes Bild

Auf der Bühne wieder der Institutsgarten. Bis darauf, daß jetzt die Bank rechts steht und der Getränketisch links, ist alles genauso wie im dritten Bild, einschließlich der Beleuchtung. Wenn sich der Vorhang öffnet, wird in der gleichen Weise wie im dritten Bild die Musik leiser und verändert sich; auch diesmal wird sie – soweit nicht anders angegeben – das gesamte Bild untermalen. Auf der Bühne die Verliebte, der Verliebte und Faustka. Verliebter und Verliebte tanzen gemeinsam im Hintergrund, wo sie fast das gesamte Bild über ununterbrochen gemeinsam tanzen werden, so daß ihr Altan jetzt leer ist; Faustka sitzt gedankenverloren auf der Bank. Alle drei tragen Kostüme im Geist der «magischen Konzeption» der Feier; Faustka trägt das traditionelle Theaterkostüm Fausts. Soweit die Kostüme nicht näher beschrieben werden, gilt für alle Gestalten, die nacheinander die Bühne betreten, daß sie in diesem Geiste gekleidet und geschminkt sind, wobei es ganz dem Inszenator überlassen bleibt, wie diese oder jene Gestalt aufgefaßt wird oder wovon ihre Verkleidung inspiriert wird. Offensichtlich sollten hier einige der bekanntesten und üblichsten Motive erscheinen, die im Theater traditionellerweise bei «Höllen-» oder «Hexen»-Thematik verwandt werden, wie es zum Beispiel die Dominanz schwarzer und roter Farbe, Reichtum verschiedener Anhänger und Amulette sind, aufgebauschte Damenperücken, Schwänze, Hufe und Teufelsketten usw. Die Verkleidung beeinflußt in keiner Weise die schauspielerische Gestaltung, sie wird davon weder betont noch kommentiert, alles verläuft im Gegenteil so, als ob sie gar nicht vorhanden wäre. Längere Pause. Dann taucht von rechts die Lorenz auf, mit einem Besen unter dem Arm, überquert die Bühne in Richtung zum Tisch, wo sie sich ein Glas füllt. Pause.

FAUSTKA: Weißt du nicht, ob der Chef schon hier ist?

LORENZ: Keine Ahnung –

Pause. Die Lorenz trinkt aus, stellt das Glas ab und verschwindet links. Nach einiger Zeit kann man sie im Hintergrund sehen, wie sie allein mit ihrem Besen tanzt. Pause. Dann kommt von links der Stellvertreter.

STELLVERTRETER: Hast du Petra nicht gesehen?

FAUSTKA: Hier war sie nicht –

Der Stellvertreter schüttelt verständnislos den Kopf und verschwindet rechts. Nach einiger Zeit ist er im Hintergrund zu sehen, wo er solo im Rhythmus des Tanzes umherhopst. Faustka steht auf, geht zum Tisch und füllt sich ein Glas. Von rechts kommen der Chef und Stöckl, die sich bei der Hand halten. Soweit es nicht anders bestimmt wird, werden sie sich so das ganze Bild über bei der Hand halten. Der Chef, in einer besonders deutlichen Verkleidung als Teufel, mit Hörnern auf dem Kopf. Der Chef und Stöckl widmen Faustka keine Aufmerksamkeit und bleiben mitten auf der Bühne stehen; Faustka beobachtet sie vom Tisch aus.

CHEF *zu Stöckl:* Wo willst du das eigentlich anbringen? Hier irgendwo?

STÖCKL: Ich dachte, ich mach das im Altan –

CHEF: Das ginge, es wäre auch besser aus Sicherheitsgründen –

STÖCKL: Ich zünde es im Gartenhäuschen an, dann bring ich es unauffällig her – es dauert ein paar Minuten, bis es losgeht –, stelle es in den Altan und dann wirst du bald sehen –

Der Chef und Stöckl gehen nach links.

FAUSTKA: Herr Professor –

Der Chef und Stöckl bleiben stehen.

CHEF: Was ist, Herr Kollege?

FAUSTKA: Hätten Sie einen kleinen Moment Zeit?

CHEF: Nehmen Sie es mir nicht übel, Herr Kollege, aber im Moment ganz bestimmt nicht –

Der Chef und Stöckl verschwinden links. Nach einer Weile sind sie im Hintergrund zu sehen, wie sie gemeinsam tanzen.

Faustka geht mit seinem Glas in Gedanken versunken zur Bank zurück und setzt sich. Die Musik wird vernehmlich lauter, es wird irgendein notorisch bekannter Tango gespielt, zum Beispiel «Tango milonga». Von links kommen Wilma und der Tänzer auf die Bühne gelaufen und beginnen komplizierte Tangofiguren zu tanzen. Ihr Hauptverursacher ist der Tänzer, offenbar ein wirklicher Professioneller, der Wilma auf alle mögliche Weise über die Bühne schwingt. Faustka betrachtet sie bestürzt. Nach einer Weile hat der Tango seinen Höhepunkt und Wilma und der Tänzer tanzen die Schlußfigur. Die Musik wird leise und verwandelt sich fließend in etwas anderes. Wilma und der Tänzer sind außer Atem, aber glücklich, sie halten sich an der Hand und lächeln einander an.

FAUSTKA: Unterhaltet ihr euch gut?

WILMA: Wie du siehst –

Von links kommt der Stellvertreter, der inzwischen das Parkett verlassen hat.

STELLVERTRETER: Habt ihr Petra gesehen?

WILMA: Hier war sie nicht –

Der Stellvertreter schüttelt verständnislos den Kopf und verschwindet rechts. Nach einiger Zeit ist er im Hintergrund zu sehen, wo er sich solo im Rhythmus des Tanzes wiegt. Wilma faßt den Tänzer bei der Hand und zieht ihn fort, beide verschwinden rechts. Nach einiger Zeit sind sie im Hintergrund beim Tanz zu sehen. Faustka steht auf, geht zum Tisch hinüber und füllt sein Glas. Von rechts kommen der Chef und Stöckl, die inzwischen das Parkett verlassen haben, sie halten sich an der Hand. Sie schenken Faustka keine Aufmerksamkeit und bleiben inmitten der Bühne stehen. Faustka beobachtet sie vom Tisch aus.

STÖCKL *zum Chef*: Wie kann ich erkennen, daß die Zeit gekommen ist?

CHEF: Das errätst du schon, wenn ich dir ein Zeichen gebe. Mir macht etwas anderes Sorgen –

STÖCKL: Was?

CHEF: Kannst du mir wirklich garantieren, daß nichts passiert?

STÖCKL: Was soll denn passieren?

CHEF: Na ja, jemand könnte ersticken – oder irgend etwas könnte Feuer fangen –

STÖCKL: Keine Angst –

Der Chef und Stöckl gehen nach links.

FAUSTKA: Herr Professor –

Der Chef und Stöckl bleiben stehen.

CHEF: Was ist, Herr Kollege?

FAUSTKA: Ich verstehe, daß Sie eine Menge anderer Sorgen haben, doch ich werde Sie nicht lange aufhalten und bin sicher, daß die Angelegenheit, um die es geht, Sie interessieren wird –

CHEF: Nehmen Sie es mir nicht übel, aber jetzt geht es wirklich nicht –

In diesem Moment tritt von rechts der Sekretär auf, geht zum Chef, beugt sich zum Chef nieder und flüstert ihm lange etwas ins Ohr. Der Chef nickt mit dem Kopf. Während der Chef flüstert, kommt von rechts die Lorenz, die inzwischen das Parkett verlassen hat, in der Hand hat sie ihren Besen, sie bleibt rechts an der Bank stehen und schaut auf den Sekretär. Nach längerer Zeit endet der Sekretär. Der Chef nickt noch einmal zustimmend, worauf er mit Stöckl verschwindet. Nach einer Weile sind sie im Hintergrund zu sehen, wie sie miteinander tanzen. Der Sekretär geht nach rechts, direkt auf die Lorenz zu. Die lächelt ihn an, er bleibt dicht vor ihr stehen, eine Weile schauen sie sich starr an, dann nimmt der Sekretär, ohne den Blick von der Lorenz zu lassen, ihr den Besen ab, legt ihn bedeutungsvoll auf den Boden, worauf er die Lorenz umarmt. Sie umarmt ihn ebenfalls, einen Augenblick lang schauen sie sich von nahem gerührt in die Augen, dann beginnen sie sich zu küssen. Als sie sich nach einer Weile voneinander losreißen, verschwinden sie gemeinsam, eng umschlungen. Nach einiger Zeit sind sie im Hintergrund beim Tanz zu sehen. Faustka geht mit seinem Glas in Gedanken versunken zurück zur Bank und setzt sich: hinter der Bühne ist eine Mäd-

*chenstimme zu hören, auf die Melodie, die gerade gespielt
wird, ist Ophelias Lied aus «Hamlet» zu hören.*
MARGRET *singt hinter der Bühne*:
Und kommt er nicht mehr zurück?
Und kommt er nicht mehr zurück?
Er ist tot, o weh!
In dein Todesbett geh,
er kommt ja nimmer zurück.

*Von links taucht Margret auf. Sie ist barfuß, die Haare aufge-
löst, auf dem Kopf einen Kranz aus Feldblumen, sie trägt ein
weißes Nachthemd, unten ein großer Stempel «Psychiatrie».
Langsam kommt sie näher, singend, zu Faustka, der erschrok-
ken aufgestanden ist.*

Margret singt:
Sein Bart war weiß wie Schnee,
sein Haupt dem Flachse gleich:
er ist hin, er ist hin,
und kein Leid bringt Gewinn;
Gott helf ihm ins Himmelreich!

FAUSTKA *ruft*: Margret!
MARGRET: Wo ist die schöne Majestät von Dänemark?
*Faustka weicht entsetzt vor Margret zurück, sie folgt ihm,
langsam umkreisen sie die Bühne.*
FAUSTKA: Mein Gott, was machst du hier? Bist du weggelaufen?
MARGRET: Sagen Sie ihm bitte, wenn Sie ihn sehen, daß dies
alles nicht einfach so von selbst gekommen sein kann, son-
dern daß sich dahinter eine Art tieferer Wille des Seins, der
Welt und der Natur verbergen muß, um –
FAUSTKA: Margret, erkennst du mich? Ich bin's, Heinrich –
MARGRET: Oder wirkt das nicht tatsächlich so, als ob der Kosmos sich geradezu vorgenommen hätte, eines Tages sich selbst
mit unseren Augen zu sehen und die Fragen, die wir uns hier
gemeinsam stellen, sich durch unsere Münder zu stellen?
FAUSTKA: Du solltest zurückgehen – sie werden dich heilen –
alles wird wieder gut – du wirst sehen –

MARGRET *singt*:
    Wie erkenn ich dein Treulieb
    von den andern nur?
    An dem Muschelhut und Stab
    und den Sandelschuhn!
    Margret verschwindet nach rechts, hinter der Bühne erklingt
    noch leise ihr sich entfernender Gesang, schon ohne Worte.
    Faustka geht erregt zum Tisch, füllt sich schnell ein Glas,
    trinkt es in einem Zug aus und gießt sich wieder ein. Von
    rechts kommen der Chef und Stöckl, die inzwischen das Par-
    kett verlassen haben, sie halten sich an der Hand. Sie schen-
    ken Faustka keine Aufmerksamkeit, gefesselt von ihrem Ge-
    spräch.

CHEF *zu Stöckl*: Zumindest hat er versucht, mit dir zu tanzen –

STÖCKL: Laß das, ich bitte dich! Kannst du dich nicht über etwas
    Interessanteres unterhalten?

CHEF: Hat er es versucht oder nicht?

STÖCKL: Wenn du es wissen willst, er hat! Und weiter sage ich
    kein Wort –
    Der Chef und Stöckl überqueren allmählich die Bühne und
    wollen nach links abgehen.

FAUSTKA: Herr Professor –
    Der Chef und Stöckl bleiben stehen.

CHEF: Was ist, Herr Kollege?
    In dem Moment ertönt von rechts unter dem Strauch her ein
    Schmerzensschrei.

BALTHASAR *hinter der Bühne*: Au!
    Der Chef, Stöckl und Faustka blicken erstaunt zur Bank. Un-
    ter dem Strauch taucht Balthasar auf, hält sich das offenbar
    verletzte Ohr und stöhnt.

STÖCKL: Was ist denn, Alois?

BALTHASAR: Ach, nichts –

CHEF: Haben Sie etwas mit dem Ohr?
    Balthasar nickt.

STÖCKL: Hat dich etwas gebissen?

Balthasar nickt und weist mit dem Kopf auf das Gebüsch, aus dem er vor einer Weile aufgetaucht ist und aus dem jetzt verlegen Petra steigt. Sie bringt nervös Haare und Kostüm in Ordnung. Der Chef und Stöckl schauen einander bedeutungsvoll an und grinsen. Balthasar, mit der Hand auf dem Ohr und stöhnend, schlurft nach rechts ab. Petra läuft scheu nach links zum Tisch, gießt sich mit ein wenig zitternder Hand ein und trinkt dann rasch. Der Chef und Stöckl wollen abgehen.

FAUSTKA: Herr Professor –

Der Chef und Stöckl bleiben stehen.

CHEF: Was ist, Herr Kollege?

In diesem Moment kommt von links der Stellvertreter. Petra, die von Faustka verdeckt wird, sieht er zunächst nicht.

STELLVERTRETER: Haben Sie Petra nicht gesehen?

Petra geht zum Stellvertreter, lächelt ihn an und nimmt ihn bei der Hand. Von nun an werden sie sich wie früher an der Hand halten.

Wo warst du, Scheißerchen?

Petra flüstert dem Stellvertreter etwas ins Ohr, er hört aufmerksam zu, zuletzt nickt er zufrieden. Der Chef und Stöckl wollen gehen.

FAUSTKA: Herr Professor –

Der Chef und Stöckl bleiben stehen.

CHEF: Was ist, Herr Kollege?

FAUSTKA: Ich begreife, daß Sie jetzt eine Menge anderer Sorgen haben, doch möchte ich andererseits – belehrt von dem, was geschehen ist – ungern etwas versäumen – ich habe nämlich bestimmte neue Erkenntnisse – ich habe alles schon aufgeschrieben –

Faustka tastet sich ab, er sucht offensichtlich ein Papier. Der Chef und der Stellvertreter schauen sich bedeutungsvoll an und gehen dann – der eine Stöckl und der andere Petra an der Hand haltend – zur Mitte der Bühne, wo alle vier unwillkürlich eine Art Halbkreis um Faustka bilden.

CHEF: Suchen Sie nicht weiter –

Faustka schaut den Chef überrascht an, dann schaut er sich nach den anderen um. Kürzere, angespannte Pause.

FAUSTKA: Ich dachte, ich –

Wieder eine angespannte Pause, die schließlich der Chef mit scharfer Stimme unterbricht.

CHEF: Mich interessiert nicht, was Sie denken, mich interessiert Ihr Papier nicht, Sie selbst interessieren mich nicht. Mit Ihrer Komödie, verehrter Herr, ist nämlich Schluß!

FAUSTKA: Ich verstehe Sie nicht – was für eine Komödie?

CHEF: Sie haben sich sehr überschätzt und uns unterschätzt –

STELLVERTRETER: Verstehen Sie immer noch nicht?

FAUSTKA: Nein –

CHEF: Nun gut, dann sage ich es Ihnen geradeheraus: wir haben selbstverständlich von Anfang an gewußt, was Sie über uns denken, daß Sie Ihre Loyalität nur vortäuschen und Ihre echten Interessen und Ansichten vor uns verbergen. Trotzdem haben wir uns entschlossen, Ihnen eine letzte Gelegenheit zu geben, indem wir so taten, als ob wir Ihrem Märchen glaubten, für uns Feldforschung zu leisten, wir waren neugierig, wie Sie sich nach dieser Lektion und Ihrem scheinbaren Entkommen verhalten würden und ob Sie nicht doch noch zur Besinnung kämen. Sie haben jedoch die von uns gereichte Hand unmittelbar darauf bespuckt, womit Sie über sich selbst definitiv das Urteil gesprochen haben.

FAUSTKA: Das ist nicht wahr!

CHEF: Sie wissen sehr gut, daß es stimmt!

FAUSTKA: Dann beweisen Sie es!

CHEF *zum Stellvertreter*: Erfüllen wir seinen Wunsch?

STELLVERTRETER: Ich bin dafür –

Der Chef pfeift gellend auf zwei Fingern. Aus dem Altan, in dem er offenbar während der ganzen Zeit so verborgen war, daß man ihn nicht sehen konnte, springt Fistula heraus. Als Faustka ihn sieht, erschrickt er. Fistula humpelt schnell auf den Chef zu.

FISTULA *zum Chef*: Du wünschst, Chef?

CHEF: Was hat er dir gesagt, als du gestern bei ihm warst?

FISTULA: Dem Anschein nach wollte er Nachrichten für dich sammeln, in Wirklichkeit aber – verbündet mit denen, gegen die du kämpfst – deinen Nachrichtendienst auf alle mögliche Weise behindern. Wörtlich hat er gesagt, er werde unser – das heißt: ihr – Mann im Schoße des Feindes sein –

FAUSTKA *schreit auf*: Er lügt!

CHEF: Was haben Sie da gesagt? Können Sie das wiederholen?

FAUSTKA: Er lügt –

CHEF: Mann, was erlauben Sie sich! Wie können Sie es wagen, von meinem langjährigen vertrauten persönlichen Freund und einem unserer besten externen Mitarbeiter zu behaupten, er lüge? Uns belügt Fistula niemals!

STELLVERTRETER: Genau das hatte ich gerade sagen wollen, Herr Professor! Uns belügt Fistula niemals!

Von links kommen die Lorenz und der Sekretär und von rechts zur gleichen Zeit Verliebter und Verliebte, die alle inzwischen das Parkett verlassen haben; beide Paare halten sich bei der Hand. Sie gesellen sich so zu den anderen, daß sie unauffällig den Halbkreis, in dessen Mitte Faustka steht, auf beiden Seiten erweitern.

FAUSTKA: Fistula war also doch ein Provokateur, den Sie auf mich angesetzt haben, um mich zu prüfen! Warum hab ich Idiot ihn nicht sofort hinausgeworfen! Wilma, ich entschuldige mich für meine absurde Beschuldigung, deretwegen ich dich verloren habe! Frau Huber, ich entschuldige mich bei Ihnen, selbstverständlich war die Wahrheit auf Ihrer Seite!

CHEF *zu Fistula*: Mit wem spricht er da?

FISTULA: Mit seiner Vermieterin, Chef –

CHEF: Sie sind selbstverständlich nicht der einzige Mensch auf der Welt, der mich interessiert. Jeden lasse ich prüfen, und Sie würden sich wundern, wie lange – im Vergleich mit Ihrem trivialen Fall – es manchmal dauert, bevor ich auf die Wahrheit stoße, sei es diese oder jene!

FAUSTKA *zu Fistula*: Also bin ich doch auf Sie reingefallen –

FISTULA: Verzeihen Sie, Herr Doktor – *Zum Chef:* Ist er noch
Doktor –

CHEF: Das ist doch scheißegal –

FISTULA: Verzeihen Sie, Herr Doktor, Sie lassen sich wiederum
eine Simplifizierung zuschulden kommen! Die ganze Zeit
über habe ich Ihnen doch durch verschiedene Andeutungen
und direkt zu verstehen gegeben, daß Sie verschiedene Alternativen haben und daß einzig Sie es sind, der der Schmied
Ihres Glücks ist! Sie sind nicht auf mich hereingefallen, sondern auf sich selbst, auf Ihren eigenen Hochmut nämlich, der
Ihnen eingeredet hat, Sie könnten gleichzeitig nach allen
Seiten spielen und Sie würden damit durchkommen! Oder
erinnern Sie sich nicht mehr daran, wie ich Ihnen in aller Aus-
führlichkeit erklärt habe, daß der Mensch irgendeine Autorität – welche es auch sei – respektieren muß, wenn es nicht
schlecht mit ihm enden soll? Und daß auch die Revolution
ihre Gesetze hat? Ich konnte Ihnen wohl kaum klarer zu erkennen geben, wie die Dinge wirklich liegen! Mein Gewissen
ist rein, ich habe getan, was ich konnte, korrekter konnte man
meinen Auftrag wohl kaum ausführen! Daß Sie nichts begriffen haben, das ist eben Ihr Pech –

CHEF: Fistula hat, wie immer, recht. Man kann nicht allen Herren auf einmal dienen und zugleich alle hintergehen! Man
kann nicht nur von allen Seiten einfach nehmen und keiner
etwas geben! Der Mensch muß einfach irgendwohin gehören!
*Die Musik wird merklich lauter, wieder ertönt der Tango, der
schon einmal zu hören war. Zugleich kommen von links
Wilma und der Tänzer, die inzwischen das Parkett verlassen
haben. Sie kommen zwischen den Anwesenden hindurch auf
die Mitte der Bühne, wo sie einander anfassen und wieder eine
komplizierte Tangofigur vorführen, bei der der Tänzer Wilma
so nach hinten beugt, daß sie mit dem Scheitel fast den Boden
berührt. Gleich wird die Musik wieder leise und Wilma und
der Tänzer, die sich ebenso bei der Hand halten wie alle übrigen Paare, gliedern sich unauffällig in deren Halbkreis ein.*

FAUSTKA: Es ist paradox, erst jetzt, wo ich alles verloren habe und meine Erkenntnis zu nichts mehr nütze ist, beginne ich alles zu verstehen! Fistula hat recht: ich war ein eingebildeter Narr, ich hatte geglaubt, ich könnte den Teufel ausnutzen, ohne mich ihm verschreiben zu müssen! Doch kann man den Teufel, wie bekannt, nicht überlisten!

Von rechts kommt Balthasar mit einem großen Pflaster auf dem Ohr, und von links kommt zugleich Margret gelaufen. Als sie Balthasar sieht, ruft sie ihn an.

MARGRET *ruft*: Vater!

Margret läuft zu Balthasar und nimmt ihn bei der Hand; er ist ein wenig verlegen. Auch sie werden unwillkürlich Bestandteil des entstandenen Halbkreises.

FISTULA: Vorsicht, Vorsicht! Ich habe nie gesagt, daß ein Teufel existiert!

FAUSTKA: Aber ich sage das! Er ist sogar unter uns! ·

FISTULA: Meinen Sie etwa mich?

FAUSTKA: Sie sind nur ein unbedeutendes Unterteufelchen!

CHEF: Ich kenne Ihre Ansichten, Faustka, und begreife daher auch Ihre Metapher. In meiner Person wollen Sie die moderne Wissenschaft beschuldigen und sie als den echten Quell allen Übels bezeichnen. Ist es nicht so?

FAUSTKA: Nein! In Ihrer Person will ich den Hochmut der intoleranten Macht anklagen, die zu allem fähig ist und nur sich selbst liebt, jene Macht, die die Wissenschaft benutzt als den geschickten Pfeil zur Ausrottung all dessen, was sie bedroht, das heißt all dessen, was seine Autorität nicht von dieser Macht ableitet oder sich auf eine von ihr nicht abgeleitete Autorität bezieht!

CHEF: Das war Ihr Vermächtnis an diese Welt, Faustka?

FAUSTKA: Ja!

CHEF: Für meinen Geschmack war das ein bißchen banal. In Ländern ohne Zensur läßt auf seinem Lebensweg jeder etwas gewandtere Sportjournalist solche Dinge fallen! Vermächtnis ist allerdings Vermächtnis, und weil ich, obwohl Sie das bestreiten, tolerant bin, werde ich trotz meiner Einwände Ihrem Testament Beifall spenden!

Der Chef beginnt leicht zu klatschen, alle übrigen fallen allmählich ein. Zugleich wird die Musik lauter, es ist ein sehr harter, wilder und überwältigender Rock. Es wäre gut, wenn es eine erkennbare Veränderung der Musik wäre, die vor der Vorstellung und in den Pausen erklang bzw. wenn zumindest eine motivische Verbundenheit dieses wilden Finales mit der Musik zu spüren wäre, die den Anfang der Vorstellung begleitet hat. Das Klatschen wird bald rhythmisch und ordnet sich der Musik unter, die immer lauter und schließlich betäubend wird. Alle Anwesenden außer Faustka beginnen allmählich, aber immer sichtlicher der suggestiven Musik zu erliegen. Zunächst drehen sie sich beim Klatschen leicht im Rhythmus, hopsen und schütteln sich, was allmählich in einen Tanz übergeht. Zuerst tanzen die Anwesenden einzeln, dann in Paaren und schließlich alle zusammen. Der Tanz wird immer wilder, bis er sich in einen orgiastischen Reigen oder Mummenschanz verwandelt. Faustka nimmt daran nicht teil, er schwankt nur verwirrt zwischen den Tanzenden umher, die ihn unterschiedlich anstoßen, so daß er jegliche Orientierung verliert und nicht einmal fliehen kann, was er offenbar gern möchte. Aus dem Reigen hatte sich Stöckl davongemacht, der nun eine Schale anbringt, auf der ein Feuer lodert. Er schlägt Haken durch die Tanzenden hindurch im Bemühen, sich zum Altan durchzukämpfen und die Schale dort abzustellen, was ihm schließlich auch gelingt. Zugleich aber ist es ihm auf dem Weg gelungen, Faustkas Mantel anzuzünden, so daß in den ganzen Mummenschanz ein weiteres chaotisches Element hineinkommt in der Form des brennenden Faustka, der nur noch panisch über die Bühne rast. Kurz darauf wird alles von dichtem, beißendem Rauch überdeckt, der aus dem Altan dringt, in dem Stöckl die Schale abgestellt hatte. Die Musik dröhnt, auf der Bühne ist nichts zu sehen. In dem Maße, in dem es die Inszenatoren wagen werden, dringt der Rauch auch in den

Zuschauerraum. Nach einiger Zeit hört die Musik plötzlich auf, im Zuschauerraum geht das Licht an, der Rauch löst sich auf, und es zeigt sich, daß inzwischen der Vorhang gefallen ist. Nach kurzer Stille beginnt – in erträglicher Lautstärke – möglichst banale kommerzielle Musik zu spielen. Soweit nicht der Rauch oder das Stück selbst alle Zuschauer vertrieben haben und noch welche übriggeblieben sind, die vielleicht auch klatschen, soll als erster und allein sich vor dem Publikum ein Feuerwehrmann in Uniform, mit Helm auf dem Kopf und Spritze in der Hand verneigen.

Ende des zehnten Bildes

Ende des Schauspiels

Anmerkung:
Ophelias Lied aus Shakespeares «Hamlet» ist nach der Übersetzung von Schlegel-Tieck zitiert.

Sanierung

Schauspiel in fünf Akten

Personen

ZDENĚK BERGMAN, *Projektleiter, etwa fünfzig Jahre alt*
LUISA, *Architektin, etwa vierzig Jahre alt*
ALBERT, *Architekt, etwa fünfundzwanzig Jahre alt*
KUZMA PLECHANOV, *Architekt*
ULČ, *Architekt*
MACOURKOVA, *Architektin*
RENATA, *Sekretärin, etwa zwanzig Jahre alt*
SEKRETÄR
ERSTER INSPEKTOR
ZWEITER INSPEKTOR
ERSTER DELEGIERTER
ZWEITER DELEGIERTER
ERSTE FRAU
ZWEITE FRAU

Ort der Handlung

des gesamten Stücks ist die Halle einer mittelalterlichen Burg, in der sich normalerweise die Angestellten des Projektateliers treffen, das zeitweise in dieser Burg untergebracht ist, und zu dessen Aufgabenbereich die Planung der Sanierung des Städtchens unterhalb der Burg gehört. Die Mitarbeiter des Ateliers haben innerhalb der Burg ihre Arbeitszimmer und Unterkunft. Die Halle ist geräumig und reich gegliedert. Rechts ist der Eingang von draußen (im weiteren «rechte Tür»), den man von der Halle aus über drei Stufen erreicht. An der linken Wand befindet sich eine Treppe mit Geländer, die etwa einen Meter über dem Fußboden von einem Absatz unterbrochen wird, der den Zugang zu einer Tür in dieser Wand ermöglicht (im weiteren «linke Tür»). Die Treppe führt dann weiter zu der Galerie, die die ganze hintere Wand entlangläuft und so einen «zweiten Stock» bildet. Auf diese Galerie führen zwei Türen (im weiteren «linke obere Tür» und «rechte obere Tür»). Unterhalb dieser Galerie sind in der Rückwand noch zwei Türen («linke hintere Tür» und «rechte hintere Tür»). Insgesamt gibt es also sechs Türen, von denen eine nach draußen, die anderen in die Burg führen. Inmitten der Halle steht – parallel zur Bühnenrampe – ein großer, länglicher gotischer Tisch mit acht hohen gotischen Stühlen. Vor den Wänden und in den Ecken der Halle stehen weitere Stühle oder Sessel, eventuell Tische oder Kommoden. Die Halle ist mit alten Porträts und verschiedenen architektonischen Plänen, Zeichnungen und Fotografien ausgestattet. In der Mitte des Tischs steht das große Styropor-Modell einer gotischen Burg auf einem Hügel, an dessen Abhängen und Fuß sich eine moderne Siedlung befindet.

Erster Akt

Wenn es im Zuschauerraum dunkel wird, beginnt hinter dem Vorhang eine Geige das bekannte traurige russische Lied «Schwarze Augen» zu spielen. Nach einer Weile hebt sich der Vorhang, und wir sehen den Geigenspieler: Plechanov. Er ist allein auf der Bühne, trägt einen Morgenrock, den er während des ganzen Stücks tragen wird und ist ganz in sein Geigenspiel vertieft. Nach einer Weile tritt durch die linke Tür Renata ein und bleibt auf dem Treppenabsatz stehen; Plechanov sieht sie nicht. Pause.

RENATA: Herr Architekt –
  Plechanov hört sie nicht, er spielt weiter. Pause.
  Lauter: Herr Architekt –
  Plechanov hört auf zu spielen und blickt zu Renata auf.
  Ruft: Herr Architekt!
PLECHANOV: Sprechen Sie mit mir?
RENATA: Ja –
PLECHANOV: Was ist los?
RENATA: Der Projektleiter bittet Sie, mit dem Geigespielen aufzuhören. Oder kein so trauriges Lied –
  Plechanov nickt mit dem Kopf und legt die Geige zur Seite. In der oberen rechten Tür erscheint Ulč im weißen Kittel, den er das ganze Stück über tragen wird. Renata will durch die linke Tür abgehen.
ULČ: Renata –
  Renata stutzt, zögert einen Augenblick, dann dreht sie sich zu Ulč um.
RENATA: Sie wünschen?
ULČ: Hätten Sie einen Augenblick Zeit?

RENATA: Tut mir leid, aber –

ULČ: Es ist wichtig –

RENATA: Ich habe zu arbeiten –

ULČ: Das haben wir alle. Ich bitte Sie –

RENATA: Jetzt geht es aber wirklich nicht –

Renata dreht sich um und geht schnell durch die linke Tür ab. Ulč schaut ihr nach. Kurze Pause.

PLECHANOV *für sich*: Er gibt nicht auf!

Ulč verschwindet wieder in der rechten oberen Tür. Zugleich kommt durch die linke obere Tür Luisa herein, tritt ans Geländer und schaut hinunter auf Plechanov.

LUISA: Warum spielst du nicht, Kuzma?

PLECHANOV: Der Chef hat was dagegen –

Luisa kommt langsam herunter.

LUISA: Es geht wohl wieder los bei ihm –

PLECHANOV: Das macht dir Sorgen, was?

LUISA: Hm –

PLECHANOV: Könntest du nicht versuchen, seine Gefühle ein wenig zu mobilisieren?

LUISA: Wie denn?

PLECHANOV: Untreue vorspiegeln – oder Eifersucht – einen Ausbruch von Zärtlichkeit – oder Widerwillen –

Da beginnt draußen ein Hund zu bellen. Plechanov und Luisa schauen zur rechten Tür. Nach einer Weile hört das Bellen auf und jemand klopft an die Tür.

LUISA: Herein –

Durch die rechte Tür kommen der Erste und der Zweite Delegierte. Der Zweite Delegierte ist von dunklerer Hautfarbe, offenbar ausländischer Herkunft. Sie kommen die Stufen herunter und bleiben stehen.

ERSTER DELEGIERTER: Guten Tag –

LUISA: Guten Tag –

Kurze Pause.

ERSTER DELEGIERTER: Könnten wir den Projektleiter sprechen?

LUISA: Ich werde mal nachsehen, ob er Zeit hat – *Luisa geht die Treppe hoch zur linken Tür. Auf dem Treppenabsatz bleibt sie stehen und wendet sich an die Delegierten:* Wen darf ich melden?

ERSTER DELEGIERTER: Wir sind Vertreter der Bürger –
Luisa und Plechanov schauen einander fragend an. Dann geht Luisa durch die linke Tür ab. Plechanov nimmt seine Geige, schlurft zur rechten hinteren Tür, schaut von dort forschend auf die Delegierten, dann geht er ab. Pause. Die Delegierten schauen sich um. Durch die linke Tür kommt Albert herein und geht schnell die Treppe herunter.
Guten Tag –

ALBERT: Guten Tag –

ERSTER DELEGIERTER: Herr Projektleiter, wir kommen –

ALBERT: Ich bin nicht der Projektleiter –

ERSTER DELEGIERTER: Entschuldigen Sie bitte –

ALBERT: Macht nichts –
Albert geht eilig durch die linke hintere Tür ab. Pause. Die Delegierten schauen sich um. Dann kommt durch die linke Tür Bergman herein und geht langsam die Treppe herunter zu den Delegierten.

ERSTER DELEGIERTER: Guten Tag –

BERGMAN: Guten Tag –
Bergman tritt zu den Delegierten und reicht ihnen die Hand. Dann nickt er ihnen zu, sie möchten sich setzen, selbst setzt er sich an die linke Stirnseite des Tischs. Die Delegierten bleiben stehen. Kurze Pause.
Was führt Sie zu uns?

ERSTER DELEGIERTER: Sind Sie der Projektleiter?

BERGMAN: Ja –

ERSTER DELEGIERTER: Wir kommen im Namen von 216 Mitbürgern, die hier unterschrieben haben –
Der Erste Delegierte stößt den zweiten leicht mit dem Ellbogen an, der zieht ein zusammengefaltetes Papier aus der Tasche, faltet es auseinander und beginnt zu lesen.

ZWEITER DELEGIERTER: Als langjährige Bürger dieser Stadt, die historisch wertvoll ist und baulich ein einzigartiges Denkmal unterhalb dieser Burg darstellt, geben wir hiermit unserem Protest gegen die geplante Sanierung Ausdruck. Wir begreifen zwar das Ziel dieser Maßnahme, die Verbesserung unserer Wohnungs- und Hygieneverhältnisse, doch ist uns der Preis, den wir dafür bezahlen müssen – nämlich für lange Jahre Ersatzwohnungen zu akzeptieren und dann in eine Umgebung zurückzukehren, die mit unserem ursprünglichen Zuhause nichts mehr gemein hat –, viel zu hoch. Jahrzehntelang haben wir in dieser malerischen Landschaft gelebt, haben uns an ihre unverwechselbare Atmosphäre gewöhnt, lieben sie und wollen sie nicht verlieren. Wenn Sie uns um unser gegenwärtiges Zuhause bringen, machen Sie uns unglücklich. Unterzeichnet von 216 Bürgern –

BERGMAN: Das ist allerdings eine ernste Sache –

ERSTER DELEGIERTER: Ja –

BERGMAN: Ich verstehe Ihren Standpunkt –

ERSTER DELEGIERTER: Das ist schön –

BERGMAN: Von Ihrem Gesichtspunkt aus ist es mehr als natürlich –

ERSTER DELEGIERTER: Das glauben wir auch –

BERGMAN: Nur weiß ich nicht, warum Sie damit zu mir kommen –

ERSTER DELEGIERTER: Sie sind doch der Leiter dieses Projektbüros!

BERGMAN: Der bin ich zwar, doch es steht mir nicht zu, die Aufgabe, die uns anvertraut wurde, zu bewerten, geschweige denn sie zu verändern. Ich habe dafür zu sorgen, daß wir sie – im Rahmen der gegebenen Möglichkeiten – so gut wie möglich erfüllen –

Durch die obere linke Tür tritt der Sekretär ein, kommt schnell herunter und tritt an den Zweiten Delegierten heran.

SEKRETÄR: Sie erlauben – *Der Sekretär nimmt dem Zweiten De-*

*legierten das Papier aus der Hand, liest es durch, prüft es,
wendet es um. Dann schaut er prüfend den Ersten Delegierten
an.* Wer hat das für Sie geschrieben?

ERSTER DELEGIERTER: Wir selbst –

SEKRETÄR: Sehr überzeugend klingt das nicht – *Pause.* Wird's
bald? Wer?

ERSTER DELEGIERTER: Wirklich, wir haben das geschrieben –

SEKRETÄR: Wer wir? Alle zusammen? Das meinen Sie doch nicht
ernst?

ERSTER DELEGIERTER: Alle Unterzeichneten stehen dahinter –

SEKRETÄR: Das werden wir ja sehen. Ich frage aber nicht, wer
dahintersteht. Ich frage, wer das geschrieben hat – *Pause.*
Nun gut, wenn nicht – dann eben nicht! *Der Sekretär geht mit
dem Papier in der Hand gedankenvoll um den Tisch herum,
dann setzt er sich halb darauf und starrt die Delegierten eine
Weile an.* Soweit ich weiß wohnen hier zweitausend Menschen. Zweitausend Menschen quetschen sich in ein paar
Dutzend kleine, dunkle, kalte und feuchte Häuschen mit einer
absolut nicht ausreichenden Anzahl von Toiletten und einer
noch geringeren Anzahl von Badezimmern. Das ist das traurige Erbe lang vergangener sozialer Verhältnisse, deren Kenn-
zeichen der erschreckende Kontrast zwischen den Bedingungen war, unter denen die Herren auf der Burg hier lebten und
ihre Untertanen unten in der Stadt. Dieses Relikt der Vergangenheit ist heute nur noch ein Quell der Armut, des Leidens
und der Infektionen. Die Sanierung dient nicht nur dem Allge-
meinwohl, sondern vor allem dem elementaren Lebensinter-
esse aller Bürger! *Pause.* Also bitte?

ERSTER DELEGIERTER: Was bitte?

SEKRETÄR: Ziehen Sie es zurück?

ERSTER DELEGIERTER: Dazu haben wir kein Recht –

SEKRETÄR: Nun gut, wie Sie meinen – *Der Sekretär geht gedankenvoll um den Tisch herum, faltet das Papier zusammen und
steckt es in die Tasche, schließlich bleibt er wieder vor den
Delegierten stehen.* Wie viele haben das unterschrieben?

ERSTER DELEGIERTER: Zweihundertsechzehn –

SEKRETÄR: Etwa zehn Prozent also! Und was ist mit den übrigen neunzig? Haben Sie die nach ihrer Meinung gefragt?

ERSTER DELEGIERTER: Unter den Unterzeichnern sind Menschen unterschiedlicher Überzeugung, unterschiedlicher sozialer Stellung und unterschiedlicher Rassen. Alle fühlen dasselbe –

SEKRETÄR: Und warum haben es dann nicht alle unterschrieben? Nein, nein, meine Herren, für mich ist das nichts anderes als der Druck einer Minderheit, die sich als Stimme der Mehrheit ausgibt! Ziehen Sie es also zurück?

ERSTER DELEGIERTER: Nein –

SEKRETÄR: Ihr Fehler –

Der Sekretär dreht sich um, läuft zur linken Tür und geht durch sie ab.

Eine längere verlegene Pause.

ERSTER DELEGIERTER: Wer war das?

BERGMAN: Der Sekretär –

Pause.

ERSTER DELEGIERTER: Na ja, wir gehen dann wieder –

BERGMAN: Warten Sie –

ERSTER DELEGIERTER: Ja?

BERGMAN: Ich weiß nicht, ob Sie das beruhigen wird, aber ich meinerseits möchte Ihnen gern zwei Dinge sagen. Erstens: bisher haben wir keine Baukapazitäten, und es wird sie in absehbarer Zukunft wohl kaum geben. Wir fertigen hier nur Studien an. Oder: nichts wird so heiß gegessen, wie es gekocht wird. Zweitens: wir sind keine Barbaren und bemühen uns in unseren architektonischen Überlegungen immer auch darum, Rücksicht zu nehmen auf den Geist und das Spezifische des jeweiligen Ortes. Wir hätten ja auch zu Hause zeichnen können, ohne uns hier überhaupt umzusehen, wie es heute allgemein üblich ist – doch wir selbst haben verlangt, für einige Zeit das Atelier hierher zu verlegen, mitten unter Sie, um während der Arbeit ständig mit dem Hier und Jetzt in Berührung

zu sein und Sie so gut wie möglich kennenlernen zu können,
Ihre Vorlieben, Bräuche, Wurzeln und Bindungen – Ihr Zuhause –, seine gewundenen Straßen, Gärten, Hauseingänge
und alten Brunnen – einfach um mit Ihnen Ihr Leben zu leben –, und uns auf dem Hintergrund dieser Erfahrung um ein
Ergebnis zu bemühen, das Ihrer Zukunft nicht Ihre Vergangenheit opfert –

ERSTER DELEGIERTER: Vielen Dank –

BERGMAN: Keine Ursache –

*Durch die linke hintere Tür kommt Albert herein und geht
eilig zur Treppe.*

ERSTER DELEGIERTER: Auf Wiedersehen also –

ALBERT: Auf Wiedersehen –

BERGMAN: Auf Wiedersehen –

*Die Delegierten gehen durch die rechte Tür ab; gleichzeitig
tritt durch die linke Luisa ein, die in jeder Hand vorsichtig
eine Tasse Kaffee trägt. Albert, der schon auf der Treppe war,
bleibt plötzlich stehen, tritt zur Seite, macht Luisa Platz. Als
Luisa an ihm vorbeigeht, lächelt sie ihn an. Albert wird für
einen Augenblick verlegen, dann läuft er rasch die Treppe
nach oben und geht durch die linke obere Tür ab. Luisa stellt
den Kaffee auf den Tisch, eine Tasse vor Bergman, die andere
dorthin, wohin sie sich dann selbst setzt. Beide rühren im Kaffee und werden in der folgenden Szene hin und wieder etwas
trinken.*

Pause.

LUISA: Wie fühlst du dich?

BERGMAN: Ich mach Schluß –

LUISA: Womit?

BERGMAN: Mit allem!

LUISA: Mit so etwas scherzt man nicht, Zdeněk!

BERGMAN: Mir ist es verdammt ernst –

LUISA: Ist etwas passiert?

BERGMAN: Gar nichts. Ich kann mich einfach nicht leiden, bin
mir widerlich, hasse mich selbst –

LUISA: Das ist doch kein Grund! Ich bin mir auch manchmal widerlich –

BERGMAN: Mein Widerwille gegen das Leben geht so weit, daß ich früher schlafen gehe, als ich müde bin, und morgens länger im Bett bleibe, weil der Schlaf mir als Ersatz für das Nichtsein ist, in das ich so gern zurückkehren würde. Und vor dem Einschlafen sehne ich mich danach, morgens einfach nicht mehr aufzuwachen, damit endlich alles vorbei ist!

LUISA: So darfst du nicht sprechen!

BERGMAN: Siehst du mir das denn nicht an? Ich hab doch an nichts mehr Freude, alles ist für mich nur noch ermüdende Pflicht und Quelle endlosen Leidens, wobei ich durch mein Leiden noch andere quäle, vor allem dich. Was für einen Sinn hat solch ein Leben? Und was für einen Sinn hat es, ein Leben zu leben, das seinen Sinn verloren hat? Dunkel, Ruhe, ewige, unendliche, absolute Ruhe –

LUISA *ruft*: Jetzt reicht's! Weißt du, was du tust? Du schauspielerst!

BERGMAN: Ich sage das absolut aufrichtig –

LUISA: Du sagst das nur, weil du möchtest, daß dich jemand bedauert, dich tröstet, dir schmeichelt, Angst um dich hat, an dir verzweifelt. Du willst damit Aufmerksamkeit erregen und beschäftigst andere mit deiner Person nur, damit du in ihren Sorgen Selbstbestätigung findest bzw. irgendeinen objektiven Abdruck oder materiellen Nachweis deiner eigenen Existenz. Eigentlich erpreßt du deine Umgebung damit ständig! Du verhältst dich wie ein verwöhntes Kind!
Pause.

BERGMAN: Luisa –

LUISA: Was ist?

BERGMAN: Du bist schön – begehrenswert – lieb – wie leicht könntest du dein Glück neben jemandem finden, den du nicht so sehr verachtest! Warum tust du das nicht?

LUISA: Da siehst du's! Genauso!

BERGMAN: Was genauso?

LUISA: Na, davon spreche ich doch die ganze Zeit! Auch das sagst du nur, damit ich dir weinend zu Füßen falle und sage, daß ich ohne dich nicht leben kann!

BERGMAN: Eine so kitschige Szene habe ich nun wirklich nicht nötig!

LUISA: Sogar noch kitschigere würdest du mit Dank annehmen!

BERGMAN: Wie glücklich wäre ich, wenn deine Adlerschen Interpretationen meinen Zustand erklärten! Doch leider ist es schlimmer. Es ist nämlich kein psychologisches Problem: ich brauche keine Selbstbestätigung! Es geht um ein metaphysisches Problem: ich brauche Sinn! Du bestehst auf deiner primitiven Diagnose nur, weil sie dir eine primitive Therapie erlaubt: das Ganze einfach nicht ernst zu nehmen! *Pause. Leise:* Luisa –

LUISA: Hm –

BERGMAN: Tu ich dir – wenigstens manchmal – ein wenig – leid?

LUISA: Manchmal – ein wenig –

Bergman sinkt Luisa zu Füßen, umarmt sie und drückt seinen Kopf in ihren Schoß. Luisa streichelt gedankenverloren über seine Haare. Durch die linke Tür tritt Renata ein, bleibt auf dem Treppenabsatz stehen, schaut nach unten, will offensichtlich etwas sagen, doch als sie Bergman zu Füßen Luisas sieht, stutzt sie verlegen, zögert einen Augenblick, dann wendet sie sich leise um und will fortgehen. Inzwischen taucht jedoch in der rechten oberen Tür Ulč auf.

ULČ: Renata –

Renata stutzt, zögert einen Augenblick, wendet sich dann Ulč zu. Bergman, von Ulč gestört, steht schnell auf und bringt seine Kleidung in Ordnung.

RENATA: Sie wünschen?

ULČ: Hätten Sie einen Augenblick Zeit?

RENATA: Ich habe zu arbeiten –

ULČ: Das haben wir alle. Ich bitte Sie –

RENATA: Jetzt geht es wirklich nicht –

Renata dreht sich um und geht schnell durch die linke Tür ab.

Ulč schaut ihr nach. In der rechten hinteren Tür erscheint Ple-
chanov mit der Geige, bleibt auf der Schwelle stehen und be-
ginnt leise eine lyrische Melodie zu spielen.
PLECHANOV *für sich*: Er gibt nicht auf!

Der Vorhang fällt, die Geige spielt weiter.

Ende des ersten Aktes

Zweiter Akt

Wenn sich der Vorhang öffnet, ist die Bühne leer; hinter der Bühne hört man die Geige. Bald hört sie zu spielen auf und kurz darauf kommen durch die linke hintere Tür Renata und Luisa. Renata trägt sieben Teller; Luisa Servietten und Besteck. Sie gehen zum Tisch und beginnen ihn zu decken.

RENATA: Glauben Sie, daß das geht?

LUISA: Das ist bei jedem von uns anders. Wenn du zum Beispiel gerade jemanden liebst, ist es für dich sicherlich schwieriger, mit jemand anderem zu schlafen, als wenn du allein bist oder schon lange mit jemandem zusammen lebst. Es passiert dir selbstverständlich eher mit jemandem, der dich anzieht als mit jemandem, vor dem du dich ekelst. Eine wichtige Rolle dabei spielen die Stärke und die Art der moralischen Grundsätze, und überhaupt die ganze Art, wie jemand an die Dinge herangeht: während das für die eine bloß ein normales körperliches Bedürfnis ist, kann das für eine andere eine Sache auf Leben und Tod sein. Es ist eben kompliziert –

RENATA: Ich könnte das nicht mit jemandem, den ich nicht lieb habe!

LUISA: Was weißt du? Aber ich würde es dir wünschen! Du hättest entschieden weniger Probleme im Leben –

Renata und Luisa haben den Tisch gedeckt und gehen durch die linke hintere Tür ab. In der rechten oberen Tür erscheint Ulč, schaut sich um, und als er niemanden sieht, geht er wieder ab. Durch die linke hintere Tür kommen Renata und Luisa zurück; Renata hat einige Flaschen Bier im Arm; Luisa trägt ein Tablett mit Gläsern und Flaschenöffnern. Sie gehen zum Tisch und machen mit der Vorbereitung der Tafel weiter.

RENATA: Stimmt es, wenn zwei etwas miteinander haben, die sich nicht lieben, daß sie sich eher in ihn verliebt als er in sie?

LUISA: Na klar, eine Frau neigt immer mehr zur Sicherheit – sie will etwas Festes und Dauerhaftes haben –, sie ist einfach stärker nach innen orientiert, auf die Familie und den Haushalt – und allein deshalb neigt sie dazu, aus allem gleich eine Beziehung zu machen –

RENATA: Ich könnte das wahrscheinlich nicht einmal mit jemandem, den ich liebte!

LUISA: Du bist so herrlich unschuldig, Renata! Doch ich versichere dir, wenn du erst die wirklich große Liebe kennenlernst, dann passiert es einfach und du weißt nicht einmal wie! Auf einmal kommt es dir so selbstverständlich, so einfach, so natürlich und so rein vor –

Renata und Luisa haben die Gläser und Flaschen auf dem Tisch verteilt und gehen wieder durch die linke hintere Tür ab. In der oberen rechten Tür erscheint Ulč, schaut sich um, und als er niemanden sieht, verschwindet er wieder. Durch die linke hintere Tür kommen Renata und Luisa zurück; Renata trägt einen Topf mit Gulasch und Schöpfkelle; Luisa trägt einen Korb mit Brötchen.

Ruft: Abendessen!

Renata und Luisa gehen zum Tisch, stellen Topf und Brötchenkorb ab, dann reicht Renata Luisa die Teller und füllt sie mit Gulasch. Zugleich kommen allmählich die anderen herein: zuerst durch die rechte obere Tür Ulč; dann durch die rechte hintere Tür Plechanov mit der Geige, die er irgendwo ablegt; dann durch die linke hintere Tür Albert und zuletzt durch die linke Tür Bergman. Bergman setzt sich auf seinen Platz an der linken Kopfseite des Tischs, nach ihm setzen sich auch die anderen. Renata öffnet die Bierflaschen und gießt allen ein. Als Luisa und sie fertig sind, setzen sie sich auch. Pause. Alle schauen auf Bergman, der geistesabwesend ist. Er kommt erst zu sich, als er begreift, daß man auf ihn wartet.

BERGMAN: Guten Appetit wünsch ich!

ALLE: Guten Appetit –

Alle beginnen zu essen. Pause. Dann kommt durch die linke hintere Tür Macourkova, geht eilig zu dem Platz, wo der übriggebliebene Teller mit Gulasch steht, setzt sich schnell hin und beginnt ebenfalls zu essen. Pause.

PLECHANOV: Wißt ihr, daß es über diese Burg eine interessante Legende gibt? Ich hab das heute in der Schloßbibliothek festgestellt –

LUISA: Ist sie wenigstens schrecklich?

PLECHANOV: Eine gewisse Gräfin, die Frau eines längst begrabenen Burgherrn, erlag der flammenden Liebe ihres Pferdeknechts, und der Geist des Grafen rächt sich angeblich seit der Zeit an allen verliebten Männern, die hier auftauchen –

LUISA: Wie rächt er sich?

PLECHANOV: Er wirft sie vom Turm in den Burggraben –

ULČ: Nichts Besonderes. Andere Burgen haben bessere Geschichten –

PLECHANOV: Tatsache ist allerdings, daß der letzte Graf tot im Burggraben gefunden wurde. Weil das aber einen Tag bevor er von hier ausziehen mußte geschah, bieten sich auch andere Erklärungen an. Alte Leute erinnern sich noch an die Geschichte –

ULČ: Wenn der Burggraben erst Badeanstalt ist, wird es aus sein mit dem Geist –

PLECHANOV: Ich geb zwar nicht viel auf Legenden, doch muß ich zugeben, daß ich hier manchmal ziemlich bedrückende Gefühle habe –

LUISA: Erschrecke uns nicht, Kuzma! Du hast doch überall bedrückende Gefühle!

ULČ: Ich hab eine Idee! Wißt ihr, was wir in dem zweigeschossigen Objekt in der zweiten Zone der Einwohnerfreizeitanlage bei den Kinderspielplätzen einrichten könnten? Eine ständige Ausstellung über Aberglauben und Vorurteile! So könnten die Kinder schon von früher Kindheit an allmählich zum wissenschaftlichen Denken geführt werden –

Längere verlegene Pause. Dann kommt durch die rechte obere Tür der Sekretär, geht die Galerie entlang und kommt die Treppe herunter.

MACOURKOVA: Guten Abend, Herr Sekretär –

SEKRETÄR: Guten Abend –

MACOURKOVA: Warum essen Sie nicht einmal mit uns zu Abend? Es wäre gleich etwas fröhlicher hier –

SEKRETÄR: Glauben Sie? *Der Sekretär überquert die Bühne und geht durch die rechte Tür ab.*
Pause.

ALBERT *zu Bergman*: Chef –

BERGMAN: Ja?

ALBERT: Was wollten die?

BERGMAN: Wer?

ALBERT: Die beiden von unten –

BERGMAN: Sie stimmen der Sanierung nicht zu – wir wollen ihnen angeblich das Zuhause nehmen –

ULČ: Das sagen sie überall, wo etwas gebaut werden soll! Wenn man darauf Rücksicht nehmen sollte, würde überhaupt nichts gebaut, und wir würden uns zivilisatorisch nicht vom Fleck bewegen!
Kurze Pause.

ALBERT *zu Bergman*: Was haben Sie ihnen gesagt?

BERGMAN: Was hätte ich schon sagen sollen? Aber der Sekretär hat mit ihnen gesprochen und das Ausübung von Druck genannt –
Kurze Pause.

ULČ: Ich bin sowieso der Ansicht, daß wir uns blöd anstellen!

BERGMAN: Wieso?

ULČ: Wir schließen uns hier oben ein, zeichnen irgend etwas, niemand weiß was – und so entstehen unten die wildesten Vorstellungen –

BERGMAN: Und was sollten wir Ihrer Meinung nach tun? Mit jeder Skizze auf den Dorfplatz laufen?

ULČ: Das nun gerade nicht. Aber zum Beispiel könnten wir eine –

Vortragsreihe veranstalten, in der wir den Menschen in popu-
lärer Form beibrächten, daß wir nur ein einziges Ziel verfolgen: ihnen ein besseres Leben zu verschaffen. Wenn man ihnen verständlich erläutert, um wieviel leichter das Leben für
sie ist mit Fernheizung, einem vernünftigen Kulturzentrum,
einer zentralen Wäscherei und einem Müllplatz, dann begreifen sie das bestimmt und werden uns unterstützen. Die wissen
doch noch nicht einmal, daß sie im vergangenen Jahrhundert
leben!

ALBERT: Seien Sie nicht böse, Herr Kollege, aber –

ULČ: Stimmen Sie dem nicht zu?

ALBERT: Ich würde sagen, Sie halten die Leute für dümmer als
sie sind. Glauben Sie, daß die noch nie eine moderne Siedlung
gesehen haben?

ULČ: Sicher haben sie das –

ALBERT: Und da wundern Sie sich noch, daß ihnen vor uns
graut? Ich nicht!

ULČ: Ich kann verstehen, daß ein uninformierter Dorfbewohner
wegen des Aussehens einiger verhunzter Siedlungen hier in
der Umgebung in einem Zug die gesamte moderne Architektur verurteilen könnte. Sie aber sind, soweit ich weiß, ein stu-
dierter Architekt –

LUISA: Aber er hat doch nicht gesagt, daß er ihnen zustimmt! Er
hat bloß gesagt, daß er sich nicht darüber wundert –

ULČ: Das ist dasselbe!

ALBERT: Ich behaupte natürlich nicht, daß man nicht bauen
soll –

ULČ: Und wie soll denn gebaut werden? Wie im Mittelalter?

ALBERT: Das können wir ja nicht einmal mehr!

ULČ: Wir können zum Glück andere Sachen – womit ich natürlich nicht nur vorgefertigte Bauteile oder Kunststoffe meine –

ALBERT: Was denn dann?

ULČ: Hat man Ihnen in der Schule nichts davon gesagt, daß es
schon ganze Generationen von hervorragenden avantgardi-
stischen Architekten gegeben hat, denen es gelungen ist, wirk-

lich gründlich darüber nachzudenken, wie die Stadt der Zukunft aussehen sollte? Wenn wir heute neue Städte zweckvoll
und zugleich ästhetisch mit Schnellstraßen verbinden können,
mit modernen Geschäftshäusern, Grüngürteln, Ruhe- und
Vergnügungszentren, warum sollten wir die Menschen in
Löchern wohnen lassen? Aus Achtung vor der Vergangenheit?

ALBERT: Gerade weil man uns das alles gelehrt hat, begreife ich
die Menschen da unten!

ULČ: Das verstehe ich nicht!

ALBERT: Die spüren nämlich besser als Sie, wie kompliziert das
mit dem besseren Leben ist – und daß es nicht genügt, es ihnen
einfach vorzuplanen –

ULČ: Ihrer Meinung nach ist Urbanismus also Unsinn –

ALBERT: Aber nein! Ich will nur sagen, daß Städte – solche, in
denen sich leben läßt – über Jahrhunderte hinweg entstanden
sind – wie ein Stück Natur –, sie sind das Werk vieler Generationen – still gesammelter und ererbter Erfahrungen –, das ist
eine Sache – wie soll ich sagen –, nun ja, einfach des historischen Fühlens vieler anonymer Menschen – die demütig sind
vor allem, was über sie hinausragt –

ULČ: Demütig wovor? Konkret, bitte –

ALBERT: Ich meine damit den Respekt vor dem Charakter der
Landschaft – der Ordnung der Natur – vor dem Erbe der Vor-
fahren – der Art von Schönheit, die aus dem langen Zusam-
mensein vieler verschiedener einzelner hervorgeht –

ULČ: Herr im Himmel, wir tun aber doch –

PLECHANOV: Herr Kollege, lassen Sie ihn doch ausreden!
Zu Albert: Machen Sie weiter –

ALBERT: Ich höre schon auf. Mir ging es nur darum, daß man
dies alles nicht mit einer Handbewegung wegwischen kann
als alten Kram und durch das ersetzen kann, was sich ein einziges Gehirn ausgedacht hat – niemand von uns hat ein Re-
zept für das allgemeine Glück und das Recht, danach anderen
Menschen das Leben komplett zu organisieren –

ULČ: Wer hat hier als erster vorgeschlagen hinunterzugehen unter die Leute und dort Vorträge und Diskussionen zu veranstalten?

ALBERT: Wozu sollten Diskussionen gut sein, wenn Sie von vornherein überzeugt sind, daß die Leute nicht recht haben? Ich würde mich einfach nicht so über sie erheben! Die häßlichen Siedlungen, die sie kennen, und die zerstörte Landschaft darum herum – das ist doch nicht irgendein Mißgriff! Auf seine Weise ist das – nicht ausschließlich, selbstverständlich – eigentlich ein ganz logisches Produkt der Einbildung der Architekten, die glaubten, begriffen zu haben, wie das Leben funktioniert. Meiner Meinung nach ist es überhaupt kein Zufall, daß vom Traum der idealen Stadt der Zukunft schließlich nur der ideale Hühnerstall übriggeblieben ist!

ULČ: Das alles, Herr Kollege, sind nur Kaffeehausbanalitäten, heute zwar sehr in Mode, doch überhaupt nicht neu! Rückkehr zur Vergangenheit, Achtung vor der Tradition und so weiter und so weiter – die alten Ideen aller Konservativen und Rückschrittler! Angesichts des erreichten Grades des wissenschaftlichen und technischen Fortschritts, angesichts der gegenwärtigen Bevölkerungsexplosion, in der Ära der Mikrochips und kosmischen Raketen, angesichts dieser ersten wirklich globalen Zivilisation und all der riesigen Probleme, vor die sie uns stellt – angesichts all dessen raten Sie uns hier, wir sollten einfach verschwinden und alles seinem Schicksal überlassen!

ALBERT: Ich warne nur vor der selbstbewußten Gewißheit, daß unser Verstand alles in den Griff bekommt! Das kann er nämlich nicht! Und gerade die heutige Welt – die Sie hier so farbig geschildert haben – beweist das deutlich! Wir verbessern das Leben nicht, indem wir es manipulieren! Unsere Aufgabe ist es nicht, im Namen einer besseren Zukunft Nichtigkeit und Tod zu säen!

ULČ: Ich verstehe nicht, was Sie eigentlich empfehlen –

ALBERT: Das ist doch klar: Angemessenheit – menschliche

Maßstäbe – Bescheidenheit – Achtung vor dem Leben, wie es ist, vor seiner nicht planbaren Buntheit – vor seinem Geheimnis!

Kurze, gespannte Pause, dann wenden sich alle neugierig Bergman zu.

BERGMAN: Es gefällt mir, meine Freunde, wenn Sie Ihre Standpunkte derart zuspitzen – die Debatte ist dann lebendiger und es kommt eher etwas dabei heraus. Die heutige hat mir persönlich viel gegeben: mit neuer Dringlichkeit mache ich mir nun bewußt, daß es nicht unsere Aufgabe ist, den Leuten gewaltsam irgendwelche megalomanischen Utopien aufzuzwingen – dazu hätten wir heutzutage zum Glück nicht einmal die Realisierungsmöglichkeiten – und daß wir um so weniger das Recht haben, auf den eigenen Verstand zu verzichten und darauf zu vertrauen, daß Tradition und spontanes Schöpfertum anonymer Menschen die komplizierten urbanistischen Probleme des Heute für uns lösen werden. Es bleibt uns also nichts anderes übrig, als einfühlsam solche architektonischen Lösungen zu suchen, die in Übereinstimmung sowohl mit den Ansprüchen, Aufgaben und Möglichkeiten der Zeit stehen, wie auch mit der natürlichen und zentral nicht planbaren Buntheit des Lebens. Ich bin für den Fortschritt, doch für den Fortschritt mit menschlichem Antlitz. *Zu Macourkova:* Was meinen Sie dazu, Kollegin Macourkova?

Macourkova zuckt unbestimmt die Schultern. Bergman steht auf, nickt den Anwesenden zu und geht dann langsam über die Treppe zur linken Tür und ab. Die anderen stehen ebenfalls auf; Renata und Luisa fangen an, das Geschirr wegzuräumen; Ulč geht die Treppe zur Galerie hinauf; Plechanov nimmt seine Geige und schlägt Albert freundschaftlich auf den Rücken.

PLECHANOV: Gut! Sehr gut!

Albert ist verlegen. Plechanov geht durch die rechte hintere Tür ab. Durch die linke hintere Tür tritt gleichzeitig der Sekretär auf und geht auf die Treppe zu.

MACOURKOVA: Herr Sekretär –

SEKRETÄR: Ja?

MACOURKOVA: Sie sollten einmal ausschlafen –

SEKRETÄR: Keine Angst –

MACOURKOVA: Ich wünsche Ihnen schöne Träume!

Der Sekretär nickt, geht die Treppe hinauf zur linken Tür und geht ab. Renata und Luisa tragen den ersten Teil des Geschirrs durch die linke hintere Tür hinaus. Ihnen folgt durch dieselbe Tür Macourkova. Ulč bleibt auf der Galerie stehen und wendet sich Albert unten zu.

ULČ: Ich begreife nicht, warum Sie mit solchen Ansichten überhaupt diesen Beruf ergriffen haben!

ALBERT: Um das Leben dort zu verteidigen, wo Sie es bedrohen!

ULČ: Sie verteidigen nicht das Leben, sondern Phantasiegebilde! Habe die Ehre!

Ulč geht durch die rechte obere Tür ab. Durch die linke hintere Tür kommen Renata und Luisa zurück. Renata schaut verstohlen Albert an, der jedoch Luisa anschaut. Renata und Luisa räumen den Rest des Geschirrs ab.

ALBERT: Kann ich helfen?

LUISA: Danke, Albert, aber das schaffen wir schon –

Renata und Luisa tragen den Rest des Geschirrs durch die hintere linke Tür ab. Durch die linke obere Tür kommt gleichzeitig der Sekretär herein. Er geht die Treppe hinunter auf die rechte hintere Tür zu.

ALBERT: Herr Sekretär –

Der Sekretär bleibt stehen.

SEKRETÄR: Was ist denn?

ALBERT: Wo sind sie?

SEKRETÄR: Wer?

ALBERT: Die beiden Bürgervertreter –

SEKRETÄR: Wieso interessiert Sie das?

ALBERT: Nur so –

SEKRETÄR: Sie sind gut aufgehoben –

ALBERT: Also im Hungerturm?

SEKRETÄR: Keine Angst, Hunger haben sie dort nicht. Aber wenn Sie schon von ihnen sprechen, würde ich Sie auch gern etwas fragen –

ALBERT: Bitte –

SEKRETÄR: Sie wissen nicht zufällig, wer denen das geschrieben hat?

ALBERT: Nein –

SEKRETÄR: Wirklich nicht? Denken Sie gut nach!

ALBERT: Ich weiß es wirklich nicht!

SEKRETÄR: Wir werden ja sehen –

Der Sekretär geht durch die rechte hintere Tür ab. Albert geht in Gedanken durch den Raum, dann läßt er sich schwer auf einen Stuhl fallen. Durch die linke hintere Tür kommen Renata und Luisa herein.

LUISA: Also dann, gute Nacht, Renata! Und Dank für die Hilfe –

RENATA: Gute Nacht –

Renata geht die Treppe hinauf zur linken Tür, bleibt auf dem Treppenabsatz stehen und schaut verstohlen Albert an, der jedoch ihren Blick nicht bemerkt. Renata geht durch die linke Tür ab. Luisa geht auf Albert zu, streichelt über seine Haare und setzt sich zu ihm.

LUISA: Du warst ganz schön in Fahrt –

ALBERT: Ich lasse mich immer so blöde hinreißen –

LUISA: Das ist gut! Wenigstens einer hier, der sagt, was er denkt –

ALBERT: Wird es Schwierigkeiten geben?

LUISA: Wenn etwas drohen sollte, wird Zdeněk das aufs rechte Maß zurückführen, ich passe schon auf –

ALBERT: Danke –

Pause.

LUISA: Ich beneide dich ein wenig –

ALBERT: Mich? Warum denn das?

LUISA: Die Jugend –

ALBERT: Sie sind doch nicht alt!

LUISA: Diese Unverdorbenheit –

ALBERT: Und auch nicht verdorben!

LUISA: Neben dir komm ich mir so vor. Ich habe auch mal solche Reden geführt – alle haben wir das getan –

ALBERT: Auch der Kollege Ulč?

LUISA: Ach, der hat seine eigenen geführt. Aber auch mit größerer Begeisterung –
  Pause.

ALBERT: Was soll ich tun?

LUISA: Bleib du selbst!

ALBERT: Wissen Sie, mir kommt das Ganze ein wenig unwirklich vor – diese Burg hier – die Sanierung – die Menschen –, als ob sie gar nicht lebten – sie kommen mir eher vor wie aus einem schematischen Theaterstück –, man weiß schon im voraus, was sie sagen und tun werden –

LUISA: Wenn das Leben dich gelehrt hat, vorsichtiger zu sein, wirst du auch gelernt haben, vorsichtiger in den Urteilen über Menschen zu sein. Jetzt aber paßt die Schroffheit zu dir, und es ist gut, daß du uns so siehst –

ALBERT: Sie betrifft das nicht!

LUISA: Mich nicht? Wieso?

ALBERT: Ich weiß nicht – Sie strahlen etwas Besonderes aus –, ich spüre, daß Sie mit mir fühlen würden, wenn ich in Schwierigkeiten geriete –

LUISA: Wie eine Mutter?

ALBERT: Aber nein, so hab ich das nicht gemeint!

LUISA: Du mußt dich nicht entschuldigen –
  Pause.

ALBERT: Stellen Sie sich vor, sie sind in den Hungerturm geworfen worden!

LUISA: Das war zu erwarten –

ALBERT: Kann man denn gar nichts für sie tun?

LUISA: Ich werde mal Zdeněk fragen –
  In der rechten hinteren Tür erscheint Plechanov mit der Geige, die er voller Konzentration an seine Wange hält. Luisa und Albert sehen ihn nicht. Luisa steht auf, Albert ebenfalls.

Geh schlafen, Albert – und quäl dich nicht!

ALBERT: Danke –

Luisa küßt Albert auf die Stirn. Albert ist verlegen, geht ein wenig verwirrt auf die linke hintere Tür zu. Luisa lächelt ihn an, sie nicken sich zu. Albert geht langsam rückwärts durch die linke hintere Tür ab. Plechanov beginnt gleichzeitig langsam eine lyrische Melodie zu spielen. Luisa schaut zu ihm auf.

LUISA: Ein braver Junge, nicht wahr?

PLECHANOV: Und er liebt dich –

LUISA: Meinst du?

PLECHANOV: In diesen Dingen irre ich mich nicht –

Plechanov spielt lauter. Der Vorhang fällt, die Geige spielt weiter.

Ende des zweiten Aktes

Dritter Akt

Wenn sich der Vorhang öffnet, sind Plechanov und Albert auf der Bühne. Plechanov spielt noch eine Weile, dann hört er auf und legt die Geige weg. Kurze Pause.

ALBERT: Stellen Sie sich einmal folgende Situation vor: Sie stehen vor irgendeiner bedeutsamen Entscheidung, Sie wissen, es wäre günstiger für Sie, A zu tun, doch zugleich sagt Ihnen eine Stimme, richtiger wäre es, B zu tun –
Durch die linke Tür tritt Renata mit einem Tablett auf, auf dem zwei Tassen Kaffee stehen. Sie geht langsam die Treppe hinauf, als sie jedoch hört, worüber Albert spricht, wird sie aufmerksam, bleibt stehen und hört zu.
An dieser Stimme, die Sie zwar nur in sich hören, liegt Ihnen rätselhaft viel, doch Sie fühlen sich seltsamerweise eher als Adressat denn als Urheber, und gern würden Sie das tun, was sie von Ihnen will, doch wenn Sie sich irgendwann entschließen, es nicht zu tun, versuchen Sie es ihr zumindest irgendwie zu erklären – sich vor ihr zu verteidigen –, ihre Zustimmung zu gewinnen. Das müssen Sie doch kennen!
Renata geht mit dem Kaffee schnell durch die linke obere Tür ab. Aus der rechten oberen Tür schaut Ulč heraus, Renata jedoch sieht er nicht mehr, also verschwindet er wieder hinter der Tür.
PLECHANOV: Na gut – und weiter?
ALBERT: Was ist denn diese rätselhafte Stimme in Ihnen, deren Ablehnung Sie so schwer ertragen und an deren Anerkennung Sie solche Freude haben, anderes als ER?
PLECHANOV: Ich würde sagen, lieber Kollege, das alles ist ein wenig komplizierter –

Durch die linke obere Tür kommt Renata mit dem leeren Tablett herein. Sie geht die Treppe hinunter, auf dem Treppenabsatz bleibt sie jedoch wiederum stehen und hört zu.

ALBERT: Allerdings ist das komplizierter, doch die Grundlage sehe ich persönlich in diesen Dingen. Wie könnten wir überhaupt wissen, daß etwas gut ist, wenn wir nicht über uns oder außerhalb von uns irgendeinen Maßstab fühlten? Nichts von dem, was in uns gut ist, stammt doch allein aus uns! Es ist dies unser Zusammenklingen mit etwas, das schon vor uns war und auch nach uns sein wird, ich würde sagen von jeher und auf immer, einfach mit etwas, das uns weitgehend überragt. Ich kann nicht gut über diese Dinge sprechen, doch mir kommt das alles so selbstverständlich vor –

RENATA *stößt plötzlich hervor*: Mir auch!

Renata erschrickt vor sich selbst und läuft aus lauter Verlegenheit durch die linke Tür davon. Albert schaut ihr überrascht nach. Kurze Pause.

PLECHANOV: Sie liebt Sie –

ALBERT: Mich? Unsinn!

PLECHANOV: In diesen Dingen irre ich mich nicht! Doch zurück zu Ihrem Vortrag: die Stimme, von der Sie sprechen, ist leider heutzutage bei den meisten von uns nur ein kleines, ersterbendes Stimmchen, so daß wir es eigentlich immer leicht überreden. Ich würde mir wünschen, daß sie Ihnen erhalten bleibt. Sie wird Ihnen das Leben zwar nicht sehr erleichtern, aber vielleicht ist es für Sie nicht ganz ohne Bedeutung, daß es hier einen gewissen Sonderling mit Geige gibt, den vielleicht bloß Ihre Ausdauer vor der definitiven Gewißheit rettet, daß alles definitiv im Arsch ist –

Plechanov nimmt seine Geige, klopft Albert freundschaftlich auf den Rücken und geht durch die rechte hintere Tür ab. Albert schaut ihm ein wenig überrascht nach. Durch die linke Tür treten Bergman und Luisa ein und kommen herunter.

BERGMAN: Seien Sie gegrüßt, mein Freund. Wie steht's?

ALBERT: Guten Morgen. Was meinen Sie?

BERGMAN: Ich hoffe, Sie haben sich ein wenig abgeregt –

ALBERT: Ich entschuldige mich, wenn ich gestern ein wenig –

BERGMAN: Entschuldigen Sie sich nicht, ich bin Ihnen nicht böse. Ich möchte Ihnen nur den freundschaftlichen Rat geben, sich – zumindest vor einigen Kollegen – doch lieber ein bißchen vorsichtiger auszudrücken. Wissen Sie, man kann alles mögliche sagen, ich persönlich begrüße es sogar, wenn hier öfter mal ein frischerer Wind weht, es geht nur um die Form. Ein wenig mehr Taktik wäre nicht nur in Ihrem Interesse, sondern letztendlich auch im Interesse der Sache, um die es Ihnen geht. Sie verstehen mich schon –

ALBERT: Ja – natürlich –

Kürzere verlegene Pause. Albert schaut auf Luisa; Luisa lächelt ihn an; Albert senkt den Blick und geht rückwärts durch die linke hintere Tür ab. Bergman und Luisa setzen sich.

BERGMAN: Mit ihm wird es noch Komplikationen geben –

LUISA: Ich hoffe, du wirst dir zu helfen wissen –

BERGMAN: Daß ich ihn hier halten kann?

LUISA: Hm –

BERGMAN: Ausbügeln, ausgleichen, verteidigen, erklären, manövrieren – und statt Dank erntet man nur Spott! Glaubst du, mir macht das Spaß? Du glaubst gar nicht, wie gern ich mit dem Jungen tauschen möchte! Ohne Scheu alles mögliche zu sagen und sich darauf verlassen, daß sich immer irgendein alter Blödian findet, der einen da wieder rausholt – wäre das nicht schön?

LUISA: Sei froh, daß du so jemanden wie ihn hier hast!

BERGMAN: Er gefällt dir, nicht wahr?

LUISA: Er ist aufrichtig –

BERGMAN: Und sieht gut aus –

LUISA: Das auch –

BERGMAN: Ich begreife dich. Und im übrigen – nur ein Ignorant würde bei einer Dame deines Alters und deiner Veranlagung keine erhöhte Aufmerksamkeit in dieser Richtung erwarten!

LUISA: Und nur ein noch größerer Ignorant könnte bei einem

Herrn deines Alters und deiner Veranlagung eine andere
Interpretation meiner Worte als eine schlüpfrig eindeutige erwarten! *Pause.* Wie fühlst du dich?

BERGMAN: In gewisser Hinsicht besser —

LUISA: In welcher Hinsicht?

BERGMAN: Ich war heute früh auf dem Turm —

LUISA: Meditieren?

BERGMAN: Das auch. In der Hauptsache aber habe ich nach unten geschaut, es interessierte mich im Zusammenhang mit der
Legende, von der gestern Plechanov gesprochen hat —

LUISA: Und was hast du festgestellt?

BERGMAN: Es wäre einfach und leicht. Und ich würde es schaffen —
*Durch die obere Tür tritt der Sekretär ein, geht schnell über
die Galerie, läuft zur linken Tür und geht durch sie hinaus.
Kurze Pause.*

LUISA: Wirst du mit ihm sprechen?

BERGMAN: Worüber?

LUISA: Na, über die zwei — die im Hungerturm —

BERGMAN: Wenn sich eine günstige Gelegenheit ergibt. Es
scheint, er hat jetzt gerade ziemlich viel um die Ohren — *Pause.*
Dich interessiert das nicht?

LUISA: Was?

BERGMAN: Ich hatte etwas von dem Turm gesagt —

LUISA: Ich habe noch einmal über all das nachgedacht —

BERGMAN: Und zu welchem Schluß bist du gekommen?

LUISA: Es ist wahrscheinlich doch komplizierter, als ich ursprünglich gedacht habe —

BERGMAN: Endlich!

LUISA: Ich weiß nicht, in welchem Maße es um Metaphysisches
geht, aber es ist entschieden keine nur psychologische Angelegenheit. Ich würde sagen, es ist eine existentielle: nach außen spielst du recht ordentlich die Rolle des weisen Beschüt-
zers unseres Ateliers vor dem Getümmel der Welt, irgendwo
tief in dir selbst aber ahnst du, daß die Rolle nur ein vorneh-

mes Mäntelchen ist, unter dem sich das ganz gewöhnliche Lavieren eines ganz gewöhnlichen Konformisten verbirgt. Dieses Bezweifeln der eigenen Rolle ist freilich auch ein Bezweifeln der eigenen Identität und damit der Existenz selbst: wenn du spürst, daß deine ganze, überaus wichtige Sendung nur eine Illusion ist, dann muß dich notwendigerweise der Schrecken darüber packen, daß auch du selbst nur eine Illusion bist!

Durch die rechte hintere Tür tritt der Sekretär ein, durchquert schnell den Raum, läuft die Treppe hinauf und geht durch die linke obere Tür ab.

Mit einem solchen Bewußtsein allerdings lebt es sich nicht leicht. Und daher hast du dir ein Ersatzmittel schaffen müssen, um dir zu versichern, daß du lebst, daß du bist, daß du wirklich existierst, daß du ein Mensch bist. Und wo anders konntest du es finden – als der öffentliche Raum versagte – als in deinem Privatleben? Oder: in deinen privaten Ängsten, Depressionen und Todesgedanken beweist du nur immer wieder, daß du Mensch bist und nicht eine bloße Idee; deine platonische Faszination vom Nichtsein ist für dich nur Beleg des eigenen Seins, und durch die Todesgedanken bestätigst du dir nur, daß du lebst –

Durch die linke Tür tritt der Sekretär ein, kommt heruntergelaufen und geht schnell auf die hintere rechte Tür zu.

BERGMAN *zum Sekretär*: Was ist los?

SEKRETÄR: Bisher nicht – *Der Sekretär geht durch die rechte hintere Tür ab.*

LUISA: Das Malheur allerdings besteht darin, daß es nur um einen Ersatz geht, daß du durch deine Exhibition auf dem Feld der persönlichen Beschwernisse deine Absenz auf dem Feld des öffentlichen Mutes ersetzt. Damit begehst du nur einen weiteren Betrug an dir selbst, fliehst in eine neue Illusion, treibst den Teufel mit dem Beelzebub aus. Früher oder später wirst du das begreifen und dir klarmachen, daß du eigentlich nur aus Illusionen, Ersatz und Leihgaben zusammengesetzt

bist. In dem Augenblick erst bemächtigt sich deiner wirkliche
Hoffnungslosigkeit und wirkliche Todessehnsucht! Und erst
in diesem Augenblick werde ich mich ernsthaft um dich fürchten –

*Kurze Pause. Dann beginnt Bergman auf einmal wie ein Kind
zu schluchzen. Luisa schaut ihn eine Weile verlegen an, dann
tritt sie auf ihn zu und beginnt ihn zärtlich auf die tränennas-
sen Augen zu küssen.*

Ist ja gut – reiß dich zusammen – ich wollte dir nicht weh tun –
ich wollte dir doch helfen –

*Durch die linke hintere Tür tritt der Sekretär ein. Luisa tritt
schnell von Bergman zurück; Bergman wischt sich die verweinten Augen.*

SEKRETÄR *zu Bergman*: Sind alle Architekten im Haus?

BERGMAN: Ja. Warum?

SEKRETÄR: Dann rufen Sie sie bitte sofort zusammen!

BERGMAN: Was ist los?

SEKRETÄR: Sie werden gleich sehen –

*Der Sekretär geht schnell durch die rechte Tür ab, läßt sie
jedoch offen stehen. Bergman tritt an die Treppe und ruft zur
linken Tür hin –*

BERGMAN: Renata!

*Durch die linke Tür kommt Renata herein und bleibt auf dem
Treppenabsatz stehen.*

Sagen Sie bitte allen Bescheid, sie möchten herkommen –

RENATA: Jetzt gleich?

BERGMAN: Ja –

*Renata läuft die Treppe hinunter zur linken hinteren Tür.
Durch die rechte obere Tür tritt Ulč auf die Galerie.*

ULČ *zu Renata*: Ich muß mit Ihnen sprechen, Renata!

RENATA: Ich hab jetzt keine Zeit. Sie übrigens auch nicht. Wir
haben nämlich eine Sitzung –

ULČ: Dann danach, ja?

*Renata geht durch die linke hintere Tür ab. Ulč kommt lang-
sam die Treppe herab. Durch die linke hintere Tür kommt*

Albert herein; hinter ihm kommt Renata, die zur rechten
hinteren Tür geht, durch die sie abgeht. In dem Moment be-
ginnt hinter der Bühne ein Hund wild zu bellen. Alle Anwe-
senden stehen und schauen neugierig zur rechten Tür. Durch
die hintere rechte Tür kommt Renata zurück; hinter ihr
schlurft Plechanov mit der Geige herein, die er irgendwo ab-
legt; beide bleiben stehen und schauen ebenfalls zur rechten
Tür. Nach einer Weile hört das Bellen auf. Kurze, gespannte
Pause.

SEKRETÄR *hinter der Bühne*: Hallo!

ERSTER INSPEKTOR *hinter der Bühne*: Ciao, Dicker! Ist alles da?

SEKRETÄR *hinter der Bühne*: Na klar!

Durch die rechte hintere Tür kommt atemlos die Macourkova
angelaufen. Kurz darauf tritt durch die rechte Tür der Erste
Inspektor auf. Er ist von etwas dunklerer Hautfarbe, offenbar
ausländischer Herkunft. Ihm folgt der Sekretär, der die Tür
hinter sich schließt. Beide bleiben auf den Stufen stehen. Der
Erste Inspektor betrachtet die Anwesenden mit einem Lä-
cheln; die sind ein wenig verwirrt.

ERSTER INSPEKTOR: Ciao!

BERGMAN *unsicher*: Ciao —

Kurze Pause.

SEKRETÄR: Ich habe die angenehme Pflicht, Ihnen unseren
neuen Inspektor vorzustellen; er kommt an Stelle seines Vor-
gängers, der in den verdienten Ruhestand getreten ist. Der
neue Inspektor möchte die Kollegen kennenlernen und Ihnen
ein paar Worte darüber sagen, wie er die Dinge sieht —

ERSTER INSPEKTOR: Erstens: setzt euch!

Alle setzen sich verlegen um den Tisch. Der Erste Inspektor
setzt sich auf die Stufen bei der rechten Tür; der Sekretär setzt
sich neben ihn.

Zweitens: erwartet bloß kein langweiliges Gerede. So was
liegt mir nicht. Geschwätz haben wir nun wirklich genug gehört —

Alle lachen höflich.

Drittens: Angst könnt ihr vergessen. Wenn ständig einer den anderen fürchtet, kommen wir nie aus der Scheiße raus!

MACOURKOVA: Entschuldigung, Herr Inspektor, eine Sachfrage: hätten Sie Appetit auf einen Kaffee?

ERSTER INSPEKTOR: Laß gut sein, so guten Kaffee, wie ihn mir heute morgen meine Alte gemacht hat, kannst du mir sowieso nicht machen –

Alle lachen höflich.

Ich bin zwar neu, aber ganz doof bin ich doch nicht. Ich weiß, wie das gelaufen ist. Sie haben euch gesagt, was ihr tun sollt, und ihr mußtet das Maul halten, ob euch das gefiel oder nicht. Und wenn ihr es trotzdem aufgemacht habt, seid ihr schwer auf die Schnauze gefallen. Hab ich nicht recht?

Alle nicken verlegen.

So machen wir nicht weiter. Ihr seid doch – verdammt noch mal – Architekten, Fachleute also, und es ist doch unmöglich, daß euch da jemand reinredet, der von Tuten und Blasen keine Ahnung hat. Die ganze Sanierung ist doch – unter uns gesagt – ein ziemlich verstiegener Einfall. Ihr wißt das, ich weiß das, die Leute unten wissen das auch. Bessere Wohnungen – natürlich! Wasserleitung – sicher! Kanalisierung – klar! Aber das heißt doch nicht, daß man alles einreißen muß und vollrotzen mit irgendwelchen Fertigbauten. Sicher, einfacher wäre das, aber auch ganz schön häßlich! Oder etwa nicht?

Alle nicken verlegen-zustimmend.

Ohne Rücksicht darauf, daß jeder Mensch anders ist und auf seine Weise und auf seine Art leben will. Der eine hat seinen Taubenschlag, der andere seine Kaninchen – und wieso soll man ihnen das, verflucht noch mal, nehmen? Ich bin nämlich von hier, ich weiß also, wovon ich rede! Aber ich will das nicht in die Länge ziehen: es wird keine Sanierung geben! Das heißt aber nicht, daß ihr hier überflüssig seid! Im Gegenteil: wir sind froh, daß wir euch hier haben, und es wird schön sein, wenn ihr noch etwas hier bleibt! Entscheidet selbst, was ihr tun wollt. So Studien etwa, wie man das hier vorsichtig ver-

schönern könnte, irgendeine Umfrage, Experimente und so.
Ich werd euch da nicht reinquatschen, ich weiß, daß ihr nicht
rumsitzen werdet, sondern euch sicher was Schönes ausdenkt.
Vielleicht nicht mal hier, sondern anderswo, was weiß ich!
Und vielleicht kommt jemand anderer mit einem Einfall, der
für uns genau das Richtige ist! Ihr seht also, ich bin zwar von
hier, aber ich bin wirklich nicht total blöd! Also, verstehen wir
uns?

Kurze, verlegene Pause.

BERGMAN: Ich glaube, ich spreche nicht nur für mich, sondern
auch für alle meine Kollegen –

ERSTER INSPEKTOR: 'tschuldigung, du bist wer?

BERGMAN: Ich heiße Zdeněk Bergman und bin hier Projektleiter –

ERSTER INSPEKTOR: Also du leitest hier die ganze Sache?

BERGMAN: Das muß nicht sein, wenn Sie es nicht wünschen –

ERSTER INSPEKTOR: Um mich geht es nicht! *Zeigt auf die Anwesenden.* Um sie geht es! *Zu den Anwesenden:* Soll er bleiben?

Alle nicken zustimmend.

Also gut, mach weiter! Aber wie ich gesagt hab, ohne über-
flüssiges Gerede –

BERGMAN: Ich glaube, ich spreche nicht nur für mich, sondern
auch für alle meine Kollegen, wenn ich sage, daß wir auf diesen Augenblick jahrelang gewartet haben. Die Architektur
braucht nämlich die Freiheit wie der Mensch die Luft zum
Atmen!

ERSTER INSPEKTOR: Meine Rede! Wenn es irgendein Problem
gibt, reicht es, kurz Bescheid zu sagen – am besten hier über
den Dicken. *Zeigt auf den Sekretär.*

*Der Erste Inspektor steht auf, sofort steht auch der Sekretär
auf; alle stehen auf.*

Also, ich drück euch die Daumen!

ALBERT: Entschuldigen Sie, Inspektor –

ERSTER INSPEKTOR: Was ist?

ALBERT: Ich weiß nicht, ob Sie davon wissen – aber in der Zeit, als hier noch die Sanierung geplant war, sind einige Bürger mit ihrer Kritik hervorgetreten und im Zusammenhang damit im Hungerturm der Burg interniert worden. Könnte diese Ungerechtigkeit jetzt nicht beseitigt werden?

ERSTER INSPEKTOR *zum Sekretär:* Laß sie laufen, Dicker!

SEKRETÄR: Beide?

ERSTER INSPEKTOR: Klar! *Zu den Anwesenden:* Also ciao!

ALLE: Ciao!

Der Erste Inspektor winkt allen zu und geht in Begleitung des Sekretärs durch die rechte Tür ab. Kurze Pause, alle schauen entgeistert auf die rechte Tür.

ALBERT *ruft:* Freiheit!

Alle kommen zu sich, lachen einander froh an, beglückwünschen sich gegenseitig und umarmen sich.

PLECHANOV: Ich bin ja an manches gewöhnt, aber daß ich das noch erlebe, das habe ich wirklich nicht geglaubt! *Zu Bergman:* Und du, Zdeněk?

BERGMAN: Nein!

LUISA: Ist das alles nicht nur Halluzination?

ALBERT: Das mußte kommen! Das Leben kann nicht dauernd unterdrückt werden!

PLECHANOV: Hoffentlich bleibt es so!

BERGMAN: Das muß so bleiben!

ALBERT: Jetzt gibt es keine Ausreden mehr!

BERGMAN: Einen solchen Augenblick erlebt man nur einmal im Leben!

Alle beruhigen sich allmählich, einige setzen sich an den Tisch. Renata steht etwas entfernt. Kurze Pause.

ULČ: Ich weiß nicht, ob das gerade jetzt populär ist –

LUISA: Sagen Sie nur nicht, Sie hätten nicht auch Freude daran!

ULČ: Aber natürlich, selbstverständlich freue ich mich. Ich hab nur Angst, daß wir das Kind mit dem Bade ausschütten –

BERGMAN: Ich verstehe Sie nicht –

ULČ: Die Trennung von der unqualifizierten Bauleitung ist eine

Sache, und der Verzicht auf rationales urbanistisches Denken eine andere –

LUISA: Verzichtet denn hier jemand auf etwas?

ULČ: Bisher niemand, aber sicher wird es manchen in diese Richtung ziehen. Was mich betrifft, so sage ich geradeheraus, daß ich die Teilnahme an allem ablehne, was einen Rückschritt der Stadtarchitektur zur spontanen, chaotischen und in ihren Folgen asozialen Bauweise des vergangenen Jahrhunderts bedeuten würde –

BERGMAN: So etwas will doch niemand! Ich glaube, Herr Kollege, daß Sie unnötigerweise unken –

ULČ: Ich wäre froh, wenn es beim Unken bliebe. Aber sagen mußte ich es. Das Wichtigste von allem ist jetzt nämlich – wenigstens meiner Meinung nach –, dafür zu sorgen, daß sich der Widerstand gegen den Zentralismus nicht in Widerstand gegen jegliche Planung auswächst –

PLECHANOV: Wenn Sie aber auch immer nur zwei Möglichkeiten sehen: die Ordnung der Sanierung und Siedlungen – oder einen Saustall!

ALBERT: Genau! Wer die Pluralität gegen die Uniformität durchsetzt, setzt doch damit nicht das Chaos gegen die Planung, sondern das Leben gegen den Tod durch!

ULČ: Ich habe nichts gegen die Pluralität! Ich mache nur darauf aufmerksam, daß Freiheit nicht gleich Verantwortungslosigkeit ist!

BERGMAN: Da stimme ich zu. Deshalb betrachte ich diesen Augenblick auch nicht als einen Aufruf zur Verantwortungslosigkeit, sondern im Gegenteil als Gelegenheit, endlich unsere eigene, schöpferische Verantwortung zu erfüllen! Es ist vor allem eine sittliche Aufgabe: wir müssen die Wahrheit gegen die Lüge setzen, den Mut gegen die Konformität, die Freiheit gegen den Druck. Je tapferer wir als Menschen sind, desto bessere Architekten werden wir sein. Oder haben wir nicht bisher so schlecht gebaut, weil wir nicht auf dem bestanden haben, was wir für richtig hielten? Klar, einige werden immer globale Lösungen vorziehen und andere eigenwillige Details und untypische Elemente. Die Hauptsache aber ist, daß wir alle das tun werden, was wir wollen, und nicht das, was uns aufgezwungen wird. Unsere Projekte sollten von heute an in einer Atmosphäre freier Diskussion, gegenseitiger Toleranz, guten Willens und leistungsfähiger Zusammenarbeit entstehen. Nur an uns liegt es jetzt, eine solche Atmosphäre tatsächlich herzustellen und sie eventuell auch zu verteidigen!

PLECHANOV: Es sollte keine Tabus mehr geben –

ALBERT: Die Angst darf nicht mehr über die Wahrheit siegen –

BERGMAN: Fügsamkeit über die Verantwortung –

LUISA: Und Dummheit über die Freiheit!

BERGMAN *zu Macourkova*: Was meinen Sie dazu, Frau Kollegin?

Macourkova zuckt unbestimmt die Schultern. Kurze Pause.

LUISA: Können wir den Sekt bringen?

Bergman lächelt zustimmend. Luisa nickt Renata zu und beide gehen eilig durch die linke hintere Tür ab. Durch die rechte hintere Tür kommt zugleich der Sekretär und hinter ihm der Erste und der Zweite Delegierte.

BERGMAN *ruft den Delegierten zu*: Ich grüße Sie in der Freiheit, meine Freunde! Habe ich Ihnen nicht gesagt, daß nichts so heiß gegessen wird, wie es gekocht wird? Sie müssen nun nicht mehr fürchten, daß wir Ihnen das Zuhause zerstören!

ERSTER DELEGIERTER: Danke schön –

BERGMAN: Im Gegenteil: wir danken Ihnen! Die Sache, um die Sie sich mit Ihrer unerschrockenen Haltung verdient gemacht haben, ist auch unsere Sache! Grüßen Sie alle dort unten!

ERSTER DELEGIERTER: Auf Wiedersehen –

Der Erste und der Zweite Delegierte, gefolgt vom Sekretär, gehen auf die rechte Tür zu.

MACOURKOVA: Herr Sekretär –

Der Erste und der Zweite Delegierte gehen durch die rechte Tür ab; der Sekretär bleibt in ihr stehen und wendet sich um.

SEKRETÄR: Ja?

MACOURKOVA: Wollen Sie nicht mit uns anstoßen? Es gibt
Sekt –

SEKRETÄR: Ich kann nicht, ich bin Abstinenzler. Ciao –

MACOURKOVA: Ciao –

*Der Sekretär geht durch die rechte Tür ab. Durch die linke
hintere Tür kommen gleichzeitig Luisa und Renata; Luisa
bringt ein Tablett mit Gläsern und Renata hat vier Flaschen
Sekt unter den Armen. Luisa verteilt die Gläser an alle; Bergman und Plechanov nehmen Renata zwei Flaschen ab, die beiden anderen stellt Renata auf den Tisch. Bergman und Plechanov öffnen die Flaschen und gießen nach einem gehörigen
Korkenknallen allen schnell ein.*

BERGMAN *hebt das Glas*: Auf die freie Entwicklung der Architektur und des Urbanismus!

ALLE *stoßen an und rufen dabei*: Hurra!

*Alle trinken ihre Gläser aus; Bergman und Plechanov gießen
allen wieder ein.*

PLECHANOV *hebt das Glas*: Auf daß wir niemals mehr Städte
verschandeln und Landschaft zerstören!

ALLE *stoßen an und rufen dabei*: Hurra!

*Alle trinken ihre Gläser aus; Bergman und Plechanov gießen
allen wieder ein.*

LUISA *hebt das Glas*: Auf daß wir uns nie mehr fürchten müssen!

ALLE *stoßen an und rufen dabei*: Hurra!

*Alle trinken ihre Gläser aus; Bergman und Plechanov gießen
allen wieder ein.*

ALBERT *hebt das Glas*: Weg mit der Sanierung! Es lebe das Leben!

ALLE *stoßen an und rufen dabei*: Hurra!

*Alle trinken ihre Gläser aus. Plechanov nimmt seine Geige
und beginnt den Strauß-Walzer «An der schönen blauen Donau» zu spielen. Bergman nimmt Luisa; Ulč Renata und Albert die Macourkova und alle fangen an, Walzer zu tanzen.
Nach einer Weile wechseln die Herren die Partnerinnen:*

Bergman tanzt jetzt mit der Macourkova, Ulč mit Luisa und Albert mit Renata. Plechanov wird schneller, der Tanz wilder und reicher an Figuren. Nach einiger Zeit wechseln die Herren wieder die Partnerinnen: Bergman tanzt jetzt mit Renata, Ulč mit der Macourkova und Albert mit Luisa. Plechanov spielt noch schneller, der Tanz wird noch wilder und noch reicher an Figuren. Nach längerer Zeit, als alle Tänzer schon sichtlich erschöpft sind und infolge des Sekts ein wenig zu schwanken beginnen, kehren sie allmählich zum Tisch zurück; atemlos setzen sie sich hin; Plechanov hört zu spielen auf und legt die Geige ab. Kurze Pause. Dann nimmt Luisa die beiden übrigen Flaschen, reicht sie Bergman und Plechanov. Die öffnen sie sofort und gießen allen wieder ein.

ALBERT *hebt das Glas*: Architekten aller Länder, vereinigt euch!

ALLE *rufen*: Hurra!

Alle trinken ihre Gläser aus; Bergman und Plechanov gießen allen wieder ein.

ULČ *hebt das Glas*: Sekretäre aller Länder, haut ab in andere Länder!

ALLE *rufen*: Hurra!

Alle trinken ihre Gläser aus; Bergman und Plechanov gießen allen wieder ein.

LUISA *hebt das Glas*: Menschen aller Länder, liebt eure Länder!

ALLE *rufen*: Hurra!

Alle trinken ihre Gläser aus; Plechanov nimmt wieder seine Geige und beginnt einen wilden Csárdás zu spielen. Luisa springt auf den Tisch und fängt dort an zu tanzen. Ulč fällt zu Boden; Marcourkova nimmt ihn an den Beinen und zieht ihn – selber schwankend – zur linken hinteren Tür, durch die sie ihn schließlich hinauszieht. Bergman ist in der Zwischenzeit aufgestanden, hat die Flasche genommen, und während er sich den Rest der Flasche auf den Kopf gießt, schwankt er zur Treppe. Dort angekommen, stolpert er selbstverständlich darüber und fällt zu Boden. Renata, die offensichtlich am

wenigsten getrunken hat, läuft zu ihm, versucht ihn aufzu-
richten, was ihr schließlich zumindest so weit gelingt, daß sie
seinen Arm um ihren Hals legen und ihn so über die Treppe
zur linken Tür ziehen kann, durch die sie dann mit ihm ab-
geht. Luisa tanzt auf dem Tisch immer leidenschaftlicher
und herausfordernder; Albert sitzt am Tisch und schaut sie
fasziniert an. Die Musik hört plötzlich mit einem disharmo-
nischen Akkord auf: Plechanov ist die Geige aus der Hand
gefallen, weil auch er plötzlich die Herrschaft über sich ver-
loren hat; der Kopf ist ihm auf die Brust gefallen, er ist au-
genblicklich eingeschlafen und fängt an zu schnarchen.
Luisa hört zu tanzen auf, lacht, setzt sich auf dem Tisch zu
Albert und wendet sich ihm zu.

LUISA: Hallo!

ALBERT: Sie sind großartig –

Luisa beginnt zu lachen, nimmt das Kunststoffmodell der
Burg, das auf dem Tisch steht, stülpt es sich wie einen extra-
vaganten Hut auf den Kopf, schlägt herausfordernd ein Bein
über das andere und nimmt die Pose einer Kurtisane ein.
Albert reagiert nicht darauf, nimmt sie bei der Hand und be-
ginnt schnell zu sprechen, ohne auf Plechanovs Schnarchen
zu achten, das seine gesamte folgende Rede untermalen
wird.

Luisa – ich weiß, daß Sie sich wahrscheinlich über mich lustig machen, aber ich meine es todernst: ich liebe Sie! Ich
liebe Sie irrsinnig! Selbstverständlich ist das Unsinn, albern
und närrisch – ich weiß, daß ich keine Hoffnung habe –, ich
will absolut nichts von Ihnen – ich habe mir verboten, überhaupt etwas zu wollen –, das Ganze ist mein Problem, und
ich habe kein Recht, Sie damit zu belästigen – mir genügt es,
wenn ich Sie hin und wieder bei einer Sitzung oder beim
Abendessen sehe – ich respektiere Ihre Beziehung zum Chef
und würde lieber von hier weggehen als Ihnen auch nur die
geringsten Komplikationen zu bereiten – ich spreche zum er-
sten- und letztenmal mit Ihnen darüber, das verspreche ich

Ihnen – mir ist so etwas noch nie passiert –, ich begreife es
nicht und verfluche mich dafür – aber es ist stärker als ich –,
ohne diesen unglückseligen Sekt hätte ich es wohl nie ge-
wagt, darüber zu sprechen – Sie sind meine Sonne und ich
will nicht mehr, als daß ein kleiner Strahl zumindest aus
der Ferne auch auf mich fällt – das reicht mir völlig zum
Leben –, ich habe nicht geahnt, was das ist, Liebe – es ist
ein Abgrund, durch den man fliegt, ohne auf seinen Flug
auch nur den geringsten Einfluß zu haben –, mir klopft das
Herz, wann immer ich Sie sehe – ich benehme mich wie ein
Untertertianer –, ich rede jetzt auch so – bitte, helfen Sie
mir, zerstören Sie das in mir, lachen Sie mich aus –, sagen
Sie es dem Chef, sagen Sie es allen, erzählen Sie es als bi-
zarre Anekdote – ich sehe Sie immerzu und überall –, schon
tagelang habe ich nicht einen Strich getan – jede Nacht
habe ich quälende Träume – gestern war ich zum Beispiel
mit Ihnen bei Machonins – das sind Mitschüler von der Fa-
kultät –, um Pilze zu suchen, ich hasse mich dafür, daß ich
das in mir nicht beherrschen und unterdrücken kann – ich
hatte gedacht, ich sei ein Mann, und ich war stolz auf meinen festen Willen –, und auf einmal werde ich von Gefüh-
len hin und her geworfen, die ich selbst nicht ganz verstehe
– eigentlich sind das keine Gefühle, das ist ein unpassendes
Wort, es ist mehr, etwas außerhalb von mir, ein Dämon, der
mich besessen hält –, Sie sind der einzige feste Punkt meines
Weltraums – die Achse, um die er sich dreht –, die Quelle
seiner Wirklichkeit und seines Sinns – ich begreife nicht,
warum Gott mich so versucht –

*Während des Bekenntnisses von Albert hat Luisa langsam
ihren «Hut» vom Kopf genommen, ist ernst geworden,
nüchtern, dann begannen sich ihre Augen mit Tränen zu
füllen, jetzt unterbricht sie Albert durch lautes Weinen. Sie
sitzt zusammengekauert auf dem Tisch und verbirgt das Gesicht in den Händen. Albert steht verwirrt auf, weiß nicht,
was er tun soll, dann tritt er vorsichtig an Luisa heran und*

streichelt zärtlich über ihr Haar. Sie wendet sich plötzlich zu ihm um, und – drückt ihn weinend an sich, küßt ihn und schiebt ihn dann sanft fort. Endlich beherrscht sie sich, hört auf zu weinen, wischt sich die Augen und versucht ein Lächeln.

LUISA: Entschuldige – wir sind beide verrückt – betrunken und verrückt –

ALBERT: Habe ich Ihnen weh getan?

LUISA: Aber nein –

ALBERT: Warum weinen Sie?

LUISA: Das verstehst du nicht –

ALBERT: Sagen Sie es mir, bitte!

LUISA: Über mich selbst –

Luisa lächelt Albert traurig an, steht auf, tritt an ihn heran, umarmt ihn und beginnt ihn zärtlich zu küssen. Albert hat die Augen geschlossen und steht wie betäubt. Durch die linke Tür kommt Renata herein. Als sie Luisa und Albert in der Umarmung sieht, erstarrt sie und schaut sie entgeistert an. Luisa küßt Albert zum letztenmal, tritt von ihm weg und blickt ihn lächelnd an. Albert hat immer noch die Augen geschlossen.

Leise: Albert –

Albert öffnet die Augen.

Ich bin ein vernünftiges Mädchen – und du mußt ein vernünftiger Junge sein –, versprich mir, daß du ein vernünftiger Junge sein wirst –

Albert nickt kaum merklich. Renate beginnt leise zu schluchzen. Da fliegt die hintere linke Tür auf und Ulč stürzt, nur in Hemd und Unterhose, auf die Bühne. Hose und weißer Kittel fliegen hinter ihm her. Ulč bleibt stehen, schaut sich um, und als er Renata sieht, ruft er ihr zu –

ULČ: Ich hab auch einen Geschlechtstrieb!

RENATA *das Schluchzen überwindend:* Ja, das weiß ich –

Plechanov wacht erschrocken auf: offenbar hat er einen schrecklichen Traum gehabt. Einen Augenblick lang schaut er starr vor sich hin, dann kommt er zu sich, nimmt seine Geige und beginnt wieder «An der schönen blauen Donau» zu spielen. Der Vorhang fällt, die Musik wird leiser, bis sie ganz aufhört.

Ende des dritten Aktes

Pause

Vierter Akt

Wenn es im Zuschauerraum dunkel wird, erklingt hinter dem Vorhang wieder die Geige mit der Melodie «Schwarze Augen». Einige Zeit später öffnet sich der Vorhang. Auf der Bühne befinden sich Plechanov und Albert. Plechanov hat ein weißes Taschentuch um den Kopf gebunden und spielt. Nach einer Weile tritt durch die linke Tür Renata ein und bleibt auf dem Treppenabsatz stehen; Plechanov und Albert sehen sie nicht.

RENATA *zu Plechanov:* Herr Architekt –
    Plechanov hört nicht, er spielt weiter. Pause.
    Lauter: Herr Architekt –
    Plechanov hört nicht, er spielt weiter. Pause.
    Ruft: Herr Architekt!
    Plechanov hört zu spielen auf und schaut Renata an.
PLECHANOV: Sprechen Sie mit mir?
RENATA: Ja –
PLECHANOV: Was ist los?
RENATA: Der Projektleiter läßt fragen, ob Sie ihm nicht noch eine Tablette geben könnten –
PLECHANOV: Tut mir leid, aber die letzte habe ich gerade dem Kollegen Ulč gegeben –
RENATA: Ich werd's ihm sagen –
    Renata geht durch die linke Tür ab. Plechanov legt die Geige ab.
PLECHANOV: Sie sollten ein wenig mit ihr sprechen. Sie sehen doch, wie sie sich quält –
ALBERT: Meinetwegen?
PLECHANOV: Natürlich –
ALBERT: Das tut mir leid –

PLECHANOV: Ich verstehe, daß Ihnen jetzt nicht der Sinn danach
steht – vor zwanzig Jahren hab ich das auch durchgemacht –,
aber trotzdem könnten Sie –

ALBERT: Ich weiß nicht, was Sie vor zwanzig Jahren durchgemacht haben, und Sie wissen nicht, was ich jetzt durch-
mache –

PLECHANOV: Aber natürlich weiß ich das! Dasselbe, was ich
damals durchgemacht habe! Wir haben zusammen studiert,
und ich war in derselben Lage wie Sie heute. Der einzige Unterschied ist, daß sie damals zwanzig Jahre jünger war –

ALBERT: Sie sprechen von –

PLECHANOV: Natürlich –

ALBERT: Hat sie Ihnen etwas gesagt?

PLECHANOV: Warum?

ALBERT: Von gestern –

PLECHANOV: Ich weiß nicht, was gestern geschehen ist, aber ich
weiß, wie es in Ihrem Innern aussieht.

ALBERT: Wissen können Sie das, aber wohl kaum begreifen –

PLECHANOV: Umgekehrt: einzig ich kann das begreifen. Wenn
ich Sie so beobachte, scheint es mir, als ob ich bloß mein jün-
geres Ich sehe. Ich habe Angst um Sie –

ALBERT: Warum?

PLECHANOV: Sie wissen nicht, worauf Sie sich da einlassen. Es
ist nicht meine Gewohnheit, mich in Dinge einzumischen, die
mich nichts angehen, aber mindestens das mußte ich Ihnen
sagen –

ALBERT: Wenn Sie schon angefangen haben, dann machen Sie
auch weiter –

PLECHANOV: Ihre Liebe, mein Freund, lockt Luisa, zieht sie an
und erregt sie, deshalb kann sie sich nicht davor verschließen
oder sich dagegen wehren. Zugleich aber ist sie nicht imstande, den letzten, närrischen Schritt zu tun, mit dem sie den
Knoten zerhaut zu Ihren Gunsten. Sie wird Ihre Liebe dauernd nähren und ebenso dauernd nicht erfüllen. Sie werden
früher oder später deswegen völlig verrückt werden, und

dann wird es von ganz zufälligen Umständen abhängen, in welche Tragödie es mündet. Glauben Sie mir, ich weiß, wovon ich spreche –

ALBERT: Bei Ihnen hat es als Tragödie geendet?

PLECHANOV: Darauf kommt es nicht an, jetzt geht es um Sie, nicht um mich. Wenn Sie das nicht sofort in sich selbst abtöten, dann werden Sie es nie mehr tun, es sei denn, Sie töten sich selbst, was Sie, wie ich stark hoffe, nicht vorhaben. Es gibt kurz gesagt Krankheiten, die von einem gewissen Stadium an unheilbar sind –

ALBERT: Liebe ist doch keine Krankheit! Besonders nicht Liebe zu einem solchen Wesen – oder glauben Sie, sie sei böse?

PLECHANOV: Aber nein, überhaupt nicht! Aber das ist es ja gerade! Wenn dieses ganze Spiel unbestimmter Versprechen und unvollständigen Ablehnens, aufreizender Anzeichen der Sehnsucht und der schließlich immer siegenden Selbstbeherrschung, der Äußerungen von Nähe und zugleich Unzugänglichkeit – wenn das alles Sache kaltblütigen Kalküls, unbeständiger Launenhaftigkeit oder gewöhnlicher Verantwortungslosigkeit wäre, dann wäre es ja gut: Sie würden das bald durchschauen und sich zu helfen wissen. Das Schlimmste ist, daß das Verderben, das Luisa verbreitet, nicht die Folge bösen Willens ist, sondern ihrer Seinsweise. Ich entschuldige mich für diese Predigt, aber dazu hat mich gerade die Stimme gezwungen, von der Sie hier kürzlich so schön gesprochen haben –

Pause.

ALBERT: Es ist eigenartig –

PLECHANOV: Was ist eigenartig?

ALBERT: Sie haben mich warnen wollen und gerade das Gegenteil erreicht: ich beginne die eigenartige Trauer in ihren Augen zu verstehen –

PLECHANOV: Und das bringt sie Ihnen noch näher –

ALBERT: Ja –

PLECHANOV: Es steigert Ihre Sehnsucht ihr zu helfen –

ALBERT: Ja —

PLECHANOV: Sie haben das Gefühl, daß die opferbereite Uneigennützigkeit Ihrer Liebe in dieser unverständigen Welt das einzige ist, was Luisa vor dem Unglück retten kann, das sie sich selbst unabsichtlich dadurch zufügt, indem sie es anderen zufügt —

ALBERT: Ja —

PLECHANOV: Ich habe geahnt, daß das so ausgeht. Mir bleibt also nichts anderes übrig, als das zu tun, was ich gleich hätte tun sollen: zu schweigen und still auf Ihre guten Karten zu hoffen —

Durch die linke Tür tritt Renata mit einem Tablett ein, auf dem zwei Tassen Kaffee stehen. Sie geht gleich auf die Treppe nach oben zu. Plechanov stößt Albert an und fordert ihn mit einem Blick auf, Renata anzusprechen.

ALBERT: Renata —

Renata bleibt stehen, dann sagt sie leise, ohne sich zu Albert umzuwenden —

RENATA: Sie wünschen?

ALBERT: Hätten Sie einen Moment Zeit?

RENATA: Seien Sie mir nicht böse, aber —

ALBERT: Es ist wichtig —

RENATA: Ich habe zu tun —

ALBERT: Alle haben wir zu tun. Ich bitte Sie —

RENATA: Jetzt geht es wirklich nicht —

Renata geht mit dem Kaffee schnell durch die linke obere Tür ab. Albert schaut Plechanov fragend an.

PLECHANOV: Sie schämt sich. Laufen Sie hinterher —

Plechanov stößt Albert vorwärts. Albert geht langsam zur Treppe und allmählich nach oben. Als er etwa auf der dritten Stufe ist, öffnet sich die linke Tür und Luisa kommt vorsichtig herein, in jeder Hand eine Tasse Kaffee. Die Tür läßt sie offenstehen. Albert hält inne und kommt schnell die Treppe herunter, um ihr Platz zu machen. Er ist offenbar verwirrt.

ALBERT *leise*: Guten Morgen —

LUISA *mit einem fröhlichen Lächeln*: Hallo, Albert —
*Luisa bringt die Kaffeetassen zum Tisch; Plechanov nimmt
seine Geige; als Luisa ihn mit dem Verband um den Kopf
sieht, lacht sie.*
Sieh da, Kuzma, du hältst auch nicht mehr so viel aus wie
früher —
*Plechanov grinst und schlurft durch die rechte hintere Tür
davon. Luisa stellt den Kaffee auf den Tisch, einen an den
Platz Bergmans, den anderen an ihren Platz. Sie setzt sich hin,
beginnt zu rühren, dann schaut sie Albert an, der immer noch
verlegen unten an der Treppe steht, und lächelt ihn an. Pause.*
ALBERT *leise*: Verzeihen Sie —
*Durch die linke obere Tür kommt Renata mit dem leeren Ta-
blett. Sie geht bis zum Absatz herunter, schaut auf Albert und
Luisa, dann geht sie schnell durch die linke Tür ab.*
LUISA: Ich wüßte nicht weswegen —
ALBERT: Wegen gestern —
LUISA: Sei nicht dumm!
*Durch die linke Tür kommt Bergman. Er hat ebenfalls ein
Taschentuch um den Kopf gebunden.*
ALBERT *zu Bergman*: Guten Tag —
*Bergman nickt nur und geht langsam zu seinem Platz am
Tisch. Albert vergißt, daß er zu Renata gehen wollte, tritt eine
Weile verlegen auf der Stelle und zieht sich dann verwirrt
durch die linke hintere Tür zurück. Bergman hat sich in der
Zwischenzeit an den Tisch gesetzt und rührt ebenfalls in sei-
nem Kaffee. Längere Pause.*
BERGMAN: Was ist los mit dir?
LUISA: Du weißt — ganz gleichgültig kann mich das wohl kaum
lassen —
BERGMAN: Ich verstehe: Liebe induziert Liebe —
LUISA: Ich habe nicht von Liebe gesprochen —
BERGMAN: Sicher würdest du gern was mit ihm anfangen —
LUISA: Vielleicht, aber es geht nicht —
BERGMAN: Warum?

LUISA: Das verstehst du nicht —

BERGMAN: Selbstverständlich — wie könnte ich, ein bekannt grober Klotz, solche Dinge verstehen! Gefühle sind ja ausschließlich dein Gebiet —

LUISA: Zu meinem Gebiet macht sie nur dein Zynismus —

BERGMAN: Warum geht es nicht?

LUISA: Es ist viel zu ernst, als daß ich das Recht hätte, damit zu spielen. Vielleicht ist es dir noch nicht aufgefallen, aber hin und wieder ist auch die Verantwortung mein Gebiet —

BERGMAN: Viel zu ernst, sagst du. Hm. Ich weiß zwar nicht, was so schrecklich Ernstes und meinem Gehirn Unzugängliches daran sein soll, wenn sich ein insgesamt anständiger und empfindsamer Jüngling von einer erfahrenen Vierzigerin den Kopf verdrehen läßt, doch wenn das wirklich ernst ist, dann schmeichelt mir das eigentlich: die Bezauberung durch diese Dame ist nämlich zugleich ein indirekter Applaus für ihren Lebenspartner bzw. seine Lebenswahl —

LUISA: Na siehst du, wenigstens etwas ist auch für dich dabei! Aber wie wäre es, wenn wir versuchen würden, wenigstens für einen Augenblick über ernste Dinge auch ernst zu sprechen?

BERGMAN: Ich bin für jedes Experiment zu haben —

LUISA: Vor allem solltest du nicht immer alles auf mich abwälzen. Ich habe niemandem den Kopf verdreht, für mich kam es genauso überraschend wie für dich. Und dann: es geht hier nicht darum, daß ich mich verguckt hätte oder von den üblichen Gelüsten getrieben wäre, an die wir um uns herum gewöhnt sind. Es sind Tiefen darin, die wir schon lange nicht mehr kennen, soweit wir sie überhaupt je gekannt haben, und diese Tiefen sind zu gefährlich —

BERGMAN: Für wen?

LUISA: Hauptsächlich natürlich für ihn —

BERGMAN: Tiefen ziehen an —

LUISA: Richtig beobachtet —

BERGMAN: Und jagen Schrecken ein —

LUISA: So ist es –

BERGMAN: Also fürchtest du dich eigentlich!

LUISA: In gewissem Sinn –

BERGMAN: Und du hast in diese Tiefen geschaut?

LUISA: Ein wenig –

BERGMAN: Hoffentlich nicht in meinem Bett –

LUISA: Wenn du geschmacklos sein willst, spreche ich nicht mit dir darüber!

BERGMAN: Entschuldige. Wie also hast du in die Tiefen geschaut?

LUISA: Er hat mir entsetzliche Dinge gesagt. Schön, aber entsetzlich –

BERGMAN: Zum Beispiel?

LUISA: Daß ich seine Sonne bin und daß er nicht mehr will, als daß nur ein Strahl aus der Ferne auf ihn falle –

BERGMAN: Und weiter?

LUISA: Er kommt sich von einem Dämon besessen vor, ich soll die Achse seines Alls sein und die einzige Quelle von dessen Wirklichkeit und Sinn –

Durch die linke Tür kommt der Sekretär herein, läuft schnell die Treppe hinauf, geht über die Galerie und durch die rechte obere Tür ab.

BERGMAN: Hm. Interessant –

LUISA: Was ist interessant?

BERGMAN: Daß gerade dich – die bekannte Kritikerin alles Banalen –

LUISA: Wenn du auch nur ein bißchen was über die Liebe wüßtest, dann wüßtest du auch, daß sich über ein Gefühl, je tiefer es ist, desto schwerer sprechen läßt und daß häufig das tiefste Gefühl sich selbst nicht anders ausdrücken kann als mit den abgegriffensten Worten!

BERGMAN: Nun gut. Aber zurück zu deiner Verantwortung –

LUISA: Was ist damit?

BERGMAN: Mich würde interessieren, ob darin auch die Verantwortung für mich irgendeine Rolle spielt –

LUISA: Täte es dir leid, wenn sie es nicht täte?

BERGMAN: Mich interessiert das bloß –

LUISA: Und mich wiederum würde interessieren, ob dir das leid täte –

BERGMAN: Das muß dich aber nun wirklich nicht mehr interessieren –

LUISA: Was willst du damit sagen?

BERGMAN: Schlechter als es mir im Moment geht, kann es sowieso nicht mehr werden!

Durch die rechte hintere Tür tritt der Sekretär ein und geht schnell auf die Treppe zu.

Zum Sekretär: Was ist los?

SEKRETÄR: Bisher nicht –

Der Sekretär läuft die Treppe hinauf und geht durch die linke obere Tür ab.

LUISA: Darum also ist es dir gegangen!

BERGMAN: Worum denn?

LUISA: Um die Rede auf dein Lieblingsthema zu bringen! Kommt dir das nicht ein wenig stereotyp vor? Du bist wie eine durch und durch vorhersehbare Person aus einem durch und durch vorhersehbaren Stück! Aber nachdem ich das letzte Mal wieder auf deine falschen Tränen hereingefallen bin, habe ich mich entschlossen, darauf einfach nicht mehr zu reagieren. Ohne Zuschauer gibt's nämlich auch kein Theater. Ich weiß nicht, warum mir etwas so Einfaches nicht schon viel früher eingefallen ist. Ich bin offenbar der Typ, der ein Spiel erst bei der 50. Aufführung versteht –

Bergman steht bedeutungsvoll auf, geht gemächlich zur Treppe und steigt langsam hinauf. Auf dem Absatz bleibt er stehen und wendet sich an Luisa.

BERGMAN: Es gibt Stücke, Luisa, die du offensichtlich nicht begreifst, solange sie nicht für immer aus dem Repertoire genommen werden! Und das wird bald auch für uns der Fall sein! Das Theater geht nämlich zu Ende, meine Teure! Aber nicht etwa, weil es den Zuschauer verloren hätte. Alles ist anders: der Zuschauer bleibt ohne Theater! Laß es dir gutgehen hier –

LUISA *ruft*: Zdeněk!

BERGMAN *ohne stehenzubleiben oder sich umzuwenden*: Was ist?

LUISA: Wohin gehst du?

BERGMAN: Auf den Turm –

Bergman ist schon auf der Galerie und geht auf die rechte obere Tür zu. Luisa läuft hinter ihm die Treppe hinauf.

LUISA: Bist du verrückt geworden? Warte!

Luisa hat Bergman erreicht und ist ihm in den Weg getreten. Bergman stößt sie zur Seite; sie faßt ihn und hält ihn fest; er versucht sie abzuschütteln; sie ringen miteinander.

BERGMAN: Laß mich los!

LUISA: Willst du, daß ich eine Szene mache? Ich fange an zu schreien –

BERGMAN: Das ist mir egal. Jetzt ist Schluß! Begreifst du das denn nicht? Endgültig Schluß!

Der Lärm hat die anderen herbeigerufen: in der rechten oberen Tür erscheint Ulč, den Kopf ebenfalls mit einem Taschentuch verbunden; in der linken Tür Renata; in der linken hinteren Tür Albert und in der rechten hinteren Tür Plechanov mit der Geige und dem immer noch mit einem Taschentuch verbundenen Kopf.

ULČ: Was ist los?

LUISA: Halten Sie ihn!

Ulč kämpft vor der rechten oberen Tür mit Bergman, der hinaus will. Mit den verbundenen Köpfen erinnern sie an japanische Ringkämpfer. Plechanov legt die Geige ab und läuft auch auf die Galerie. Albert folgt ihm.

PLECHANOV: Wohin will er?

LUISA: Frag nicht und halt ihn fest!

Plechanov, Ulč und Albert halten Bergman fest, der sich noch eine Weile windet und dann aufgibt.

BERGMAN: Laßt schon, ich komme –

Plechanov, Ulč und Albert lassen Bergman vorsichtig los.
Bergman geht langsam über die Galerie zurück. Als er an
Luisa vorbeigeht, zischt er Luisa an: Ich tu es doch!
Einen Augenblick bevor Bergman an die linke obere Tür ge-
langt, kommt aus ihr der Sekretär herausgelaufen, beachtet
niemanden, läuft die Treppe hinab, durchquert schnell den
Raum und geht durch die rechte Tür ab, die er aber offenste-
hen läßt. Bergman und hinter ihm alle übrigen gehen langsam
die Treppe hinab. Alle bleiben um den Tisch herum stehen
und schauen sich verlegen an. Pause.

PLECHANOV: Was ist denn bloß in dich gefahren? Und gerade
jetzt – wo sich alles endlich zum Besseren gewandt hat –

ULČ: Wahrscheinlich Alkoholvergiftung, manche Leute machen, wenn sie einen Kater haben, schlimmere Dinge als wenn
sie betrunken sind!

ALBERT: Das ist alles meine Schuld –

PLECHANOV: Unsinn!

ALBERT: Ich weiß das und ich laß es mir nicht ausreden!

LUISA: Du schwätzt dummes Zeug –

Bergman schaut bedeutungsvoll die Anwesenden an; alle
schauen ihn an. Kurze Pause.

BERGMAN: Ich werde Ihnen, meine Freunde, nichts erklären,
weil Sie es ohnehin nicht begreifen würden. Mit unserem Atelier hatte es nichts zu tun, um so weniger mit Ihnen, Albert.
Wenn Sie unbedingt einen Grund brauchen, schlage ich Alkoholvergiftung vor. Noch lieber allerdings wäre es mir, wenn
Sie die ganze Sache einfach vergäßen –

In diesem Moment beginnt hinter der Bühne ein Hund wild zu
bellen. Alle schauen neugierig auf die rechte Tür. Nach einer
Weile hört das Gebell auf. Durch die linke hintere Tür kommt
atemlos die Macourkova gelaufen. Kurz darauf tritt durch die
rechte Tür der Zweite Inspektor ein. Hinter ihm kommt der
Sekretär, der die Tür hinter sich schließt. Bergman, Plechanov
und Ulč nehmen schnell die Taschentücher vom Kopf und
stecken sie in ihre Taschen. Der Zweite Inspektor und der

Sekretär durchschreiten wichtigtuerisch den Raum, von allen
gespannt verfolgt, steigen sie ernst die Treppe hinauf, um
schließlich in der Mitte der Galerie stehenzubleiben. Der
Zweite Inspektor nimmt ein Papier aus der Hosentasche, fal-
tet es auseinander, hüstelt und beginnt zu lesen. Der Sekretär
steht ein Stückchen hinter ihm und schaut über dessen Schul-
ter mit auf das Papier.

ZWEITER INSPEKTOR *liest*: Manchmal ist es notwendig, meine
Freunde, auch in einen sauren Apfel zu beißen. Und manchmal ist es sogar notwendig, im Interesse der menschlichen Gesundheit, ein Skalpell zu nehmen und ein Geschwür aufzu-
schneiden. Eine Weile schmerzt das, doch dann bedeutet es
Erleichterung für den ganzen Körper. Es wird möglicherweise
für manche von Ihnen nicht ganz einfach sein, sofort und
ohne Fragen oder Befürchtungen mit dem fertig zu werden,
was ich Ihnen jetzt zu sagen habe. Schließlich aber werden Sie
es schaffen, weil Sie verstehen werden, daß das Skalpell die
einzige Möglichkeit war, den Organismus zu retten.

Die Macourkova geht auf Zehenspitzen durch die linke hin-
tere Tür ab.

Mein Vorgänger, den Sie hier vor kurzem kennengelernt
haben, war kein schlechter Mensch. Aber leider war er der
Situation nicht gewachsen, weder intellektuell noch was Tem-
perament oder Qualifikation betrifft. Das haben Sie vielleicht
bei dem kurzen Zusammentreffen auch gespürt.

Die Macourkova kommt durch die linke hintere Tür zurück,
bringt ein Glas Wasser, geht auf Zehenspitzen durch den
Raum, geht die Treppe hoch bis zum Zweiten Inspektor. Das
Wasser stellt sie vor ihn auf das Geländer der Galerie, verneigt
sich und geht dann eilig wieder hinunter zu den übrigen. Der
Zweite Inspektor trinkt und fährt mit dem Ablesen seiner
Rede fort.

Er war auf seine Weise eine tragische Gestalt: ein einfacher
Mann aus dem Volk, hier geboren, mit Gefühl für die Stimmung der Leute unten und mit guten Absichten, doch uner-

fahren in leitender Position, schwach im Umgang mit Menschen und schwankend in seinen Ansichten. So hatte er die Dinge bald nicht mehr im Griff, und sie wuchsen ihm über den Kopf. Er hat den Augenblick nicht erkannt, in dem Freiheit in Anarchie übergeht, und wußte nicht zu unterscheiden zwischen denjenigen, die es ehrlich meinen, und denen, die dies nicht tun. Und so geschah es, daß die gute Absicht, die Autonomie Ihres Ateliers zu stärken, mehr auf die Meinung der Leute unten Rücksicht zu nehmen und Ihre Arbeit so insgesamt qualitativ zu verbessern, sich in der hysterischen Atmosphäre unregulierter Diskussion in ihr genaues Gegenteil verwandelte: das Chaos breitete sich aus und schließlich wurde überhaupt nicht mehr gearbeitet –

Der Zweite Inspektor unterbricht sich, schaut nach unten auf die Anwesenden und beginnt auswendig zu extemporieren.
Und wer nicht arbeitet, der soll was? Nun ja, nicht essen! Wer essen will, der muß was tun! Das gilt für jeden! Das haben schon unsere Großeltern gesagt. So stehen die Dinge. So läuft das. So ist das. Wenn jemand nicht versteht, dann muß er was? Na ja, teuer dafür bezahlen!
Der Sekretär stößt den Zweiten Inspektor unauffällig an; der begreift augenblicklich und kehrt zum geschriebenen Text zurück.
Liest: Erst nach langem Drängen vieler ehrlicher Menschen habe ich die undankbare Aufgabe auf mich genommen, hier die Ordnung zu erneuern. Ich bin nicht gekommen, das Kind mit dem Bade auszuschütten. Ich will das Kind vielmehr aus dem Bad nehmen, es abtrocknen und pflegen, damit es weiter gesund leben, blühen und gedeihen kann. Damit ich aber nicht den Eindruck hervorrufe, ein Mensch der alten Verhältnisse zu sein und also auch Sklave ihrer Vorliebe für endlose, inhaltlose und phrasenhafte Reden, komme ich gleich zur Sache: der plötzliche und überstürzte Entschluß, die geplante Sanierung aufzugeben, war unqualifiziert, unverantwortlich und hat viel Schaden angerichtet. Im Grunde war es ein Ab-

weichen vom eigentlichen Sinn Ihrer Arbeit, der darin besteht, modern und weit im voraus geplant den Menschen würdigere Lebensbedingungen zu schaffen. Die Vorbereitung der Sanierung wird also wieder normal weitergehen. Und noch mehr: sie wird neue Dynamik gewinnen! Dies ist keine Rückkehr zum alten und mit Recht verurteilten Führungsstil, wie uns sicherlich einige werden einreden wollen. Im Gegenteil: es ist die radikale Erneuerung ihres ursprünglichen Sinns und ihre radikale Säuberung sowohl von allen früheren Deformationen, die berechtigte Kritik hervorgerufen haben, wie auch von allen späteren Auswüchsen, in die diese Kritik gemündet ist. Ich hoffe, daß auch unter Ihnen die Vernunft über die Emotionen siegen wird, daß auch Sie die dringende Notwendigkeit des Schnitts begreifen werden, daß Sie ihn dankbar annehmen und sich mit neuem Elan in die Arbeit stürzen werden, um für die Menschen dort unten die überflüssige Verspätung wieder aufzuholen, zu der es gekommen ist und über die sie mit Recht beunruhigt sind. Viel Erfolg!

Der Zweite Inspektor faltet sein Blatt zusammen, steckt es in die Hosentasche, offensichtlich will er aber das Rednerpult noch nicht verlassen, er beginnt also wieder zu extemporieren.

Die Leute wollen neue Klos und Kacheln im Bad! Alle. Unsere Landsleute – und heute auch schon alle Fremden. So ist das. Das ist die Realität. Bloß muß ihnen das jemand was? Na, hinstellen. Und vorher muß das jemand was? Na, zeichnen! So war das, und so wird das sein! Überall! Und wer das nicht begreift, der wird –

Der Sekretär neigt sich dem Zweiten Inspektor zu und flüstert ihm etwas ins Ohr, wobei er auf die Uhr schaut und sie ihm zeigt. Der Zweite Inspektor nickt, trinkt etwas Wasser und geht dann gemeinsam mit dem Sekretär herunter in Richtung auf die rechte Tür.

Im Gehen: Auf Wiedersehen –

BERGMAN *leise*: Auf Wiedersehen –

Der Zweite Inspektor und der Sekretär gehen durch die rechte Tür ab. Alle stehen unbewegt und starren ihnen stumpf nach. Längere Pause.

PLECHANOV: Da haben wir's!
Pause.

LUISA: Sehr lange haben wir uns an der Freiheit nicht erfreut —
Pause.

ULČ: Mir war von Anfang an klar, daß das nicht anders ausgehen kann! Der erste war doch ein absoluter Amateur —
Pause.

LUISA: Sehr klug war er nicht, das stimmt — obwohl ich andererseits nicht weiß, wo die jemanden Klugen hernehmen sollen —
Pause.

ULČ: Ich hab doch gesagt, daß man das Kind nicht mit dem Bade ausschütten soll! Alle habt ihr mich ausgelacht — na, und jetzt habt ihr den Salat!
Pause.

PLECHANOV: Aber es war eine schöne Zeit —

LUISA: So etwas wie ein Traum, nicht wahr?

PLECHANOV: Besser!

LUISA: Wenigstens einmal haben wir hier ein bißchen getanzt!

PLECHANOV: Hoffentlich fängt der richtige Tanz nicht erst an!

LUISA: Ich verstehe sowieso nicht, wie wir so leicht darauf reinfallen konnten!

PLECHANOV: Nur ein Toter fällt auf nichts rein —
Verlegene Pause. Dann wenden sich alle Bergman zu.

BERGMAN: Ich würde das, meine Freunde, so schwarz wieder nicht sehen! Sie wissen doch, was ich immer sage: nichts wird so heiß gegessen, wie es gekocht wird. Was einmal geschehen ist, kann nicht ungeschehen gemacht werden. Wenn Sie gut zugehört haben, dann müssen Sie bemerkt haben, daß keine völlige Wende zum alten stattfinden soll. Wir werden ein bißchen weniger Manövrierraum haben, das ist klar. Aber das passiert schon mal. Einige Zeit werden wir warten müssen. In einer neuen Situation ist es immer das Wichtigste, sich zunächst gründlich zu orientieren. Wir haben doch schon genug erlebt – zumindest wir Älteren –, und so viel Verstand und Erfahrung haben wir doch wohl, daß wir auch damit zurechtkommen können. Ich persönlich habe allzu heftigen Leidenschaften nie sehr getraut. So schnell, wie sie aufflammen, erlöschen sie auch wieder. Ausdauernde Kleinarbeit ist von größerem Wert als verschiedene kraftmeierische Manifeste. Mit Manifesten ist noch kein einziges Haus gebaut worden! Wir müssen ausprobieren, was man jetzt noch tun kann und was man wird aufschieben müssen. Wir wollten wohl zu viel auf einmal. Und wir haben wohl – damit meine ich natürlich auch mich selbst – ein bißchen zu sehr das große Wort geführt. Man soll sich nie zu etwas verpflichten, von dem man nicht absolut sicher ist, daß man es auch schaffen kann. Es gibt schließlich keine völlig freie Architektur – immer befindet sie sich innerhalb des Kontextes der Gesellschaft, der sie dient, und diesen Kontext muß sie irgendwie respektieren. Damit sage ich nicht, wir sollten keinen Mut haben. In einigen Dingen müssen wir einfach – auch heute – auf unserem Standpunkt bestehen, um manches werden wir auch streiten müssen, das geht eben nicht anders! Alle Architekten haben zu allen Zeiten das, worin man Konzessionen machen konnte, von dem trennen können müssen, wo Konzessionen einfach nicht möglich sind! *Zu der Macourkova:* Was meinen Sie dazu, Frau Kollegin?

Macourkova zuckt unbestimmt die Schultern. Albert, der die ganze Zeit nur gespannt zugehört hat, meldet sich plötzlich.

ALBERT: Ich hau ab!

BERGMAN: Wie meinen Sie das?

ALBERT: Ich will weg! Mir ist das alles zum Kotzen!

BERGMAN: Was alles?

ALBERT: Ich versteh das einfach nicht. Nichts verstehe ich –

BERGMAN: Ich weiß, daß es auf Sie wie eine kalte Dusche wirken muß – aber wenn ich Ihnen raten darf, dann fassen Sie bitte im Affekt keine weitreichenden Entschlüsse!

ALBERT: Wenn ich nur daran denke, wie Sie noch gestern einander gegenseitig übertrafen in Schwüren, daß Sie sich nie wieder unterordnen werden, sich nie wieder selbst untreu werden, daß Gehorsam niemals mehr über die Wahrheit siegen darf und die Dummheit über die Freiheit – und so weiter und so weiter! Es reicht ein Wink mit der Peitsche – und alles ist vergessen. Sie stehen hier wie begossene Pudel – Köpfe leer und Hosen voll – und das einzige, wozu Sie sich aufraffen können, sind Spekulationen darüber, wie man sich mal wieder da durchlavieren könne! Ist das normal? Ist das überall so? Ist der Mensch wirklich nur der letzte Dreck? Bin ich der Narr – oder Sie?

Luisa tritt zu Albert und legt ihm beruhigend die Hand auf den Arm.

LUISA: Ich begreife dich, Albert, ich begreife dich schrecklich gut! Aber versteh doch bitte, wie sehr wir dich hier brauchen – gerade dich und gerade jetzt! Versprich mir, klug zu sein!

ALBERT: Seien Sie mir nicht böse, aber das kann ich Ihnen nicht versprechen –

BERGMAN: Was unsere Schwüre betrifft, so hat doch niemand gesagt, daß er sie widerruft! Nur die Art ihrer Erfüllung muß sich ändern. Und wenn sie zu pathetisch waren, und wir heute ihretwegen erröten, so muß man das der erregten Zeit zugute halten: in jedem von uns explodierte auf einmal so viel befreiende Freude, daß es fast unnatürlich gewesen wäre, wenn wir nicht hin und wieder auch etwas Abwegiges gesagt hätten –

ALBERT: Ich habe nichts Abwegiges gesagt, und hinter allem, was ich gesagt habe, stehe ich vollständig und öffentlich!

BERGMAN: Sie sind ein Emphatiker, und wenn Sie nicht wieder mit beiden Beinen auf die Erde kommen, dann wird man nur noch über Sie lachen –

ALBERT: Das ist mir gleichgültig. Die Achtung vor mir selbst ist mir wichtiger als Ihr Gelächter!

Pause. Bergman geht düster durch den Raum, dann dreht er sich plötzlich ärgerlich zu Albert um.

BERGMAN: Sie sind offenbar entschlossen, hier den einzigen Gerechten zu spielen! Wie Sie wollen! Ich mache Sie aber darauf
aufmerksam, daß ich persönlich Sie aus keinem Schlamassel
mehr heraushauen werde! Wenn Sie sich selbst gefährden
wollen, dann tun Sie es nur! Uns allerdings werden Sie nicht
gefährden!

PLECHANOV: Aber er gefährdet uns doch gar nicht, Zdeněk!

BERGMAN: Er spielt hier den Kerl doch nur, weil er selbst genau
weiß, wie weit er noch vom wirklichen Kerl entfernt ist!

ALBERT: Was wollen Sie damit sagen?

BERGMAN: Haben Sie vielleicht je davon gehört, daß einem
wirklichen Kerl das Herz zu klopfen beginnt, wann immer er
eine verführerische Frau mittleren Alters erblickt?

LUISA *ruft aus*: Bergman!

BERGMAN: Ich habe es nicht gern, wenn ein überalterter Adoles-
zent, für den eine Frau die Sonne ist, ohne deren Strahlen er
nicht leben kann, ja, für den sie gar die Achse seines Weltraums ist, mich über die Bedeutung der Ehre belehrt!

LUISA *schreit Bergman an*: Du bist ekelhaft!

*Luisa verbirgt ihr Gesicht in den Händen und beginnt zu wei-
nen. Albert schaut verzweifelt erst Luisa, dann Bergman an,
dann wieder Luisa. Er ist verwirrt. Eine Weile steht er ratlos
da, dann läuft er plötzlich zur Treppe und auf ihr nach oben.
Durch die linke obere Tür kommt der Sekretär herein und
vertritt Albert den Weg. Einen Augenblick stehen sie einander
schweigend gegenüber.*

SEKRETÄR: Wohin so eilig, Herr Architekt? *Kurze Pause.* Nun?
Haben Sie die Sprache verloren? Vor einer Weile haben Sie sie
noch gehabt – und sogar in einer Situation, in der es im Ge-
genteil weiser gewesen wäre, still den Klügeren zuzuhören –
*Albert stößt den Sekretär zur Seite und will weiter über die
Galerie gehen. Der Sekretär packt ihn mit einem geschickten
Griff am Arm und dreht ihn um. Albert windet sich in
Schmerzen.*
Was ist? Wollen Sie sich jetzt benehmen?

ALBERT: Was wollen Sie?

Der Sekretär läßt Alberts Arm los und lächelt zufrieden. Albert reibt sich das Handgelenk.

SEKRETÄR: Die Fragen, Herr Architekt, werde jetzt ich stellen –

ALBERT: Fragen können Sie, aber antworten werde ich nicht –

SEKRETÄR: Sicher werden Sie das! Los!

Der Sekretär faßt Albert bei der Hand und führt ihn wie einen ungehorsamen Schüler die Treppe hinunter. Alle verfolgen die Szene gespannt und treten dann auseinander, um dem Sekretär und Albert den Weg zur rechten hinteren Tür frei zu machen.

BERGMAN: Darf ich wissen, was das bedeuten soll?

SEKRETÄR: Sie werden jetzt einige Zeit ohne seinen Rat auskommen müssen. Er wird an anderer Stelle Gelegenheit haben, darüber nachzudenken –

LUISA: Werfen Sie ihn bitte nicht in den Hungerturm! Sie sehen doch selbst, daß er Fieber hat –

SEKRETÄR: Keine Angst, dort wird ihm schnell kühl werden –

MACOURKOVA: Herr Sekretär –

SEKRETÄR: Was ist?

MACOURKOVA: Soll ich Ihr Zimmer aufräumen? Das Bett machen oder so –

SEKRETÄR: Nein – *Der Sekretär öffnet die rechte hintere Tür und stößt Albert hinaus.*

RENATA *ruft aus*: Albert!

Der Sekretär und Albert, beide schon in der Tür, schauen sich überrascht nach Renata um.

Adieu –

ALBERT: Adieu, Renata –

Der Sekretär stößt Albert endgültig hinaus und geht hinter ihm ab. Renata läuft durch die linke hintere Tür hinaus und läßt sie offenstehen, erst die Macourkova schließt sie im Abgehen hinter sich. Längere, lastende Pause.

PLECHANOV: Es fängt schon an –

BERGMAN: Ich habe ihn gewarnt –

ULČ: Ich war nicht seiner Meinung, aber das wünsche ich ihm
nicht –

BERGMAN: Wenigstens stößt er sich ein wenig die Hörner ab und
wird dann die Nase nicht mehr so hoch tragen –

PLECHANOV: Du warst unnötig grob zu ihm –

BERGMAN: Ich bin auch nur ein Mensch –

PLECHANOV: Und er nicht?

Bergman tritt zu Luisa und nimmt sie bei der Hand.

BERGMAN: Für die Indiskretionen entschuldige ich mich –

LUISA: Rühr mich nicht an!

*Bergman läßt Luisas Hand los und tritt verlegen einen Schritt
zurück. Pause.*

PLECHANOV: Heute sieht es nicht sehr nach Sekt aus –

*Kurze Pause. Dann wird Luisa plötzlich aufmerksam und
riecht in alle Richtungen; die anderen schauen sie verständnislos an.*

Kurze Pause.

Was ist denn?

LUISA: Ich rieche Gas –

*Alle beginnen im Raum umherzugehen und zu riechen. Luisa
nähert sich der linken hinteren Tür, bleibt eine Weile unbewegt stehen und riecht, dann begreift sie auf einmal etwas und
läuft schnell durch die linke hintere Tür, die sie offen stehen-
läßt. Einen Augenblick darauf ertönt hinter der Bühne ihr
entsetzter Schrei.*

Hinter der Bühne: Aaaah!

*Alle laufen schnell durch die linke hintere Tür hinaus. Die
Bühne bleibt leer, die Tür offen. Hinter der Bühne hören wir
verschiedene Laute und erregte Stimmen.*

Hinter der Bühne: Hier – nimm sie hier –

PLECHANOV *hinter der Bühne:* Warte – nicht so – ich mach das
selbst –

LUISA *hinter der Bühne:* Das hätte mir sofort einfallen sollen!
Die arme Kleine –

BERGMAN *hinter der Bühne:* Das hat uns noch gefehlt!

PLECHANOV *hinter der Bühne*: Gleich wird es wieder – zeig mal – ja, so –

LUISA *hinter der Bühne*: Ich geb ihr einen Schnaps – hat hier jemand Schnaps?

Die Stimmen hinter der Bühne werden still. Pause. Allmählich fällt der Vorhang, diesmal in völliger Stille. Erst eine Weile nachdem der Vorhang geschlossen ist, beginnt eine Geige eine lyrische Melodie zu spielen.

Ende des vierten Aktes

Fünfter Akt

Wenn sich der Vorhang öffnet, sind Plechanov und Luisa auf der Bühne. Plechanov spielt Geige; Luisa hört gefesselt zu. Nach einer Weile hört Plechanov zu spielen auf und legt die Geige ab.

LUISA: Was war das?

PLECHANOV: Das weißt du nicht?

LUISA: Es kommt mir schrecklich bekannt vor –

PLECHANOV: Ich hab dir das jeden Tag vor dem Einschlafen vorgespielt, auf dem leicht verrückten Ausflug mit unserer Gruppe von der Uni –

LUISA: Natürlich! Wo wir auf den verlassenen Heuböden geschlafen haben!

PLECHANOV: Genau –
Luisa denkt nach. Pause.

LUISA: Es ist sonderbar, Kuzma! Ich weiß, daß all dies geschehen ist, ich erinnere mich daran – und trotzdem fühle ich mich von allem seltsam isoliert, durch einen fast metaphysischen Abgrund! Als ob das alles in einem früheren Leben passiert wäre! Wie habe ich mich nur so ändern können? So alt bin ich doch wohl noch nicht –

PLECHANOV: Mir erscheinst du immer als dieselbe –

LUISA: Unsinn! Ich war doch so schön närrisch! Ich konnte wirklich in vollen Zügen leben – ohne Vorbehalte, Spekulationen oder Hintertürchen! Wenn ich mich für etwas begeisterte, war ich imstande, alles übrige auf der Stelle zu opfern und mich wirklich Hals über Kopf hineinzustürzen! Eine Abenteurerin eben, die durch das Leben jagt wie ein Taifun –

PLECHANOV: Schließlich hat dieser Taifun ja auch so manchen Kerl durchgerüttelt –

LUISA: Wann war denn der Bruch? Und warum? Ich kann doch heute eigentlich gar nicht mehr glücklich sein! Der Zug, in dem ich fahre, gefällt mir zwar nicht, aber den Mut abzuspringen habe ich auch nicht mehr. Wovor habe ich eigentlich Angst?

PLECHANOV: Vielleicht vor der eigenen Wehmut –

LUISA: Worüber?

PLECHANOV: Über den nächsten Krug, den du damit zerschlagen würdest –

LUISA: Vielleicht. Dabei weiß ich aber recht gut, daß der Krug sowieso schon einen Sprung hat!

PLECHANOV: Welcher Krug hat das nicht? Höchstens ein erträumter –

LUISA: Alle waren am Anfang erträumt –

PLECHANOV: Ich versuche diese Dinge sozusagen mit Willenskraft zu regeln: wenn ich schon nicht glücklich sein kann, versuche ich, zumindest nicht unglücklich zu sein, und wenn ich schon nicht imstande bin, mehr Glück um mich herum zu säen als andere, dann bemühe ich mich, wenigstens nicht mehr Unglück zu säen –

LUISA: Und die Sanierung?

PLECHANOV: Auch die paßt leider mit da hinein: wir bereiten hier zwar, das stimmt, für die Leute da unten ein Unglück vor, aber sie wiederum sind indirekt an unserem Unglück schuld: es heißt doch nicht umsonst, die Architektur sei der Spiegel der Gesellschaft! So daß wir im Grunde den Rahmen der gegenwärtigen Gewohnheiten im Austausch mit dem Unglück nicht überschreiten –

LUISA: Aber daß das gerade ein Grund wäre, stolz zu sein, kann man auch nicht sagen –

PLECHANOV: Ich fürchte, daß unser einziger Grund, stolz zu sein, sich gerade im Hungerturm befindet –

LUISA: So etwas wie delegierter Stolz –

PLECHANOV: Besser ein delegierter als gar keiner –

In diesem Moment beginnt hinter der Bühne wild ein Hund zu bellen. Plechanov und Luisa schauen auf die rechte Tür; nach einer Weile hört das Bellen auf, und jemand klopft an die rechte Tür.

LUISA: Herein –

Durch die rechte Tür treten die Erste und die Zweite Frau ein. Die Zweite Frau ist von etwas dunklerer Hautfarbe, offenbar ausländischer Herkunft. Jede hat ein Einkaufsnetz mit drei Äpfeln in der Hand. Sie gehen die Stufen hinunter und bleiben stehen.

ERSTE FRAU: Guten Tag –

LUISA: Guten Tag –

Kurze Pause.

ERSTE FRAU: Könnten wir den Projektleiter sprechen?

LUISA: Ich werde mal nachschauen, ob er Zeit hat –

ERSTE FRAU: Vielen Dank –

Luisa geht über die Treppe zur linken Tür. Bevor sie jedoch dort anlangt, kommt Bergman durch sie herein.

BERGMAN: Was ist los?

LUISA: Du hast Besuch –

Bergman kommt herab. Luisa bleibt stehen, zögert einen Moment, kommt dann auch langsam zurück. Plechanov nimmt seine Geige, schlurft zur rechten hinteren Tür, von dort schaut er forschend die Frauen an, dann geht er ab.

ERSTE FRAU *zu Bergman*: Guten Tag –

BERGMAN: Guten Tag –

Bergman geht zu den Frauen und gibt ihnen die Hand. Dann fordert er sie auf, sich zu setzen, selbst setzt er sich an seinen Platz am Tisch. Die Frauen bleiben stehen; Luisa steht links im Hintergrund. Kurze Pause.

Was führt Sie zu uns?

ERSTE FRAU: Wir sind die Ehefrauen der zwei Bürgervertreter, die Sie hier vor einiger Zeit mit einer Petition besucht haben –

BERGMAN: Ich erinnere mich an sie –

ERSTE FRAU: Wir wollen fragen, ob wir ihnen Obst bringen dürfen –

BERGMAN: Sie sind doch entlassen worden!

In diesem Moment kommt durch die linke hintere Tür der Sekretär und tritt zu den Frauen.

SEKRETÄR: Sie erlauben –

Der Sekretär nimmt der Ersten und der Zweiten Frau die Einkaufsnetze aus der Hand und schüttet die Äpfel auf den Tisch. Er schüttelt die Einkaufsnetze durch und untersucht sie gründlich, dann legt er sie weg, nimmt ein Taschenmesser heraus und beginnt die Äpfel in Stücke zu zerschneiden. Kurze Pause. Alle Anwesenden verfolgen sein Tun aufmerksam.

ERSTE FRAU: Entschuldigen Sie, aber das ist nicht für Sie –

Kurze Pause. Der Sekretär macht weiter.

SEKRETÄR: Das ist Vorschrift. Es könnte ja eine Mitteilung darin sein. *Der Sekretär hat alle Äpfel zerschnitten und untersucht sie gründlich. Als er fertig ist, legt er sie in die Einkaufsnetze zurück.* In Ordnung!

ERSTE FRAU: Also geben Sie sie ihnen?

SEKRETÄR: Wenn sie die Ermittlungen nicht behindern –

ERSTE FRAU: Und wann bekommen sie die Äpfel?

SEKRETÄR: Am Obstübergabetermin.

ERSTE FRAU: Wann wird das sein?

SEKRETÄR: Seien Sie nicht böse, meine Dame, aber ich kann mir wirklich nicht alles merken!

ERSTE FRAU: Wenigstens ungefähr?

SEKRETÄR: So in einem Monat etwa –

ERSTE FRAU: Aber sie werden doch faul!

SEKRETÄR: Warum sagen Sie mir das? Ich habe den Fäulnisprozeß in der Natur nicht eingeführt!

Der Sekretär nimmt die Einkaufsnetze und Äpfel, geht zur Treppe und steigt sie hinauf. Als er etwa in der Mitte ist, meldet sich die Zweite Frau.

ZWEITE FRAU: Herr –

SEKRETÄR *bleibt stehen und dreht sich um*: Was ist?

ZWEITE FRAU: Ich möchte noch etwas fragen –

SEKRETÄR: Bitte sehr –

ZWEITE FRAU: Wieso sind sie jetzt wieder dort, wenn sie doch
   schon einmal entlassen waren?

SEKRETÄR: Es besteht der Verdacht, daß sie die Initiatoren der
   Aktion waren und also alles gewußt haben –

ZWEITE FRAU: Was alles?

SEKRETÄR: Ihren wirklichen Sinn –

ZWEITE FRAU: Der wirkliche Sinn war doch das, was dort geschrieben stand –

SEKRETÄR: Das haben wir vor kurzem auch noch gedacht –

ZWEITE FRAU: Und was denken Sie jetzt?

SEKRETÄR: Es kommen Dinge an die Oberfläche, daß Sie sich
   wundern würden!

ZWEITE FRAU: Was für Dinge? Wir haben ein Recht, das zu
   wissen!

SEKRETÄR: Das haben Sie zwar nicht, aber ich sag es Ihnen: es
   erweist sich, daß es keine unschuldige Bürgerpetition war –
   dagegen hätte niemand etwas einzuwenden –, sondern ein
   wohldurchdachtes und präzise terminiertes Signal zur Entfa-
   chung hysterischer Stimmungen, deren tragische Folgen Sie
   kennen. Sie verstehen gewiß, daß wir, wenn wir nicht wollen,
   daß sich so etwas noch einmal wiederholt, die ganze Wahrheit
   enthüllen und gründlich daraus lernen müssen. Haben Sie
   Kinder?

ZWEITE FRAU: Acht –

SEKRETÄR: Na sehen Sie!

*Der Sekretär geht schnell über die Galerie und geht durch die
rechte obere Tür ab. Drückende Pause. Dann schaut Luisa
forschend nach oben, ob der Sekretär wirklich fort ist, schaut
sich nach allen Türen um, worauf sie schnell ihr Portemon-
naie herausnimmt, nervös eine Banknote herauszieht, zu den
Frauen läuft und beginnt, ihnen – zuerst der Ersten, dann der
Zweiten Frau – die Banknote in die Hand zu stopfen. Die
Frauen wehren sich dagegen.*

ZWEITE FRAU: Nein – wirklich nicht –

ERSTE FRAU: Das ist lieb von Ihnen, aber es geht wirklich nicht –

LUISA: Ich bitte Sie —

Es gibt ein kurzes, chaotisches Hin und Her, währenddessen
der Geldschein zu Boden fällt. Als sich Luisa und die Erste
Frau gleichzeitig bücken, stoßen sie mit den Köpfen zusam-
men. Dann gelingt es Luisa, den Geldschein der Zweiten Frau
in den Ausschnitt zu stecken.

ZWEITE FRAU: Also Danke schön —

ERSTE FRAU: Auf Wiedersehen —

Die Frauen ziehen sich verlegen durch die rechte Tür zurück.
Luisa atmet auf und wischt sich die schweißgebadete Stirn.

BERGMAN: Bist du verrückt geworden! Weißt du, was daraus
entstehen kann?

LUISA: Laß mich in Ruh!

Luisa geht langsam zur Treppe und steigt sie hinauf. Bergman
schaut ihr nach.

BERGMAN: Luisa!

Luisa reagiert nicht und geht weiter. Kurze Pause. Dann läuft
Bergman hinter ihr her, holt sie ein und nimmt sie bei der
Hand. Luisa versucht sie ihm zu entreißen.

LUISA: Laß mich!

BERGMAN: Ich hab einfach Angst um dich! Das ist doch wohl
menschlich, oder?

LUISA: Laß los! Oder ich fang an zu schreien!

BERGMAN: Willst du wegen so einem Blödsinn eine Szene machen?

LUISA: Für mich ist das kein Blödsinn, sondern eine grundsätz-
liche Sache! Im übrigen geht es nicht nur darum —

BERGMAN: Und worum noch?

LUISA: Um die Gemeinheit von gestern!

BERGMAN: Welche Gemeinheit?

LUISA: Kannst du überhaupt verstehen, was für ein Schock das
für ihn sein mußte, als du anfingst, vor allen Leuten sein Be-
kenntnis zu zitieren? Daß du gefühllos bist, weiß ich, aber eine
derartige Flegelei hatte ich von dir nicht erwartet! Kannst du
dir überhaupt vorstellen, wie er sich jetzt im Hungerturm

wohl fühlen mag? Ich war hier die einzige, der er vertraut hat!
Die Welt ist für ihn zusammengebrochen.
Bergman läßt Luisa los; beide gehen langsam die Treppe hin-
unter zum Tisch. Pause.

BERGMAN: Es war blöd von mir, ich geb es zu. Aber es ist im
Affekt geschehen. Du weißt doch, wie es mir nervlich und
überhaupt geht. Es war einfach zuviel für mich. Vergiß nicht,
was ein paar Minuten vorher geschehen ist: es hat nicht viel
gefehlt und ich wäre im Burggraben gelandet! Glaubst du,
daß so etwas einen Menschen nicht aufwühlt?

LUISA: Nirgendwo wärst du gelandet!

BERGMAN: Warum hast du dann Alarm geschlagen?

LUISA: Weil ich eine dumme Gans bin, die immer wieder auf
dich hereinfällt –

BERGMAN: Keine Angst, du wirst nicht mehr auf mich hereinfal-
len.

LUISA: Das hoffe ich –

BERGMAN: Du wirst nämlich keine Gelegenheit mehr dazu haben! Nach allem, was du mir gestern gesagt hast, über die
Vorhersehbarkeit des Stücks und über seine Reprisen, habe
ich mich entschlossen, nie mehr mit dir darüber zu sprechen,
es so zu machen, daß du nichts ahnst, in der Nacht zum Beispiel –

LUISA: Wenn du dich wirklich entschlossen hättest, mit mir
nicht mehr darüber zu sprechen, würdest du jetzt nicht mit
mir darüber sprechen!

BERGMAN: Eines schönen Morgens wird man mich dort einfach
finden – man wird darüber streiten, wer es dir beibringt –,
Kuzma Plechanov wird es auf sich nehmen – er sagt es dir, du
beginnst zu weinen –, mal wirst du dir vorwerfen, alles zu sehr
auf die leichte Schulter genommen zu haben – mal wirst du
dich an glücklichere Augenblicke erinnern, die wir gemeinsam erlebt haben –, wie wir etwa damals gemeinsam die ganze
Nacht auf der Mole gesessen haben – vor sieben Jahren war
das, glaube ich –, wir haben von unserem Leben gesprochen –

Wein getrunken –, dann haben wir uns dort geliebt und sind
zuletzt beide ins Wasser geplumpst – oder wie wir gemeinsam
am internationalen Kongreß über postmoderne Architektur
teilgenommen haben und immer abends, wenn alle schon zu
Hause waren, allein durch die Palmenhaine gegangen sind –,
schließlich aber verbietest du dir, ständig daran zu denken –
weinst noch einmal beim Begräbnis –, ach ja, und ich möchte
dich sehr bitten – Plechanov soll dort sein und das, na, wie
heißt es noch, du weißt, dieses traurige, spielen –, und mit der
Zeit wird dein Leben wieder seinen normalen Gang gehen –
früher oder später kommt Albert aus dem Hungerturm zurück –, auf langen, nostalgischen Spaziergängen werdet ihr
über mich sprechen, und er wird es nicht einmal wagen, dich
zu berühren – aber um so mehr wird dich seine opferbereite
Ergebenheit rühren –, bis du schließlich dein Bedauern völlig
von dem Toten, der es nicht mehr braucht, auf den Lebenden
überträgst – und dann sagst du dir: er hat immer die Ruhe
gewollt, die absolute, endgültige Ruhe, und nun hat er sie endlich –, und wenn bei Albert die Liebe vorhält – und ich würde
mich wundern, wenn sie nicht vorhielte –, er ist nämlich wirklich ein tiefgegründeter Mensch, und wenn ich seine Gefühle
je ironisiert habe, dann nur, weil es mich immer sehr erregt
hat, wie dabei deine Wangen erröteten und du anfingst, dich
aufzuregen, weil in ihm Tiefen sind, die so ein Holzklotz wie
ich nie verstehen kann – wenn also seine Liebe vorhält –, und
in dir die Rührung über seine Ergebenheit weiter wächst, die
dann langsam, aber sicher zu deiner einzigen Lebensgewiß-
heit wird – dann wird es eines Tages passieren –, ihr selbst
werdet nicht wissen wie – es kommt euch nämlich so selbstverständlich, so einfach, so natürlich und so rein vor –, und
dann beginnt die herrliche Zeit des gegenseitigen immer tieferen Kennenlernens – die Bezauberung durch jede Besonder-
heit, die ihr bei euch findet –, eine Sommersprosse am Bauch –
ein angewachsenes Ohrläppchen – die Art, wie er am ganzen
Körper zittert, wenn er sich die Zähne putzt – ein doppelter

Nagel am Fuß –, und dann kommt der Augenblick, in dem du
mich völlig vergißt – ich löse mich auf ins Nichts –, und mit
mir auch alle unsere gemeinsamen fröhlichen, traurigen und
absurden Erlebnisse – es .verschwindet in irgendeinem
schwarzen Loch im Weltraum –, und das wird mein zweiter
Tod sein, der wirklich letzte, wirklich endgültige –

Luisa, gerührt, fällt Bergman zu Füßen, umarmt ihn, legt ih-
ren Kopf in seinen Schoß und weint laut. Bergman streichelt
ihr über die Haare, dann hebt er sie sanft auf und küßt sie auf
die verweinten Augen. Schließlich lächeln sie einander an;
Bergman steht auf und nimmt Luisa bei der Hand.

Leise: Komm –

LUISA: Wohin?

BERGMAN: Du weißt –

LUISA: Jetzt?

BERGMAN: Warum nicht?

Bergman führt Luisa an der Hand zur Treppe, sie steigen sie
hinauf, und als sie schon durch die linke Tür abgehen wollen,
beginnt hinter der rechten Tür wild ein Hund zu bellen. Zu-
gleich kommt durch die obere rechte Tür der Sekretär herein,
eilt über die Galerie und die Treppe hinunter. Bergman und
Luisa bleiben stehen und starren ihn überrascht an. Als der
Sekretär an ihnen vorbeigeht, ruft er –

SEKRETÄR: Rufen Sie alle her!

Der Sekretär läuft nach unten, geht schnell zur rechten Tür
und durch sie ab, läßt sie jedoch offen stehen. In der rechten
oberen Tür erscheint Ulč und in der rechten hinteren Tür Ple-
chanov mit der Geige; beide stehen neugierig da und sehen zu,
was geschieht. Nach einer Weile hört das Bellen auf.

Hinter der Bühne: Sei gegrüßt!

ZWEITER INSPEKTOR *hinter der Bühne*: Ciao, Dicker! Alles ver-
sammelt?

SEKRETÄR *hinter der Bühne*: Na klar –

Bergman, Luisa und Ulč kommen herunter. Plechanov legt
die Geige ab. Alle schauen auf die rechte Tür. Durch die linke

hintere Tür kommt atemlos die Macourkova gelaufen. Kurz darauf tritt durch die rechte Tür der Zweite Inspektor ein, hinter ihm der Sekretär, der die Tür hinter sich schließt. Beide bleiben auf den Stufen stehen. Der Zweite Inspektor sieht lächelnd die Anwesenden an; die sind ein wenig verwirrt.

ZWEITER INSPEKTOR: Ciao!

BERGMAN *unsicher*: Ciao —

ZWEITER INSPEKTOR: Setzen Sie sich —

Alle setzen sich verlegen an den Tisch. Der Zweite Inspektor setzt sich auf die Stufen bei der rechten Tür, der Sekretär setzt sich neben ihn. Der Zweite Inspektor nimmt einen Zettel aus der Tasche, faltet ihn auseinander, räuspert sich und beginnt zu lesen. Der Sekretär schaut ihm beim Lesen über die Schulter.

Liest: Sie stimmen sicher mit mir darin überein, daß wir ein gutes Stück ehrlicher Arbeit hinter uns gebracht haben. Die positiven Ideen, aus denen die Kritik früherer Deformationen unserer das hiesige Sanierungsprojekt begründenden Strategie der Wohnungsmodernisierung erwachsen ist, haben wir von späteren Mißinterpretationen bereinigt, was uns zugleich ermöglicht hat, auch unsere Strategie von ihren früheren Deformationen zu bereinigen. Das war keine leichte Aufgabe, doch heute können wir mit Stolz durchaus behaupten, daß uns das gelungen ist. Doch dürfen wir uns nicht auf unseren Lorbeeren ausruhen. Im Gegenteil: die erreichten Erfolge verpflichten uns geradezu dazu, offen einzugestehen, daß unser Weg nur dann zum Ziel führen kann, wenn der Felsbrocken der Stagnation, den die Zeit uns in den Weg gewälzt hat, weggeräumt wird — *Der Zweite Inspektor unterbricht das Ablesen und extemporiert.* So ist das! Die Zeit arbeitet! Das gilt überall auf der Welt!

Der Sekretär stößt den Zweiten Inspektor unauffällig an; der begreift augenblicklich und kehrt zum geschriebenen Text zurück.

Liest: Das allerdings fordert uns alle. Deshalb ist entschieden worden, daß die Projektierungsarbeiten zur Sanierung in Übereinstimmung mit dem erreichten Erkenntnisgrad bezüglich unserer Realisierungsmöglichkeiten vorläufig eingestellt und die freigestellten Arbeitskräfte unverzüglich in die Prinzipiendiskussion der optimalen Alternativen der zukünftigen Entwicklung eingebunden werden. Das jedoch setzt voraus, daß wir uns befreien von Angst und Konformismus, daß wir Bequemlichkeit und Gleichgültigkeit überwinden, die Wahrheit nicht fürchten und wagemutig sind. Werfen Sie ohne Furcht über Bord, wovon Sie wissen, daß es nicht mehr zeitgemäß ist, und suchen Sie frei nach neuen und unkonventionellen Ansätzen. Ich werde Sie darin voll unterstützen!

Der Zweite Inspektor faltet sein Papier zusammen, steckt es in die Tasche und steht auf. Der Sekretär steht auch auf. Der Zweite Inspektor jedoch beginnt wieder zu extemporieren.

Ohne Freiheit geht das eben nicht, ob uns das paßt oder nicht! Der Dicke hier meint das auch. Schon unsere Großeltern haben das gesagt. Die vom Dicken und meine. Und nicht nur die. Alle! Unsere Landsleute und die Fremden auch!

Der Sekretär neigt sich zum Zweiten Inspektor und flüstert ihm etwas ins Ohr, wobei er auf die Uhr schaut und sie ihm zeigt.

Der Zweite Inspektor nickt.

MACOURKOVA: Sie müssen auf sich achten, Herr Inspektor, damit Sie uns lange erhalten bleiben!

Der Zweite Inspektor tritt zur Macourkova, legt ihr die Hand auf die Schulter und schaut ihr in die Augen.

ZWEITER INSPEKTOR: Keine Angst! Ciao!

MACOURKOVA: Ciao!

Der Zweite Inspektor und der Sekretär gehen durch die rechte Tür ab. Kurze Pause. Dann tritt Luisa zur Macourkova und flüstert ihr etwas zu. Macourkova nickt und beide gehen durch die linke hintere Tür ab. Die übrigen setzen sich allmählich an ihre üblichen Plätze am Tisch. Eine längere, drükkende Pause.

PLECHANOV: Wißt ihr eigentlich, daß auf dem Turm ein Storch nistet?

ULČ: Wirklich?

Längere, drückende Pause.

BERGMAN: Schlimmer ist, daß wir ein Loch im Zaun haben und die Hasen unseren Kohl anfressen –

ULČ: Ich wollte das schon lange in Ordnung bringen, doch immer ist mir etwas dazwischen gekommen –

PLECHANOV: Ich mach das morgen –

Längere, drückende Pause.

ULČ: Im Park blühen schon die Magnolien –

PLECHANOV: Zwei noch nicht, aber die kommen immer später – *Pause. Durch die linke hintere Tür kommen Luisa und Macourkova. Luisa trägt ein Tablett mit fünf vollen Tellern und Bestecke. Macourkova trägt ein Tablett mit einem Krug Bier und fünf Gläsern. Sie verteilen alles auf dem Tisch, legen das Tablett ab und setzen sich ebenfalls. Pause. Alle schauen auf Bergman, der geistesabwesend ist. Er kommt erst wieder zu sich, als er bemerkt, daß man auf ihn wartet.*

BERGMAN: Also guten Appetit!

ALLE: Guten Appetit!

Alle beginnen zu essen. Längere, drückende Pause.

PLECHANOV: Wie geht es Renata?

LUISA: Nur noch ein bißchen schwach auf den Beinen. Morgen steht sie sicher wieder auf –

Längere, drückende Pause.

BERGMAN: Da ist Minze drin?

LUISA: Ich hab ein bißchen reingetan, sie wächst nämlich hier bei uns im Garten –

BERGMAN: Ja? Wo denn?

LUISA: Ganz hinten, neben dem Klärbecken –

Längere, drückende Pause.

ULČ: Als Kind hab ich Geige gespielt! *Zu Plechanov:* Sie müssen sie mir mal leihen –

PLECHANOV: Na klar, ich hab keine Angst um die Geige –

Pause.
Durch die rechte hintere Tür kommt der Sekretär.

SEKRETÄR: Na, wie geht's mit der Diskussion voran? Was haben Sie schon besprochen?
Verlegene Pause.

BERGMAN: Nichts Wesentliches bisher –

SEKRETÄR: Dann denken Sie nach! Und bloß keine Rücksichten nehmen! *Der Sekretär geht durch die linke hintere Tür ab.*
Längere, drückende Pause.

PLECHANOV: Heute freu ich mich richtig aufs Bett –

BERGMAN: Da freu ich mich jeden Tag drauf –
Längere, drückende Pause.

ULČ: Seinetwegen hat sie sich das angetan!

PLECHANOV: Ihretwegen ganz bestimmt nicht!

LUISA: Hauptsache, daß sie es überstanden hat –
Längere, drückende Pause.

BERGMAN: Und was gibt's morgen? Habt ihr schon darüber nachgedacht?

LUISA: Ich hab Hackfleisch bekommen. Da mach ich am besten Hackbraten –

ULČ: Hackbraten liebe ich. Aber es muß Kraut dazu geben –

LUISA: Ich weiß nicht, ob noch was da ist. Die Hasen fressen es uns nämlich auf.
Pause.
Durch die linke obere Tür kommt der Sekretär und geht die Treppe herunter.

SEKRETÄR: Na, Sie haben sicher schon eine Menge Einfälle –
Verlegene Pause.

BERGMAN: Wir sind es gewöhnt, uns neue Dinge eher morgens auszudenken –

SEKRETÄR: Ich verstehe, aber ich würde das nicht auf die lange Bank schieben. Die Lage ist ernst, und je eher etwas Gutes ausgedacht wird, desto besser – *Der Sekretär geht in Richtung rechte hintere Tür.*

LUISA: Herr Sekretär –

SEKRETÄR *bleibt stehen:* Was ist?

LUISA: Wäre es jetzt nicht möglich, Albert aus dem Hungerturm zu holen?

SEKRETÄR: Ich werd mal nachfragen – *Der Sekretär geht durch die rechte hintere Tür ab.*

Pause.

BERGMAN: Meinst du, daß das klug war?

LUISA: Wenn du es gesagt hättest, hätte es wohl mehr Gewicht gehabt –

Längere, drückende Pause.

PLECHANOV: Ich glaube, ich weiß, wo der Geheimgang verlief –

ULČ: Ich glaub nicht, daß es überhaupt einen gibt!

PLECHANOV: In der Stadtchronik wird er mehrfach erwähnt –

ULČ: Das heißt nichts –

PLECHANOV: In dem untersten Keller, das heißt rechts davon, in der kleinen Kammer direkt unter dem Hungerturm, ist in der rückwärtigen Mauer an einer Stelle ein deutlicher Umriß neueren Mauerwerks –

Pause. Durch die rechte hintere Tür kommen der Sekretär und Albert. Albert sieht schlecht aus, er ist bleich und hat einen erloschenen Blick.

SEKRETÄR: So, hier haben Sie ihn!

LUISA *ruft:* Albert!

Der Sekretär geht durch die linke hintere Tür ab. Luisa springt auf, läuft zu Albert, umarmt und küßt ihn. Albert bleibt gleichgültig. Luisa tritt überrascht zurück. Plechanov ist ebenfalls aufgestanden, geht zu Albert und stößt ihm freundschaftlich in den Rücken. Albert reagiert nicht. Plechanov stutzt und geht verlegen zu seinem Platz zurück. Pause.

BERGMAN: Kommen Sie, setzen Sie sich!

Albert geht mechanisch zum Tisch und setzt sich leise hin. Pause.

ULČ: War es sehr schlimm?

Albert zuckt nur mit den Schultern. Pause.

LUISA: Warum sagst dú nichts? Bist du nicht froh, daß du draußen bist?

Albert zuckt wiederum nur die Schultern. Pause.

BERGMAN: Er ist nur ein bißchen verwirrt! Das wäre wahrscheinlich jeder von uns –

LUISA *zu Albert*: Hast du keinen Hunger?

Albert schüttelt den Kopf. Pause.

ULČ: Wissen Sie schon, was Renata angestellt hat?

Albert schüttelt den Kopf. Pause.

LUISA: Du kannst nichts dafür und es war überhaupt nichts Ernstes. Morgen steht sie schon wieder auf –

Albert nickt. Pause.

PLECHANOV: Was ist mit den beiden von unten? Sind die auch
entlassen?

Albert schüttelt den Kopf. Pause.

LUISA: Haben sie wenigstens die Äpfel bekommen?

Albert schüttelt den Kopf. Pause.

BERGMAN: Vor allem müssen Sie sich jetzt ordentlich ausruhen –
die Gedanken ordnen – sich gefühlsmäßig stabilisieren – sich
orientieren –

*Kurze Pause. Dann steht Albert langsam auf und geht ein we-
nig nachtwandlerisch zur Treppe. Die übrigen beobachten ihn
still. Albert geht langsam die Treppe hinauf, über die Galerie
und geht durch die rechte obere Tür ab.*

Ich hätte nicht geglaubt, daß ihn das so mitnimmt –

ULČ: Es hat ihn schwer getroffen!

LUISA: Er ist empfindsam, und Gott weiß, was sie dort mit ihm
gemacht haben –

BERGMAN: Wenigstens wird er jetzt ein bißchen vorsichtiger
sein –

*Kurze Pause. Dann steht Plechanov gedankenverloren auf
und geht ebenfalls auf die Treppe zu.*

LUISA: Kuzma –

Plechanov reagiert nicht.

Du glaubst, er könnte –

*Plechanov reagiert nicht, steigt die Treppe hinauf, geht über
die Galerie und durch die rechte obere Tür ab. Durch die linke
obere Tür kommt der Sekretär herein, kommt die Treppe herunter bis zum Absatz, wo er stehenbleibt und sich den Anwesenden unten zuwendet.*

SEKRETÄR: Ich freue mich schon auf Ihre Einfälle! Die Zeit stellt
große Ansprüche. Wir müssen noch sehr viel lernen –

MACOURKOVA: Wollen Sie sich nicht auf ein Schwätzchen zu
uns setzen?

SEKRETÄR: Tut mir leid, aber ich muß gehen und lernen –

*Der Sekretär geht durch die linke Tür ab. Sehr lange, lastende
Pause. Auf einmal ertönen hinter der Bühne laute Schläge, als
ob etwas Schweres herunterfällt und auf dem Weg auf Hin-
dernisse aufschlägt. Zum Schluß gibt es einen sehr lauten,
dumpfen Schlag, als ob etwas aus großer Höhe auf die Erde
aufschlägt. Einen Augenblick lang herrscht Grabesstille; die
Anwesenden sitzen erstarrt und starren sich an.*

LUISA *ruft plötzlich aus*: Um Gottes willen!

*Da begreifen alle, was geschehen ist, springen gleichzeitig auf
und laufen zu den hinteren Türen. Bergman und Luisa laufen
durch die linke hintere Tür, Ulč und Macourkova durch die
rechte; beide Türen bleiben offen stehen. Die Bühne ist leer,
absolute Stille. Nach einer Weile kommen gleichzeitig durch
die linke hintere Tür Ulč und Macourkova und die rechte hintere Tür Bergman und Luisa zurück. Alle sind düsterer Stimmung und gehen mit ernstem, langsamem Schritt, so wie man
hinter einem Sarg herschreitet, in die Mitte des Raums, wo sie
einen Halbkreis um den Tisch herum bilden. Durch die linke
Tür kommt der Sekretär herein, bleibt jedoch auf dem Absatz
stehen. Aus der unteren Gruppe löst sich Bergman, geht die
Treppe hinauf bis zum Absatz, tritt an das Geländer und wendet sich in der Art eines Grabredners an die Anwesenden. Der
Sekretär steht hinter ihm.*

BERGMAN: Von dem, was gerade geschehen ist, sind wir alle tief
erschüttert. Nicht nur, weil ein Kollege und Freund von uns

gegangen ist, den wir alle wegen seines guten Charakters gern hatten. Wir sind erschüttert vor allem, weil uns angesichts seines Todes klar wird, daß auch wir unseren Teil der Schuld daran tragen: auch wir nämlich sind verantwortlich für die traurige Gestalt unserer Welt und dafür, daß sie die zartesten unter uns hinausjagt bis über die Grenzen des Seins hinaus. Wir sind abgestumpft, träge, gleichgültig, taub für die Stimme des Nächsten und blind für seine Schmerzen. Dieses bittere Bewußtsein unserer Mitschuld hat freilich auch seine bessere Seite: es deutet an, daß es nur an uns liegt, ob der Tod unseres Freundes vergeblich war oder nicht. Nur wir nämlich können ihm Sinn verleihen, indem wir ihn als einen Aufruf verstehen. Einen Aufruf, diese Welt erträglicher und bewohnbarer zu machen. So wollen wir uns in dieser schweren Stunde geloben, daß wir der menschlichen Stumpfheit niemals mehr erlauben werden zu herrschen und Nichtigkeit zu verbreiten. Versprechen wir uns, niemals mehr unsere Seelen sanieren zu lassen und daß wir sie nie für andere sanieren werden. Es ist nicht unsere Berufung, nach dem launischen Taktstock eines unberufenen Dirigenten zu tanzen! Halten wir uns an die erreichte Wahrheit und fahren wir verantwortungsbewußt mit dem begonnenen Werk fort! Nur so können wir dem sittlichen Vermächtnis treu bleiben, das hinter diesem schrecklichen und unerwarteten Tod verborgen ist. Nur so antworten wir auf das warnende Rufen, das uns aus der Tiefe des Burggrabens erreicht. Nur so beweisen wir, daß wir die vorwurfsvolle Stimme des Entschlafenen hören und sie verstehen! *Bergman verläßt den Treppenabsatz, geht herunter, nimmt Plechanovs Geige, legt sie zeremoniell auf den Tisch und stellt sich hinter sie. Zu der Geige:* Wir versprechen dir, Kuzma, wir werden nicht vergessen!

Bergman nimmt eine Blüte aus der Brusttasche, legt sie auf die Geige und erstarrt in pietätvoller Pose. In diesem Augenblick öffnen sich gleichzeitig die linke und rechte obere Tür. Durch die linke kommt Renata im Nachthemd, durch die rechte Albert. Beide bleiben auf der Galerie stehen. Kurze Pause.

RENATA *ruft*: Ich hab auch einen Geschlechtstrieb!

Kurze Pause.

ALBERT: Wißt ihr eigentlich, daß auf dem Turm ein Storch nistet?

Kurze Pause. Dann fängt Luisa laut an zu weinen, worauf sie – immer noch weinend – zum Tisch springt und in einer Art hysterischem Anfall mit beiden Händen das Burgmodell ergreift und es mit wildem Schwung Bergman auf den Kopf setzt, so daß sein gesamtes Gesicht im Innern des Modells verschwindet. Bergman bleibt unbeweglich stehen, als ob nichts geschehen wäre. Alle übrigen wenden sich dem Zuschauerraum zu und heften ihre Blicke an einzelne Zuschauer. Aus den Lautsprechern ertönt leise die Melodie «Schwarze Augen», diesmal jedoch von einem ganzen Orchester gespielt. Die Musik wird schnell lauter, die Bühne dunkel, im Zuschauerraum geht das Licht an, langsam fällt der Vorhang. Wenn der Vorhang geschlossen ist, wird die Musik fast betäubend laut. Dann hört sie plötzlich auf, und nach einigen Sekunden Stille erklingt – in erträglicher Lautstärke – Karajans Aufnahme des Strauß-Walzers «An der schönen blauen Donau», bis der letzte Zuschauer den Zuschauerraum verlassen hat.

Ende des fünften Aktes

Ende des Schauspiels

Václav Havel

C 2370/2

Herausgeber
Ingke Brodersen
Freimut Duve

C 2311/4

Herausgeber
Ingke Brodersen
Freimut Duve

aktuell
rororo

C 2311/4 a

Zeitgeschichte

Analysen
und
Lebensläufe

Herausgeber
Ingke Brodersen
Freimut Duve

C 2175/3 a

12168

5642